文史
丛书

·主编

浙江文史记忆

长兴卷

刘月琴 等·著

中共长兴县委宣传部
长兴县社会科学界联合会

浙江人民出版社

《浙江文史记忆》丛书编委会

总　序

袁家军

　　习近平总书记高度重视文化的力量，强调文化是民族的灵魂，是维系国家统一和民族团结的精神纽带，是民族生命力、创造力和凝聚力的集中体现。浙江是中华文明的重要发祥地之一，浙江文化在中华文化长河中留下了浓墨重彩的一笔。

　　浙江有悠久的历史文化。距今一百万年的长兴七里亭遗址，将古人类在浙江境内劳动、生息的历史追溯至旧石器早期；八千年前跨湖桥的一只独木舟，重新标记了我国舟船文化的发端；七千年前河姆渡的干栏式建筑，印证了长江流域同样存在灿烂绚丽的新石器文明；六千年前的马家浜文化与其后的崧泽文化、良渚文化一脉相承，被称为"江南文化的源头"；良渚古城遗址更是实证了中华五千年的文明。浙江有丰富的经典文化。"和合文化"中"贵和尚中、善解能容，厚德载物、和而不同"的宽容品格，成为中华民族所追求的一种文化理念；唐代四百多位诗人在"浙东唐诗之路"留下传世佳句；南宋建都临安留下了风雅宋韵；阳明心学成为明中叶后中国思想界的重要潮流；浙东学派在当时史学界乃至整个古代史学发展史上都有举足轻重的地位。浙江还诞生了独特的红色文化。100多年前，中国共产党在南湖红船诞生，这是"红色根脉"的源头坐标，南湖红船成为见证建党"开天辟地的大事变"的红色符号，"红船精神"成为中国革命精神之源。同时，浙江是习近平新时代中国特色社会主义思想重要萌发地，这是"红色根脉"的新时代标识。博大璀璨的浙江文化，滋润着一代又一代浙江人民，培育出文明智慧、勤劳勇敢的人文精神。

习近平总书记在浙江工作期间，作出了"八八战略"重大决策部署，明确要求进一步发挥浙江的人文优势，积极推进科教兴省、人才强省，加快建设文化大省，启动实施文化建设"八项工程"，推动浙江社会主义文化大发展大繁荣。党的十八大以来，以习近平同志为核心的党中央以高度的文化自觉和文化自信，不断深化对新时代中国特色社会主义文化建设规律的认识，深刻阐明了文化的战略地位、根本属性、根本功能、实践路径，把坚持社会主义核心价值体系作为新时代坚持和发展中国特色社会主义的十四条基本方略之一，把"坚持共同的理想信念、价值理念、道德观念，弘扬中华优秀传统文化、革命文化、社会主义先进文化，促进全体人民在思想上精神上紧密团结在一起"作为中国特色社会主义制度和国家治理体系的13个显著优势之一，明确了坚定文化自信、推动社会主义文化繁荣兴盛的方向举措，对坚持和完善繁荣发展社会主义先进文化的制度、巩固全体人民团结奋斗的共同思想基础作出了部署安排，为推动社会主义文化繁荣兴盛、建设社会主义文化强国提供了根本遵循。

这些年来，历届浙江省委坚定不移沿着习近平总书记指引的道路奋勇前进，特别是最近几年来围绕"文化强省、提升浙江软实力，文化树人、引领社会新风尚"这一总目标，大力推动在共同富裕中实现精神富有，在现代化先行中实现文化先行，走出了一条具有中国特色、时代特征、浙江特点的文化发展之路。我们深入研究习近平新时代中国特色社会主义思想在浙江的萌发与实践、习近平科学的思维方法在浙江的探索与实践，大力弘扬"红船精神"、浙江精神，立起思想理论的主心骨；深入实施浙江文化研究工程，加快之江文化中心等重大文化设施建设步伐，以26个山区县为重点，在全省实施百城万村文化惠民工程，不断完善基层公共文化设施网络；大力实施数字化改革，推进大数据、人工智能与文化发展有机融合，培育流媒体、电子竞技、视频点播、数字文娱等文化产业新业态，做强做长数字文化产业链；实施"宋韵文化传世工程"，形成宋韵文化挖掘、保护、提升、研究、传承的工作体系，让千年宋韵在新时代"流动"起来、"传承"下去；做大做强大运河文化带、之江文化产业带，加快打造浙东唐诗之路、大运河诗路、钱塘江诗路、瓯江山水诗路等"四条诗路"，推进横店影视文化产业集聚区等重大平台建设，点亮国家版本馆杭州分馆、中国美院等散落在之江两岸的"艺术明珠"，形成璀璨夺目的"艺术星河"；实施公民道德建设工程、时代新人培育工程、文明好习惯养成工程，深化信用浙江建设，培育"浙江有礼"省域品牌，加快推进以人为核心的现代化。

历史观照现实、远观未来，文化浸润时代、推动进步。浙江省文史研究馆牵头编纂的《浙江文史记忆》丛书，以大历史观的视角，重点讲好浙江历史上的文史记忆故事，生动叙述重要历史演进、重要历史任务、重大历史事件和重要历史文脉，多视角展示了浙江历史文脉、浙江文化风采、浙江精神风骨，充分体现了中华文化的基本属性和浙江文化的独特魅力，具有浓厚的中国气派、浙江韵味，是新时代文化浙江建设的重要成果。特别是这套丛书较好地突出了"八八战略"对浙江新时代发展的引领作用，记述了改革开放以来尤其是进入新世纪、新时代以来浙江发展的重大成就，为读者从整体上把握习近平总书记指引浙江文化大省建设的发展历程和实践成果提供了有益参考。

当前，我们已经踏上第二个百年新征程，正在扎实推动高质量发展建设共同富裕示范区。在这个历史进程中，文化不仅是软实力，也是硬实力；是支撑力，也是变革力。浙江将坚持以习近平新时代中国特色社会主义思想为指导，深入落实习近平总书记为浙江擘画的文化大省建设宏伟蓝图，站在赓续中华文脉的高度，传承好深深烙印在浙江人身上的"文化基因"，加快建设文化强省，打造新时代文化高地，深化文化建设"八项工程"，深入推进新时代文化浙江工程，着力打造思想理论高地、精神力量高地、文明和谐高地、文艺精品高地、文化创新高地，培育浙江文化新标识，构建文化建设大平台，打造更多浙江文化"金名片"，努力以"文化密码"破解高质量发展难题、以文化建设构筑共同富裕新格局，以实际行动坚决拥护"两个确立"、坚决做到"两个维护"。

《浙江文史记忆》导论

  浙江历史悠久、文化璀璨，在中华文明发展史上具有重要地位。"浙江"为钱塘江古称，因江流曲折而得名。它地处中国东南沿海，陆域面积10.55万平方千米，其中山地丘陵约占70%，其余基本为平原河湖，故有"七山一水二分田"之说，同时也是全国海岸线较长和岛屿最多的省份。古往今来，浙江有丝绸之府、鱼米之乡、文物之邦和"诗画江南，山水浙江"的盛誉，令人流连忘返，美不胜收。

  悠久的历史文化是我们的根和灵魂，任何时代的人们都只能在前人的基础上前行。今天的浙江，要实现社会主义现代化，推进物质富足、精神富有全面进步的共同富裕，创造美好生活，建设美丽浙江，就需要我们深入挖掘阐述、传承光大灿烂厚重的浙江历史文化，讲好浙江历史上的人文故事。为此，浙江省文史研究馆从2017年开始调研、酝酿并组织全省范围内《浙江文史记忆》丛书的编撰工作，力求从文史视角比较系统地介绍浙江历史上的重要文明演进、重要文化人物和重大文史事件，期望以生动的叙述方式多视角地展示浙江的历史文脉、文化风采和精神风骨，阐发浙江文化的独特魅力和历史传承发展的基本脉络。这样做，无论就其视角、风格还是省域范围讲，都是一件极富创新性和文化价值的大事。经五年左右、数百名专家学者的共同努力，《浙江文史记忆》丛书首批分册即将出版。在导论中，我们将对各重大历史阶段的国家概貌、浙江概况特别是浙江文史特点，作"三点一线"式提纲挈领的介绍，便于广大读者了解各个时期在全国宏观发展背景下，浙江历史文化发展的主要轮廓、脉络和重点、特点，同时把这一过程（从史前到2021年即中国共产党成立100周年）划分为以下十个阶段。

史前浙江的历史与文化

中华文明是人类最古老的文明之一。文字出现以前的历史，学术界一般称之为史前社会即原始社会，具体又可分为旧石器时代和新石器时代两个阶段。

浙江是中国古代文明的发祥地之一，约100万年前境内就有人类活动。进入新石器时代后，距今约1万年的浦江上山文化、约8000年的萧山跨湖桥文化、约7000年的余姚河姆渡文化和嘉兴马家浜文化、约5000年的余杭良渚文化等如一颗颗串起历史的璀璨明珠，向世人展示了悠久厚重、灿烂辉煌的地域文化。

发展到距今约5000年时，是中华文明和国家从萌生到崛起的时代。其时，黄河、长江流域等地陆续出现了城邑与国家的初始形态——邦国，这是中国早期文明与国家形成的重要标志。起源于浙江境内并主要分布于太湖流域的良渚文化就处于这一时期，它以规模宏大的城址、功能复杂的"环壕聚落"、分等级设立的祭坛和墓地等一系列相关遗址，以及大量由神、人、兽图案"三位一体"组成的玉琮等精致玉器，不仅显示了其集政治、经济、文化和宗教为一体的早期城市特征，同时展示了中国新石器时代晚期区域性国家的雏形。2019年，因在世界文化界具有"人类早期城市文明的杰出范例"和"实证中华五千年文明史的圣地"等重大影响，良渚古城遗址被成功列入《世界遗产名录》。良渚文化与世界各主要文明比肩而立，在多元一体的中华文明起源史上占有十分重要的地位。

先秦时期的浙江历史与文化

秦朝建立之前的时期一般被称为先秦时期。这一时期的夏、商、西周，是中国奴隶社会形成与发展时期。其后的东周（具体分为春秋和战国两个阶段）则是中国社会由奴隶制向封建制转型的社会大动荡、大分化、大变革时代。

先秦初期，与北方中原相比，良渚文化消逝后，由于恶劣的气候、环境等因素，浙江长期处于相对落后状态。到春秋时期，越族在会稽（今绍兴）立国建都，并设立了包括行政机构、军队、刑法、税赋等在内的一整套国家制度和运行机制，这是有文字记载后最早在浙江出现的国家，也是浙江地域文明摆脱弱势、重新崛起的重要标志。其间，发生了历史上具有重要影响的吴越争霸之战。起初以今江苏苏州为中心的吴国实力强于越国。公元前494年，吴国大败越国，越王勾践不得不赴吴国做苦役。三年获释回国后，勾践又韬光养晦、卧薪尝胆、发愤图强，并大力发展经济、军力。经"十年生聚，十年教训"，终于攻灭吴国，并从此称雄，甚至一度还将国都迁至琅琊（今山东临沂），确立了"四分天下而有之"的霸主地位。

先秦时期也是浙江文化的重要生成期，如生产工具由青铜器替代了新石器，这是具有划时代意义的进步。同时，春秋战国时期又是中国历史上诸子百家"百花齐放、百家争鸣"的辉煌时期，无疑对浙江文化产生了重要影响。在此基础上，越国一带也形成了有独特个性的越文化，例如以范蠡、文种为代表的一批士大夫所持有的"柔而不屈，强而不刚"等治政理念和"因时所宜""随时以行"的辩证思想，特别是由此显现的自强不息、发愤图强等精神，为浙江精神之先声，对当时和其后浙江文化发展具有重大意义。

秦汉六朝的浙江历史与文化

这一时期既有秦汉大一统的宏伟格局，又有三国、两晋（西晋、东晋）、南北朝①等战火不熄的纷争局面。初期，秦王朝通过推行郡县制等措施以扼制地方势力的壮大，在中国首次建立了中央集权统一的多民族国家。西汉前期针对连年战乱和秦朝的统治教训，实行无为而治、与民休息等政策，因而出现了"文景之治"②的繁盛景象，这也是中国历史上第一个盛世。进入三国两晋南北朝后，经三四百年的分裂局面，到隋朝时，全国重归统一。

公元前222年，秦军攻占会稽，将吴越合为一郡，统称会稽郡，郡治设于今江苏苏州，其时浙江分属会稽郡、鄣郡、闽中郡。东汉时又以钱塘江为界，以西的乌程、余杭等为吴郡，以东为会稽郡，这也是以钱塘江为界划分行政区的最早记载。到六朝时，浙域已形成较为完备的州、郡、县三级行政体制。这一时期，从西汉时东瓯国在温台地区的短暂立国，到三国时富阳人孙权所建立的东吴，再到长兴人陈霸先所建陈朝的独霸一方……越国故地经历了由盛转衰并再度崛起的重大变迁。在秦至西汉的200多年中，浙江在经济发展等方面远落后于北方。自东汉中后期起，与北方长期战乱相比，浙江因远离中原等原因得以缓慢发展。到西晋末年，由于北方人口向南大规模迁徙，给浙江带来了先进的生产技术，促进了经济发展，如东汉时鉴湖等一批水利工程得以兴修，以青瓷为代表的手工业发展迅速，还陆续出现了山阴（今绍兴）、钱唐（今杭州）、乌程（今湖州）、句章（今宁波慈城）和章安（今台州）等一批重要城镇和港口。到东晋时，浙江已有7郡51县，成为以长江中下游为中心的江南基本经济区的核心区域之一。这标志着我国古代经济区域发生了由北向南扩展的重大变化，为之后隋唐时期经济重心的逐渐南移奠定了基础。

这一时期，是浙江文化在儒家思想一统格局下，在适应中融合、在转换中创新的重要成长期，并先后呈现出两个阶段性的重要特点：

① 一般将当时先后定都于建康（今江苏南京）的东吴（时称建业）、东晋和南朝的宋、齐、梁、陈，并称为"六朝"。

② 指西汉文帝、景帝统治时期，因重视经济和社会发展并采取了一系列措施，而使国家出现的盛世局面。

一方面，经历了越国由强势到衰落的边缘化变迁。大规模人口南迁，使越文化逐渐变为一种边缘文化，被"定于一尊"的儒学则逐渐占据了区域文化的主导地位。但浙江的思想文化界并未消沉，最典型的便是上虞人王充。王充一生历经四朝，对已居主流的儒家文化，既未全盘接受，也未一概排斥，而是通过《论衡》等论著，对流行的天人感应、谶纬迷信和鬼神之说等进行了辩驳，并提出了鲜明的"疾虚妄""崇实知""重效验"等朴素的唯物主义认识论思想，从而开了浙学求真务实之风，有"浙学开山之祖"之誉。此后，袁康（东汉史学家）、吴平（东汉史学家）所编撰的并有"一方之志，始于《越绝》"之称的《越绝书》，赵晔（东汉史学家）记载吴越两国兴亡始末的《吴越春秋》，以及"博学洽闻"的虞翻（三国时东吴经学家）在易学领域的重要成就等，都从不同侧面对记录浙江历史、传承地域文化产生了重要影响。

另一方面，六朝开创了浙江文学艺术领域的第一个高潮期。东晋以前，与中原相比，浙江的文学艺术多显寂寞而无生机。伴随着一系列历史重大变化，特别是"永嘉之乱"、晋室"衣冠南渡"①后，一度沉寂的地域文化在中原文化的冲击下被重新激活。再加之浙江始于春秋战国时的"尚武"之习已逐渐转向"崇文"之风，儒学在民间逐渐普及，以及受晋室门阀士族所带来的"清谈""玄学"之风的熏陶浸染，使得以自然山水风光为主要创作对象的诗歌、绘画和书法等文学艺术，呈现出前所未有的兴盛状态和南北交融的多元格局。无论是在书法界具有至高无上地位的"书圣"王羲之和为"百工所范"的山水画先驱戴逵（东晋画家），还是"中国山水诗鼻祖"谢灵运和将所创

---

① 晋武帝去世后，西晋皇族为争夺政权，爆发了长达十六年的"八王之乱"，严重破坏了社会经济。匈奴贵族刘渊趁机起兵反晋，建立政权，国号汉。永嘉五年（311），汉军在宁平城之战中歼灭晋军主力，并攻破洛阳，俘获晋怀帝，杀王公士民三万余人，史称"永嘉之乱"。建兴四年（316），汉军攻破长安，西晋灭亡。为此中原士族相继南逃，并在南方建立东晋政权。因"衣冠"泛指官僚士大夫，故史称"衣冠南渡"。

"永明体"自诩为"人神之作"的沈约（南朝文学家）等，他们既在不同程度上受到"清谈""玄学"环境的熏陶浸染，又显现了崇儒尚文的柔平之风和各树一帜的创新意蕴，并对后世的文学艺术产生了重要影响。

隋唐五代的浙江历史与文化

这是一个全国由大一统到再度陷入大分裂的重要时期。首先是隋朝结束了自汉末以来除西晋短暂统一外长达近400年的分裂局面，再建统一的多民族国家。特别是唐朝经"贞观之治"，经济社会持续繁荣，进入了"开元盛世"的鼎盛期[①]。但随着时代推移，阶级矛盾、社会问题又日趋激化。"安史之乱"[②]后，由于朋党相争、宦官专权尤其是藩镇割据，同时包括陈硕真（历史上第一位称帝的农民起义军女领袖）、裘甫（唐末浙东农民起义军领袖）等领导的农民起义的沉重打击，唐朝最终覆灭，中国进入了五代十国战乱不休的割据局面。

隋唐五代是浙江在各种矛盾交汇融合过程中持续发展的时代。隋朝曾实行州县、郡县两种行政管理体制。唐朝又先后推行了改郡为州、以州领县和道、州、县三级区划等不同体制，其时"浙江"作为行政区的名称正式出现，全境分为浙东、浙西两"道"，此后历代按此格局发展并基本不变。

隋朝复归统一后，随着隋初合钱唐四县初置"杭州"，以及开凿"自京口（今江苏镇江）至余杭，八百余里，广十余丈"的江南运河，以向京城输送粮食为主的繁忙漕运，使浙江与中央的关系日趋紧密，同时也使杭州地位、影响日增。随着全国经济中心日趋南移，南方经济在相对稳定的社会环境下快速发展并逐渐超过了北方。唐朝全国人口有5000多万人，其中浙江就有400多万人。其时浙江社会相对稳

[①] 唐初贞观年间，唐太宗李世民为促进国家发展采取了一系列措施，出现了政治清明、经济复苏、文化繁荣的局面，史称"贞观之治"。其后开元年间，唐玄宗延续了这一局面并使唐朝进入全盛时期，史称"开元盛世"。

[②] 唐朝将领安禄山、史思明发动的叛乱，历时七年多，对经济社会发展造成了严重破坏，形成了长期的藩镇割据局面，唐朝从此由盛转衰。

定，人民生活安定，农牧渔业、手工业等各业兴旺，尤以杭州为中心，经过白居易等良吏善治，尽显"东南名郡，咽喉吴越，势雄江海"的繁华景象。

进入五代十国后，北方中原先后出现了后梁、后唐等五个朝代，南方则分布着南唐、吴越等十个割据政权，其中钱镠（吴越国创立者）所建的吴越国在十国中立国时间最长，前后传三世、历五王，共计72年。吴越国共有14州86县，其控制领域大致包括今浙江和周边江苏、福建和上海的一部分，但实际仍处于中原王朝控制之下，外敌环伺，处境艰难。为此，钱镠以"勿废臣礼""不兴兵举"等保境安民举措，力求尊奉中原政权并与之和平相处。同时又以修筑捍海塘等方式大兴水利、交通等经济发展之策，并频繁与日本、高丽等国进行交往，因而开"钱塘富庶，由是盛于江南"之先河。北宋王朝建立后，相继除灭割据政权，十国仅存吴越。为此吴越国王钱俶（吴越国末代国王）审时度势，最终以率所属州县"纳土归宋"的实际举措，既使浙地避免了严重的战争创伤，使百姓免遭生灵涂炭，同时又使整个南方归于统一。

隋唐五代是浙江文化发展的繁荣期，其主要特点有：一方面，佛、道两教发展迅速。浙江宗教历史源远流长，早在东汉末年，佛教已传入浙江境内。东晋时著名道学大师葛洪已在江南炼丹。隋朝时，智颛（佛学大师）在浙江创建了中国第一个本土化佛教宗派——天台宗，标志着佛教中国化基本完成。隋唐五代，佛、道两教在浙江已呈鼎盛景象，如唐朝时，全国共有寺院5300多所，浙江就占有总数的17%以上，与隋朝一样居全国第一。又如本土宗教道教，唐王朝视其为"家教"并倡导道教立国，而浙江又是道教传布地最多的地区。特别是吴越国历代钱王均给予佛教至高无上的地位，并以今杭州为中心积极打造"东南佛国"，境内寺塔林立，仅武肃王钱镠所建寺塔就"倍于九国"。而且隋唐五代的宗教发展还日益显现出儒、释、道三教互补、有机融合的多元格局。天台宗由高僧鉴真传至日本，从而既体现了浙江文化兼收并蓄的包容，更显现了浙江宗教在全国以至全世界的影响力。

另一方面，以唐朝为标志，隋唐五代浙江的文学艺术独领风骚，成就卓然。在文学界，有将唐诗创作推向高峰的名列"初唐四杰"的骆宾王，有自号"四明狂客"的贺知章，还有以"苦吟诗囚"著称的孟郊等。尤其是以400多位诗人笔下1500多首诗作串起的浙东唐诗之路，更是这一领域繁盛的重要标志。同样，在书法领域，笔致典雅、气韵豁达的虞世南，方圆兼具、温雅多方的褚遂良等，无疑是继晋代之后书法艺术的又一高峰。

宋代浙江的历史与文化

北宋、南宋是中国历史又一重要时期，尤其南宋在浙江历史上更具特殊意义。随着吴越国等地方割据政权的相继完结，北宋结束了唐末以来的分裂割据局面，取得了局部统一。1127年"靖康之难"①后北宋王朝覆灭，宋高宗赵构在南京（今河南商丘）即位，由此拉开了南宋历时152年的历史帷幕。学术界对两宋特别是南宋的历史地位历来众说纷纭，后期评价则渐趋客观并基本形成共识。如普遍认为：不应仅从军事方面评价南宋，而应从经济、文化、社会等各方面全面衡量。特别应看到，此后中国历史上再未出现过严重分裂局面。同时，继经济重心南移后，南宋还完成了文化重心的南移，从而使江南成为全国经济、文化最为发达的地区。这一结论对客观认识浙江的历史发展具有重要意义。

两宋的全国行政管理区划先后经历了从"州""道"到"路"的多次变化。997年，全国分为15路，浙江属两浙路（同时还包括今苏南和上海等地，即"江南"地区），治杭州。1138年，南宋正式定都杭州（时称"临安"），浙江处于前所未有的中心区位。经北宋范仲淹、王

---

① 北宋靖康二年（1127），金兵大举南下，攻取北宋首都东京（今河南开封），并掳走徽、钦二帝，导致北宋灭亡，又称"靖康之乱"等。

安石和苏轼等对杭州、宁波等地的持续治理，浙江的农业水利、手工业、制造业等都在全国首屈一指，两浙路的人口以及向朝廷提供的粮食、布帛、税赋等均居全国首位。另外，自北宋始，以明州为中心并逐步扩展至温州、嘉兴澉浦等地的海上丝绸之路已十分兴盛。为此，当时苏轼等人便有"两浙之富，国用所恃""国家根本，仰给东南"等评语，整个浙江已呈现出"天上天堂，地下苏杭"和"东南第一州"的繁华景象。尽管南宋军事上始终处于受外敌侵扰的危险境地，但宗泽、李纲、韩世忠和岳飞等一批爱国将领的殊死抵抗，也为南宋的和平发展环境创造了重要条件。

从北宋到南宋，特别是南宋时期，浙江一带不仅经济发展在全国首屈一指，而且文化发展也进入了历史鼎盛期，全域尽显人文渊薮的发展景象和畿辅之区的奢华气派，并成为全国的中心，具备领先之势。

宋代浙江文化的突出成就之一是"浙学"的出现。自北宋起，与全国各地一样，浙江的思想学术也处于从六朝、隋唐的佛道兴盛向儒学复兴的重要转换期。发展到南宋，经北宋新儒学的强力推动，在对朱熹理学、陆九渊心学兼容并包的同时，浙江思想学术界更注重创新发展。其时，各地书院林立，讲学成风，思想活跃，学派纷涌，所谓"宋之南也，浙东儒者极盛"，浙学因此应运而生。浙学主要包括以叶适为代表的永嘉学派，以陈亮为代表的永康学派，以吕祖谦为代表的金华学派和以"甬上四先生"杨简等为代表的四明学派，它们共同构成了注重务实，讲求事功，强调经世致用、农商并行和义利统一的独树一帜的浙派学风，并对后世思想学术发展产生了重大深远的影响。

两宋浙江的文学艺术领域名人荟萃，各显风采。其中有被视为"词家之冠""后世规范"的北宋词人周邦彦，有以"诗豪"陆游为代表的南宋爱国主义诗人，有画风恬适清丽的"南宋四大家"及南宋画院，有起源于温州并堪称"中国戏曲之祖"的南戏，等等。因此，南宋既是传承历代文化艺术的集大成者，又把这一优势推向了历史发展的新高点。

两宋浙江的科学技术等其他领域，同样成就卓著。如北宋有"中国古代科学史最卓越人物"之称的沈括和其百科全书式并具有里程碑意义的著作《梦溪笔谈》，以及当时杭州书肆工匠毕昇和其被视为"中国古代四大发明"之一的活字印刷术。此外，南宋在教育、医学、造船、航海等方面也成就不凡。

元代浙江的历史与文化

元朝是中国历史上第一个由少数民族建立的全国性政权，结束了长达370多年多个政权并立对峙的局面，再度实现了民族大融合。元朝统治者采取各种手段实施高压管控，如将全国居民分为四等，通过实施行省制加强中央对地方的管控，以迅速建立新的统治体系和恢复社会秩序。

元初浙江属江淮行省，治所在杭州。其后名称、治所多有变动，最终定为江浙行省，治所也定于杭州。苏南、皖南、上海、浙江、福建、赣东北等面对南宋覆亡后再度衰落的严峻考验和错综复杂的民族、社会矛盾，基本处于边缘地位的浙江人，充分利用统治者"必行汉法，乃可长久"的治理理念，顺时应变，积极推动各地经济社会恢复发展。元代浙江经济最具成就的海外贸易延续了两宋时的优势，当时全国7个市舶司中，有4个分别设在杭州、庆元（今宁波）、温州和澉浦，浙江以"东南之利，舶商居第一"的地位而占据对外发展先机，并成为对外文化交流的重镇。除与日本、高丽等国的传统交往外，典型的是以意大利旅行家马可·波罗为代表的一批西方旅行家纷至沓来，他们把杭州视为"世界上最美丽华贵之城"并广泛宣传，从而进一步提升了杭州和浙江在世界的知名度。

元朝在实行严厉的民族政策的同时，在经济社会发展方面也采取了一些安抚措施，同时推行较开放的文化政策，因而此时浙江思想学术领域的成就虽不突出，但文化艺术成就继续居于全国领先地位。如在书画艺术界，有"元画冠冕"和书法"冠绝古今""全才"之称的一代宗师赵孟頫，有以"神韵超逸，体备众法"知名且以"中国十大传世名画"之一《富春山居图》为代表作的黄公望，以及"元四家"中"出新意于法度之中"的吴镇和"元气磅礴"的王蒙等，正因他们的杰出成就，浙江也成为元代书画创作的高地。与书画艺术交相辉映的是戏剧戏曲创作，其时杭州已成为元曲后期的中心地，名作纷呈、名家辈出，同时还有以"南戏之祖"《琵琶记》和《白兔记》等为标志的经典南戏，从而使传统文化艺术上承宋代之繁盛，下启明清之辉煌。

明代浙江的历史与文化

明代是中国历史上具有社会转型意义的重要时期。明初统治者通过行政区划设置与变革等方式，进一步强化了中央集权。同时自16世纪中叶始，受西方发展等外界因素影响，中国传统社会开始转型，其中既有经济发展中所孕育的商品经济（甚至被学术界视为资本主义）的萌芽，又有伴随这一过程的变革思想的渐趋觉醒。

明初，浙江已逐步改变了以往多头管理并多有变化的行政格局，成为全国13个布政使司之一的单独行政区，同时逐渐确立了以杭州为中心及严州（今建德、桐庐、淳安等地）、嘉兴、湖州、绍兴、宁波（包括今舟山等地）、温州、台州、金华、衢州和处州（今丽水）11府并立的行政格局。南宋覆灭后，经元代重新定位，明代浙江接受了从皇畿到行省、从中央到地方的角色转换。同时，相对稳定的政治社会环境，人口频繁迁徙所带来的生产要素的流动更新，以至出现了"今天下风俗，惟江之南靡而尚华侈"的社会现象，使包括浙江在内的江南地区经济和社会发展水平继续居于全国领先地位。而且此时传统农业已不再一业独大，而是与新兴手工业甚至以商品经济为特征的工商业多业并存、共同繁荣，从而成为社会转型的重要标志。但这种局面并非一帆风顺，例如其时浙江的发展中心基本在杭、嘉、湖和宁、绍等沿海地区，而这也正是倭寇大规模频频袭扰之地。正因为有戚继光和胡宗宪、俞大猷等一批武将文臣，以"廿载平倭，十年抗敌，有进无退，不屈不挠"的精神英勇抗倭，从而维持了浙江数百年相对安稳的和平局面。

与以往一样，政治上的边缘化，并未削减浙江人的文化创造力，相反，地域文化仍持续发展并直追南宋时的辉煌。其时境内名家如林、人才辈出。据统计，明清时期杭州是全国出进士人数最多的府，明代即有进士477人，其中状元2人。同时，此时浙江官、私两学盛行，书院机构众多，藏书出版业红火，如嘉靖年间范钦以"天一生水，地六成之"理念所建成的藏书楼——宁波天一阁，不仅在当时具有重要影响，而且成为了中国历史最悠久的私家藏书楼和世界最古老的三大家族图书馆之一，这些都推动了浙江文化事业的进一步发展。

在思想学术领域，有"对中国思想文化史影响最大的浙江思想家"之称的王阳明，在深刻洞察程朱理学的弊端和社会重重危机后，力排众说，以"心即理""致良知""知行合一"等一系列思想主张，突破了程朱理学的僵化格局，成为明中叶以后引领中国思想界的主要潮流，并成为中外公认的"立德、立功、立言""三不朽"人物。其后，阳明心学还逐步传到了日本乃至世界各地，影响广泛而深远。与此同时，被誉为"开国文臣之首"的宋濂，"佐定天下，料事如神"的政治家、军事谋略家刘基，被视为"明之学祖"的方孝孺，以及明末以纠后期王学流弊而创立"蕺山学派"的刘宗周等，都是这一时期对后世产生重要影响的思想大家。

在文学艺术创作领域，明代浙江文人十分抵触积弊深重的专制体制，日渐触及平民社会并注重追求自由闲适等风格，如凌濛初"拍案惊奇"系列白话小说对市井生活描写得入木三分，汤显祖传世之作《牡丹亭》对民间爱情刻画得婉转情深等，都是这一风格的典型代表。明末，受商品经济发展趋势的影响，并反感于刻意粉饰太平的"台阁体"①等形式，反对复古、张扬个性的创新意识不断增强。如张岱诗文所寄托的对国破家亡的沧桑之悲和"予夺之权，自民主之"的民生情怀，画坛"怪杰"陈洪绶尽显市民意识又故作怪异的画作，以及被视为一代狂士、一代奇人、既才华横溢又命运多舛的徐渭等都十分典型，这同样突出反映了时代的叛逆求变意识和文化创新的转折趋势。

清代浙江的历史与文化

清代是中国历史上最后一个封建王朝。以1840年为界又可分为两个时期，前期曾出现过版图辽阔、经济繁荣、文化昌盛且综合国力居世界前列的"康乾盛世"②；后期由于集权专制、闭关锁国等弊端积重难返，加之外敌入侵等因素而日趋衰败没落。因而清代又是中国历史的重大转折期。1840年爆发的中英鸦片战争，使中国开始沦为半殖民地半封建社会，中华民族陷入屡受帝国主义侵略的深重灾难，同时也拉开了中国近代史的帷幕。经全国人民不屈不挠的顽强抗争，1911年由民主革命先行者孙中山领导的辛亥革命，推翻了统治中国长达268年的清王朝。同时以次年年初成立的中华民国为标志，宣告了中国数千年封建专制统治的终结。

顺治年间，"浙江"作为独立的行政区划得以正式命名，同时在督抚制下，又体现为道、府、州厅县等不同的管理层级，基本由4道、11府和78州厅县的行政格局组成。由于江浙一带是清军遭遇抵抗最严重的区域之一，因而清初统治者采取了剃发易服、迁界禁海和"文字狱"等严厉高压管控措施，致使全省各地专制统治日益强化，民族、阶级和社会矛盾错综复杂，发展再受环境制约。其后，清廷又通过实

---

① 明初上层官僚间形成的一种文风，不仅内容多歌功颂德，且过于追求形式的典雅工丽，风格华靡萎弱。因推倡者多为官居宰辅的"台阁重臣"，故称"台阁体"。

② 清朝康熙、雍正、乾隆三代皇帝统治130多年间，中国经济发展成效显著，疆域辽阔，国力强大，社会相对稳定，是中国封建王朝最后一个盛世，又称"康雍乾盛世"。

行"摊丁入亩"①等改革举措推动经济社会发展，一度出现了"康乾盛世"的繁盛景象。这一时期，全省各地农业等经济持续发展，特别是随着人口的频繁迁徙和同向集聚，一大批"半多商贾""十农五商"即以商品经济为主要特征的中小城镇迅速崛起。

19世纪中叶，内忧外患接踵而至。1840年，英军攻占定海，这成为中国近代史上第一次丧师失地的战事。但浙江军民无所畏惧，殊死抗敌：从葛云飞、王锡朋、郑国鸿"定海三总兵"身先士卒、为国捐躯，到乍浦海防阵地376名官兵未后退一步，全部战死疆场，浙江大地处处呈现英勇抗争的悲壮场景。但最终因朝廷昏庸、军事实力薄弱等原因，浙江人民自此陷入半殖民地半封建社会的深重灾难。此后，以宁波开埠和洋务运动为标志的资本主义经济在矛盾夹缝中艰难发展，同时也孕育了反帝爱国主义运动和资产阶级维新主义思潮；最终，经收回利权、护路拒款、立宪请愿等多次社会运动蓄能造势，势如破竹的辛亥革命敲响了中国数千年封建王朝在浙江统治的最后丧钟。以1840年鸦片战争为节点，清代浙江文化可相对分为前清和晚清两个发展阶段。

从1644年清朝入关到1840年共近200年时间。这一时期的思想学术领域，首推"清初三大启蒙思想家"之一的黄宗羲。在对包括阳明学流弊在内的明代学术思想进行系统总结和深刻反思的基础上，以创立浙东经史学派为标志，黄宗羲再举"明经通史，经世致用"之大旗，被视为"清代学派开山之祖"。另外，被视为学术"奇儒"的朱舜水，在梁启超眼里"清代史学盛于浙""最称首出"的万斯同，慎思明辨的"一代巨匠"全祖望，以及史学理论集大成者章学诚等，共同引领浙江乃至全国思想学术的发展。但是，由于受"文字狱"等专制政策的严厉打压，自清中叶起，大批文人不敢面对现实，转而埋首于训

---

① 系清康雍年间将历代相沿的丁银并入田赋征收的一种赋税改革制度，一定程度上减轻了无地少地农民的经济负担，促进了经济和人口增长，又称"摊丁入地""地丁合一"等。

诂、辑佚、辨伪的故纸堆中，遂使考据之风盛行，严重禁锢了思想学术的发展进步。"日之将夕，悲风骤至"，为此以龚自珍"万马齐暗究可哀""我劝天公重抖擞"的高声呐喊为标志，整个社会充溢着对封建专制的强烈愤懑，更孕育了转型求变的热切期盼。

在文学艺术领域，这一时期的显著特点，是进一步转向关注社会、面对现实，从而呈现出多种流派风格并存的转型之势。如在文学创作上，被誉为独领清代三百年并创"浙西词派"的一代词宗朱彝尊，其词作诗文看似清空新雅，实则反映了他在朝代转换之际的坎坷人生和复杂心境。有"古典浙诗殿军"之誉的袁枚，其诗作尽显高唱"性灵"的通达圆润，然其深处却是追求个性解放的不弃坚守。在戏曲创作上，以"代表清代戏剧最高成就"而著称的洪昇，其描写爱情悲剧的传世不朽之作《长生殿》，同样寄寓了作者自身因仕途艰辛、家多变故而对社会的忧愤之思。这一切都在不同程度上折射出时代变化的深刻印迹。

从1840年鸦片战争爆发到1911年辛亥革命，是中国社会性质发生重大转折，同时也是浙江文化急剧变革的时期。一方面，浙江积淀深厚的地域文化沿着传统轨迹继续传承前行，如书画俱佳的"新浙派"创始人赵之谦，以任伯年等浙人为主体并多居上海的"海上画派"，以及创立于1904年的西泠印社等，都积极推动了文化传承。

更重要的是另一方面，作为共和革命重要策源地之一的浙江，以反帝反封建为主旨的变革之潮风起云涌。特别是面临西方文化的强烈冲击，身处山河破碎、生灵涂炭的危机困局，浙人在被迫调适中反思、在沉沦痛苦中抉择，文化界呈现出前所未有的急速变局。这一过程中，思想学术界仍一马当先：有以"睁眼看世界""师夷长技以制夷"的睿智谏言开时代变局的思想家魏源，有学术上享"启后承先一巨儒"之誉又为实业救国身体力行的孙诒让，有投身保路运动的晚清名臣汤寿潜，有"志在流血，性分所定，上可以质皇天后土，下可以对四万万人矣"的章太炎，更有为实现民族复兴理想而大义凛然、舍生取义的辛亥革命先烈徐锡麟、秋瑾，等等。他们普遍经历了从幻想君主立宪维新的"知识反抗"（蒋梦麟语），到最终以"社会和政治反抗"（马叙伦语）彻底革命的思想转变，他们的影响和价值绝不仅限于文化领域，而是对整个社会转型和进步都有重要的引领意义。同时，这一时期强烈的变革之风又在民国得以持续蔓延，并最终掀起了时代巨变的狂飙巨浪。

民国浙江的历史与文化

1911年，辛亥革命推翻了清王朝。次年1月，中华民国在南京宣告成立。但革命成果很快落入以袁世凯为代表的北洋军阀手中，中国又开始陷入军阀割据混战的黑暗之中。1919年，面临西方列强通过"巴黎和会"对中国的肆意掠夺，在国家蒙辱、人民蒙难、文明蒙尘的危急关头，中国爆发了反帝反封建的五四运动。之后，中国共产党于1921年宣告成立，成为近代中国发展的关键转折点。1927年，已执掌国民党军政大权的蒋介石，发动了针对中国共产党和进步力量的"四一二"反革命政变，全国又处于一片"白色恐怖"之中。其后，面对国民党反动派的黑暗统治和日本帝国主义的残酷侵略，在中国共产党的领导下，全国人民不屈不挠，前赴后继，先后夺取了土地革命、抗日战争和解放战争的伟大胜利，最终迎来了中华人民共和国的诞生。

民国初期，浙江曾实行省、道、县三级管理体制，1932年起改为省、行政督察区、县三级管理体制。至1948年末，全省以6个行政督察区、78个县为基本行政区划格局。军阀统治早期，浙江曾由力主"浙人治浙"的军政府当政。其间，由于进步与保守的斗争、反动势力各派间的明争暗斗，政治风云起伏多变。国民政府当政期间，全省经济社会虽有所发展，如到1937年抗日战争全面爆发前，全省的工厂数与资本额分别是辛亥革命前夕的26倍和36.7倍，但持续加剧的内忧外患又一步步将浙江拖入战乱的深渊。1921年，中国共产党在嘉兴南湖的一条游船上宣告成立，不仅标志着浙江作为党的诞生地和中国革命红船起航地被载入史册，而且使苦难深重的浙江人民从此找到了出路，看到了希望的曙光。在浙江大地上，涌现了一批以俞秀松、宣中华、张秋人、刘英等为代表的革命先烈。在中国共产党的领导下，全省人民经过艰苦卓绝的顽强斗争，最终赢得了革命胜利。

民国时期的浙江文化，在传承延续传统文化的同时，更呈现为两种文化的激烈交锋和重大转折。一方面，浙江的文化发展与成就在全国仍具有相当影响，而且范围不断扩展。如在教育科技领域，建立了著名的国立浙江大学和一大批师范、中小学等各类学校。其间，蔡元培对"思想自由，兼容并包"理念的坚守、倡导，李叔同学术涵养的博大精深，马一浮传承民族文化的苦心孤诣，夏丏尊传播新文化的矢志不渝，以及竺可桢将浙江大学打造为"东方剑桥"的坚韧毅力，茅以升在钱塘江大桥建而被毁、毁而复建过程中所体现的顽强意志……都是浙江教育、科技等事业艰辛发展的历史缩影。在文学艺术领域，从国立艺术院（今中国美术学院）的创立，到传统越剧艺术的广泛传播，从王国维、徐志摩、戴望舒等炉火纯青的文学佳作，到吴昌硕、黄宾虹、潘天寿、丰子恺等精美绝伦的书画精品，浙江文坛一如既往，名人辈出。他们既注重遵循传统，又善于吸收西学新风，从而使悠久厚重的浙江文脉在艰难环境中，通过变革创新不断赓续传承。

另一方面，以五四新文化运动为历史开端和重要标志，进步和红色文化日益成为引领全省文化发展的主旋律。尽管国民党当局对浙江的思想学术和文化艺术各领域进行高压管控，但先进思想文化的抗争从未停息，也从未放弃引领地位。如被毛泽东誉为"代表中华民族新文化方向"和"民族魂"的鲁迅，便是先进文化的旗手和典型代表。其间，无论是早期经亨颐等进步先贤的觉醒先导，还是以陈望道翻译《共产党宣言》和冯雪峰创建"左联"等为标志的马克思主义思想的坚定引领，以及在不同时期、不同领域为进步文化事业作出杰出贡献的邵飘萍、任光、郁达夫、茅盾、郑振铎、艾青、夏衍等，他们分别以不同形式的文化成果为"匕首""投枪"和号角，与国民党反动派和日本帝国主义等黑暗势力进行了艰苦卓绝的斗争，有的甚至献出生命，在浙江以至全国文化史上谱写了一部部悲壮诗篇，奏响了一曲曲新文化凯歌，并成为这一发展过程中的鲜红旗帜和先导力量。

中华人民共和国成立以来浙江的历史与文化

1949年10月中华人民共和国成立，使浙江与全国各地一样"换了人间"。之后，全省经历社会主义革命和社会主义建设的艰辛曲折探索，各项事业取得崭新成就。进入20世纪70年代末，改革开放的春潮开始在浙江大地涌动，浙江经济体制改革和运行机制在全国率先进行了创新探索，并迅速推动经济社会快速发展。特别是进入21世纪以来，在"八八战略"和习近平新时代中国特色社会主义思想的指引下，浙江各项事业持续健康发展，现代化建设勇立潮头。

新中国成立初期，浙江的经济基础极为薄弱：全省国民年收入不到15亿元，年人均只有66元；全省城乡年人均消费只有62元，农民年人均收入不到50元……就是在这样几近废墟的基础上，浙江省委带领全省人民开始了社会主义革命和社会主义建设的全新探索。从始于1953年的全省国民经济第一个五年计划，到1956年农业、手工业和资本主义工商业社会主义改造的基本完成，以新中国第一座自行设计、施工的新安江水电站等一批建设项目为标志，勤劳智慧的浙江人民焕发出无限活力，在短短的时间里，在浙江初步建立社会主义基本制度，创造了不平凡的建设业绩，文艺、教育、卫生、体育、科技等各个领域也开始呈现繁荣景象。但始于1966年的"文化大革命"，使浙江与全国各地一样，遭受了新中国成立以来最严重的挫折和损失。

1978年末，中共十一届三中全会胜利召开后，改革开放浪潮迅速席卷全国，浙江人民以巨大热情和干劲全身心投入这一伟大事业，并以显著成就走在全国前列，先后创造了第一批个体工商户、第一批私营企业、第一家股份合作企业、第一批专业市场、第一座农民城、第一批网络市场、第一座特色小镇、第一条民营控股铁路等诸多"全国第一"，形成统筹利用两个市场、两种资源的发展格局，使浙江成为全国体制机制最活、开放程度最高和经济发展最快的省份之一。改革开放以来，浙江注重坚持以发展为第一要务，以开放带动发展，从资源小省逐步发展成为经济大省和经济强省；注重坚持以改革创新为发展动力，从而成为中国民营经济和市场经济发展的先行省份；注重坚持以人民为中心和共享发展为根本目的，从实现人民初步富裕到向全面小康不断迈进，并在建设共同富裕美好社会的进程中，高度重视发挥文化铸魂塑形赋能的强大动能；注重坚持统筹协调发展，以新型工业化、新型城市化为引领，不断提升城乡、区域、海陆一体化发展水平，等等。这一切同时也为下一步发展积累了丰富经验，创造了良好的发展基础。

进入21世纪，作为中国革命红船起航地、改革开放先行地和习近平新时代中国特色社会主义思想重要萌发地，浙江人民又满怀豪情、意气风发地开启了历史新征程。2002年，时任省委书记习近平在经过深入调研后深刻洞察到：浙江发展正处于人均GDP近3000美元的重要"门槛"阶段，很多全国其他地方尚未遇到的问题有可能在浙江会更早地显现出来，因此，浙江要善于扬长避短，发挥优势，并通过深化体制机制改革创造新的优势，继续走在全国发展前列。在2003年7月召开的省委十一届四次全体（扩大）会议上，习近平代表省委提出了浙江面向未来发展的"八八战略"：一是进一步发挥浙江的体制机制优势，大力推动以公有制为主体的多种所有制经济共同发展，不断完善社会主义市场经济体制；二是进一步发挥浙江的区位优势，主动接轨上海、积极参与长江三角洲地区合作与交流，不断提高对内对外开放水平；三是进一步发挥浙江的块状特色产业优势，加快先进制造业基地建设，走新型工业化道路；四是进一步发挥浙江的城乡协调发展优势，加快推进城乡一体化；五是进一步发挥浙江的生态优势，创建生态省，打造"绿色浙江"；六是进一步发挥浙江的山海资源优势，大力发展海洋经济，推动欠发达地区跨越式发展，努力使海洋经济和欠发达地区的发展成为我省经济新的增长点；七是进一步发挥浙江的环境优势，积极推进以"五大百亿"工程为主要内容的重点建设，切实加强法治建设、信用建设和机关效能建设；八是进一步发挥浙江的人文优势，积极推进科教兴省、人才强省，加快建设文化大省。

"八八战略"既体现了中国特色社会主义的本质要求，又抓住了浙江的发展特点，是指引浙江人民"干在实处、走在前列、勇立潮头"的纲领性思想理念，并迅速成为指导浙江经济社会发展的基本战略举措。在"八八战略"的指引下，从经济发展的"腾笼换鸟""凤凰涅槃"到遍布全省的"绿水青山"，从社会综治的"平安浙江"到现代化治理新格局的"法治浙江"，从文化大省、文化强省建设到全面开启文化浙江建设新征程，从帮助欠发达地区脱贫致富的"山海协作"到高质量建设共同富裕示范区……浙江人民又创造了一个个发展新业绩。同时作为习近平新时代中国特色社会主义思想重要萌发地，浙江的发展实践对全国各地都产生了重要的示范影响。

人间正道是沧桑。2021年中国共产党建党百年之际，浙江的区域生产总值已达7.35万亿元，经济发展总水平从当初的全国第12位连续多年居第4位，当年全省城乡居民人均收入达5.7万元，同样连续保持了全国各省（区）第一位的水平。2021年7月1日，省委书记袁家军在浙江省庆祝中国共产党成立100周年大会上指出，浙江要守好"红色根脉"、打造"重要窗口"，争创社会主义现代化先行省，高质量发展建设共同富裕示范区，继续为实现人民对美好生活的向往不懈努力。浙江，正站在"两个一百年"的历史交汇点上，为实现第二个百年目标和中华民族伟大复兴的中国梦而不懈奋斗。

结　语

文化是民族的血脉，是人民的精神家园。追昔抚今，从1万年前上山文化的孕育初发，到5000年前良渚文化的文明曙光，从2500年前越国精神的创立彰显，到1000年前宋韵文化的鼎盛辉煌，从1949年新中国的成立，到2021年中国共产党的百年华诞……这一漫长过程无一不显现着地域文化的浸润，体现着精神引导的力量。

2006年，时任浙江省委书记习近平将新时期的浙江精神概括为"求真务实、诚信和谐、开放图强"，这既是浙江文脉薪火传承的真实写照，也是对浙江人民在历史发展中所呈现的精神品格的科学提炼和深刻总结，更是激励浙江文化发展前行的强劲动力。其中，遵循规律、尊崇科学的"求真"精神是浙江人民始终不渝的真理追求，注重现实、讲求实效的"务实"精神是浙江历史世代传承的风尚精华，诚实立身、守正不渝的"诚信"精神是浙江世人躬身践行的行为准则，天人合一、和美与共的"和谐"精神是浙江发展孜孜以求的至高意境，海纳百川、兼容并蓄的"开放"精神是浙江自然、人文环境有机融合的独特秉性，励志奋进、自强不息的"图强"精神更是浙江古今历久不衰的主题、主体。它们滋育着浙江的生命力，催生着浙江的凝聚力，激发着浙江的创造力，培植着浙江的竞争力，并由此成为引导浙江发展进步的强大动力。同时这也正是《浙江文史记忆》丛书所要呈现给广大读者的浙江发展的主题和主旋律。

《浙江文史记忆》丛书编委会

2022年3月

长兴煤山灰岩

全球二叠/三叠系界线层型"金钉子"（长兴县科协供图）

煤山扁体鱼化石（长兴金钉子地质博物馆藏）

煤山D剖面27C位置（长兴县科协供图）

浙江人类历史肇始地

七里亭遗址考古现场（梁奕建摄）

七里亭遗址出土的砍砸器（长兴县博物馆藏）

七里亭遗址出土的手镐（长兴县博物馆藏）

七里亭遗址出土的尖状器（可拼接）（长兴县博物馆藏）

文明曙光

马家浜文化夹砂陶鬶（长兴县
博物馆藏）

崧泽文化刻划纹陶纺轮（长兴
县博物馆藏）

良渚文化黑陶双鼻壶（长
兴县博物馆藏）

马桥文化陶鸭形壶（长兴县
博物馆藏）

马桥文化葫芦形陶拍（长兴县博
物馆藏）

青铜文化

西周蟠虺纹青铜鼎（长兴县博物馆藏）

商代几何纹青铜钺（长兴县博物馆藏）

春秋青铜钻（长兴县博物馆藏）

战国青铜矛（长兴县博物馆藏）

西周青铜匕（长兴县博物馆藏）

西汉铜弩机（长兴县博物馆藏）

大唐贡茶院景区（许要武摄）

廿三湾茶马古道（梁奕建摄）

清"顾渚金沙"石望
柱（水口乡政府供图）

精美瓷器

北宋青白瓷佛像（长兴县博
物馆藏）

宋青白釉缠枝牡丹纹瓷香熏（长兴
县博物馆藏）

宋哥窑三足炉（长兴县博物馆藏）

宋哥窑贯耳瓶（长兴县
博物馆藏）

元龙泉窑青瓷花瓶
（长兴县博物馆藏）

红色地标

新四军苏浙军区纪念馆（吴拯摄）

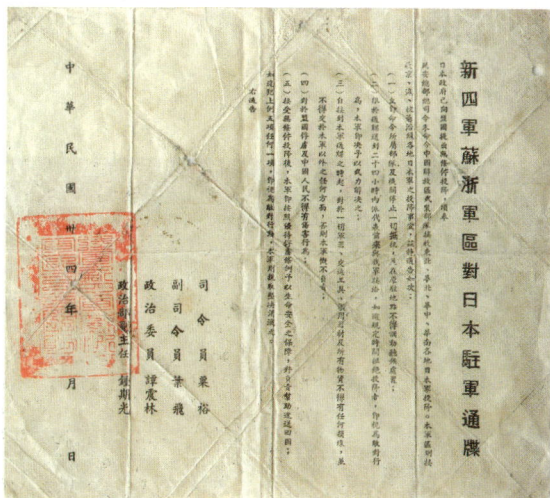

新四军苏浙军区对日本驻军通牒（新四军苏浙军区纪念馆藏）

新四军臂章（新四军苏浙军区纪念馆藏）

2009年，国庆60周年文艺晚会，长兴百叶龙在天安门广场激情舞动（浙江百叶龙文化发展股份有限公司供图）

2012年9月，长兴百叶龙受邀前往俄罗斯，在莫斯科红场参加了第四届国际军乐节的演出（浙江百叶龙文化发展股份有限公司供图）

序

中共长兴县委书记 石一婷

　　天时，风调雨顺；地利，依山傍水；人和，国泰民安，这是人们的理想乐园，这不仅是一种因地制宜、随"缘"就方的高超智慧，更是顺应自然的中国发展之道。从古至今，我们这个充满智慧的民族精心呵护着先祖选择的每一寸土地，生产和创造着辉煌的农耕文明。

　　浙江长兴，地处长江三角洲、太湖西南岸的一方背山面水之地。一百万年的进化，1431平方千米的土地，演绎了人类文明进程的精彩。

　　一百万年前，古长兴人从何处迁徙而来？今天，我们无从考证。大量被发现的旧石器时代遗存，见证着那个石头与钻火的洪荒时代；叠加在旧石器文化层之上的磨制石器、玉器、陶器乃至青铜器，向后人无声地诉说着长兴远古居民生生不息的繁衍历程。一百万年来，长兴先民依托于天目山余脉巨大的冲积扇，水旱无忧地接纳着各地迁来的居民，多元文化的融合，创造了特有的文明。

　　公元前6世纪开始的吴越争霸，亮出了长兴吴越文化的品牌。拉锯的战争，不断把不同物产和文化进行传播、糅合。长兴也进入了中原文化、楚文化以及吴越文化的交融中。

公元前514年，为防楚、越两国觊觎，吴王阖闾派弟弟夫概到太湖西岸筑城。耗时数年，筑就"三城三圻"（吴城连斯圻、彭城连石圻、邱城连芦圻），圻驻水军、城围步兵。遗憾的是，因时代久远，遗迹多被湮没，但此地首次有了一个被宫廷记载的名字——长城。晋太康三年（282）设置县治，县名长城。后梁开平四年（910）更名为长兴。

吴根越角的长兴，人文荟萃、豪杰辈出。绝世霸王项羽，屯兵于县东南弁山；东吴君主孙权，年少时射虎于煤山悬脚岭；东晋太傅谢安，归葬于县西三鸦岗；"江左诸帝号为最贤"的陈朝开国皇帝陈霸先，更是一位出生在长兴城东下箬的英雄。这位皇帝的出世使得佛教在长兴千年兴盛。元代赵孟頫挥笔泼墨的"帝乡佛国"四个大字流传至今。

追寻着先辈的脚步，唐人陆羽闻着茶香走到长兴，翻开了中国茶文化史上最精美绝伦的一页，也完成了他由凡转圣的修行。顾渚山中氤氲灵秀的野茶，在他的神笔下，凤凰涅槃。世界上第一部茶的圣书——《茶经》诞生了。圣人妙笔下："阳崖阴林，紫者上，绿者次；笋者上，牙者次"，于是，顾渚山上的无名仙茶有了一个好听的名字——紫笋茶。"芳香甘洌、冠于他境"。陆羽的一句惊赞，使紫笋茶名扬天下，成就了唐朝至清朝近千年的贡茶传奇。大历五年（770），为了紫笋茶的上等品质，皇家贡茶院建成了。往日静谧清远的顾渚山成为唐代湖苏常三州刺史和大文士们的聚集之地。陆羽、皎然、颜真卿、刘禹锡、袁高、于頔、裴汶、张文规、杜牧等一批批紫笋爱客，总会在春茶时节三五相邀，来到境会亭下、清风楼中，或饮酒斗茶、或吟诗和舞、或摩崖题刻。

有宋一代虽然武力孱弱，但江南富庶之地的长兴因为经济繁荣而文化兴盛，书香世家层出不穷，科举精英累有建树。宋元迢递，有明光灿。兵马大元帅耿炳文以长兴保卫战的辉煌战果，赢得朱元璋的龙心，长兴县衙一度挂上了长兴州府的招牌。归有光与吴承恩，两大文学家联袂共治长兴，谱写出一段官场文坛的千古佳话。遗憾的是他们文学成就的灿烂光芒掩盖了其兢兢业业治理长兴的优秀业绩。吴承恩在感悟着人生的同时创作了一部巨著《西游记》，字里行间仍能看到长兴山水的印记和他在长兴诸多经历的影子。

今天，当我们津津乐道中国古代文学经典唐诗宋词元曲时，也乐谈着另外一位生于长兴太湖边的乡贤——大明朝国子监博士臧懋循。万历十三年（1585），他罢官南京国子监博士，云游江湖。之后，他的身心聚焦在了散佚于民间的元曲版本上，不惜工本，广罗散稿藏本，选编、刻印、出版，发行了包括《元曲选》一百卷在内的文选作品。因为有了臧懋循的发掘、整理和出版，今天的元曲这一文体才能侧于唐诗宋词而自成一家，今天的昆剧、京剧、越剧才有了文脉支撑。

穿越农耕时代，跨入工业文明的长兴，历经诸多苦难和磨砺。清嘉庆八年（1803），长兴人口36万，同治六年（1867），长兴人口骤减到2.2万。于是，四面八方的人来到长兴，在此安家落户，从此长兴的大街小巷、乡野山村，各种方言汇聚，各种民俗交融。智慧勇敢的长兴人，从来不会屈服于生存的压力。抗日战争时期，长兴续写着一部新的传奇。无数次浴血奋战、无数人不懈追求，一路风雨不停歇，长兴人民用坚守和胜利洗刷了沧桑和屈辱。铁的新四军，让长兴大地成为一片红色的沃土。

钟山风雨起苍黄，百万雄师过大江。1949年4月26日，中国人民解放军威武进入长兴城，千年福祉重生，百姓喜笑颜开。当历史的车轮前行到了改革开放的时代，长兴人继往开来，乘风破浪，县域经济长期跻身于全国百强县行列，并且实现经济社会稳定快速持续增长。

光阴荏苒，逝者如斯。独特的地域环境造就了长兴的历史文化。这是一种多样性人群汇于独特地域后融汇精炼而成的文化。这种文化体现的是一种优越、一种精致，还有包容和大气。地域文化或许会随着世界的发展而变化，内在的基因却代代相传。

百叶龙腾、林城狮舞、洪桥花龙舟、泗安旱船、芥里婚俗、十番锣鼓……延续千年生生不息至今广为传承的诸多文化民俗，正是长兴远古基因的顽强延续和进化，这是一种精神的文化、是一种文化的精神。

如今的长兴，日新月异。当人们高高舞起百叶龙、鸳鸯龙、青龙、白龙等各种长兴龙的龙头时，智慧与自信便会循着历史的文化肖像，迸发于更加广阔与灿烂的未来时空。

目·录

第一章

包蒙自太古

上古先秦

浙江文史记忆 · 长兴卷

流水几度，落花几重。亿万年前的生命被悄然封存，化作"金钉子"记录远古世界的神奇密码。天地海洋对长兴这片远古区域独有垂青，全球正式确立的"金钉子"远不到百枚，却有两枚在长兴。在人类进化的历史上，中华大地上上百万年的古遗址屈指可数，而长兴七里亭遗址考古时底界剖面年龄界定为107万年，浙江人类历史从这里写起。从漫漫旧石器时代进入新石器时代，这里是太湖西南岸的文化走廊，沿着马家浜文化、崧泽文化、良渚文化、钱山漾文化、马桥文化的序列发展。"唐尧""虞舜"二帝，是上古时期盛世贤人的典范，山水清远的长兴，自然少不了这两位古圣人的足迹。春秋时期，"夫概城"与"三城三圻"留给长兴遥远的时空图画，胥塘与蠡塘（今里塘）的开挖，水利的兴修，让未来长兴逐渐成长为鱼米之乡。

太古风流：长兴的"石头记"

"太湖，用文人的套语来形容，是'三万六千顷、七十二峰'。民间则说'八百里太湖跨三州'，不经过实测，这样笼统地画出一个轮廓，只能给人们一种山明水秀、浩瀚无际的想象。"这是苏州同里范烟桥在《太湖碎锦》中的句子，范公所言"不经过实测"，倒也不必拘泥，因千年前地方志鼻祖《越绝书》中早有"太湖，周三万六千顷，其千顷，乌程也"之述说。但我想，范公所钟情者，更在山水之间的那份朦胧广阔与快意。

太湖之滨，携山带水，隐逸安适，不消说陶朱公、天随子、姜白石之流喜之；山水之富，"苏湖熟、天下足"，百姓又岂不悦？倾心太湖者，古往今来，自不必赘述。然太湖之精彩，隔湖各有不同。太湖之东之北（苏州、无锡、常州），多平原，少山峦，如椅凳之面，平远辽阔；而太湖之西之南（长兴、湖州），水乡平原之上，更多一份倚靠，山湖之气势，自触目可得。"震泽""洞庭""具区"，不难寻见的太湖古称，镌刻在溪流、溇港、田园、市肆之中的古桥梁之上。任云雨变幻、岁月侵蚀，刻入石头的笔触，驻足倾听着太湖、长兴的山水清音。

亿万年前，生命被悄然封存，以沧海的狂澜巨变为背景，以鱼螺虫草的最后一息为笔墨，再次寻见时，已是遥远成长息落的记忆，化作"金钉子"，记录远古世界的神奇密码，接受全球地质界的朝圣。"长兴""太湖""远古"，关乎这个地方的远古讯息，便封存在天目山余脉的山石之中，形成一份独特的石头天书，可谓长兴的"石头记"。不！世界的"石头记"。

开辟鸿蒙，谁为情种？无论盘古开天辟地，还是女娲炼石补天，都少不了石头的载体。远在人类出现之前，世界的"情种"自然便是多样的生物，但记录这份生物的独特发展史，就需要自然界的种种机缘巧合，即在"对的时间""对的地点"记录有用的记忆，方能"无巧不成书"。在太湖边，在天目山余脉下，长兴西北，集聚了众多巧合。当然，那会儿尚是沧海桑田巨变前的浩瀚海洋。

符合这些具有独特意义的沧海桑田巨变，且拥有全球年代地层单位界线层型剖面和点位的地方，方能成其"金钉子"。放眼寰宇，截至2022年5月，全球正式确立的"金钉子"有77枚，中国有11枚位列第一。而这11枚中，有4枚在浙江，其中2枚在长兴，长兴也成为中国县级城市里面拥有"金钉子"最多的一个县，也是咫尺之内拥有两枚"金钉子"的唯一之地。此外，长兴煤山"金钉子"地质剖面成功入选全球第一批IUGS（国际地质科学联合会）世界地质遗产（100个）地名录，是我国境内唯一成功入选的"金钉子"项目。所以，远古的长兴，排山倒海的众多巧合机缘，全部作用于此。世界生物及地质发展史上，天地海洋对长兴这片远古区域独有垂青。

长兴的独特地质，早在民国时期就已声名鹊起，因这儿有记录地球阵痛成长的印记。由此，长兴的西北山区一度成为地质及古生物学家关注的焦点。美国哥伦比亚大学葛利普教授于1931年《蒙古之二叠》一书中首创"长兴灰岩"之名。1932年，黄汲清教授再次在《中国南部之二叠》一书中提及此名。此后，大半个世纪，多有目光与身影投射于此。"长兴灰岩"名声在外，作为二叠纪与三叠纪的"金钉子"，它是目前为止中国确立的11枚"金钉子"中级别最高的，身兼系、统、阶"三职"。

有意思的是，"长兴灰岩金钉子"的出现，打破了地质学界100多年来，一直沿用耳菊石化石作为古生界和中生界的划分标志的成规。

1986年，中国地质大学殷鸿福院士提出，将我国地质工作者在浙江长兴煤山发现的牙形石化石作为划分古生界和中生界的标准化石，以此确定古生界和中生界的分界线。1996年，中、美、俄、德等国的9名科学家在国际刊物上发表联名文章，推荐以中国浙江长兴煤山的牙形石化石为划分古生界和中生界的标准化石。此后，经过国际学术组织三轮投票，最终由国际地质科学联合会阿根廷会议认可。

2001年3月，设立于阿根廷的国际地质科学联合会在三轮投票的基础上，向全世界公布："二叠系界线层型剖面和点位在中国长兴煤山D剖面27C之底。"由此，"长兴灰岩"荣获全球二叠/三叠系界线层型的"金钉子"，这也是国际三叠系中第一个通过的GSSP（全球层形剖面和点），是唯一确定的点位。它精确地指示了古生代的结束和中生代的开始，同位素地质年龄为2.51亿年。

长兴大地上的另一枚"金钉子"名为"长兴金钉子"，直接以"长兴"冠名。

"长兴金钉子"于2005年确立，同样位于长兴县煤山镇葆青山，与长兴二叠/三叠系金钉子比邻，位于二叠系长兴阶底界，完整地记录了二叠纪末280万年间沉积历史和地质史上最大一次生物灭绝事件。

作为浙江省对外宣传展示古老浙江的自然类化石，我们可以在浙江自然博物馆内看到众多从长兴西北煤山"金钉子"地层附近考古发掘或采集的高质量的化石，他们以"长兴""煤山"直接冠名，或是以曾经来长兴从事自然考古发现者的名字冠名，如"魏氏"（即从事浙江文物工作60年的魏丰）等。

稍加留意，浙江自然博物馆向省内外和世界展示的自然化石，便有中国首次发现的长兴中华旋齿鲨化石以及煤山中华扁体鱼化石、鹦鹉螺化石等。在长兴煤山金钉子保护区的剖面下，长兴金钉子地质博物馆内也收藏有煤山扁体鱼化石。

　　我们脚下所踩的大地，在亿万年前，原本是集聚鲜活生命、徜徉可爱生物的浩瀚海洋，不由感叹大自然的万千神奇。由海变陆，生命演化，长兴变为陆地，有生灵在地面跳跃、奔跑，地面呈现一派生机。而人类的出现，仅仅是众多生物演化史时间表上短暂的一瞬，这一瞬的出现，已是百万年前。

2001年，长兴"金钉子"揭牌合影（长兴县自然资源和规划局供图）

文明曙光：石器时代的长兴故事

长兴何时沧海变桑田，长兴最早的人类起源于何时，远古的人类如何生活？一系列的问题，关注长兴远古史的人们，一定会有如此疑问吧。

我们一般将文字出现以前的人类历史，称为史前史。考古学家又按照人们使用的生产工具的性质把史前史分为旧石器时代和新石器时代两个阶段。所谓新旧石器，主要在于粗放型的打制石器与精细型的磨制石器的区别。

在人类进化的历史上，"直立人"无疑是一个重要的阶段，在距今150万年至20万年间。"直立人"处在旧石器时代早期，从时间上说，这段历史占迄今人类全部历史的99％以上。我们所熟知的中国境内发现最早的直立人为"元谋人"，距今约170万年。

在"长兴人"出现前，浙江省最早发现的古人类为"建德人"，距今约5万年。后来经过旧石器时代遗址考古，浙江最早人类的溯源由安吉上马坎的80万年刷新到长兴泗安七里亭的100万年。"长兴人"，成为浙江甚至东南沿海地区目前发现的最早的古人类。当我们讲起石器时代的长兴故事，都会选择去博物馆看上一眼那"不起眼"的石头。长兴也好，湖州也好，浙江也好，凝结在博物馆基本陈列柜中的第一件文物，毫无疑问，都附着数十万年前长兴先民的记忆。

这一切，得从2004年说起！

2004年10月，时任长兴县文物保护管理所所长梁奕建，在长兴七里亭岗地南部断崖的网纹红土地层中找到了1件黑色燧石质的多刃刮削器，由此拉开了找寻最早"长兴人"乃至最早"浙江人"的序幕。2005年6月，中国科学院古脊椎动物与古人类研究所张森水先生与浙江省文物考古研究所徐新民先生，在同一地点获得3件石制品。2005年9月至2006年5月，对杭长高速公路七里亭地段建设工地进行抢救性考古发掘，并于考古的后阶段，由中国科学院地质与地球物理研究所的邓成龙博士携专业人员到发掘现场取古地磁测年的土样标本，同时还取了光释光测年的土样和孢粉土样。

那么，为什么说，最早的"长兴人"活动在距今100万年前呢？参照《七里亭与银锭岗》考古报告的专业表述，得来"100万年"的依据，描述如下：

> 中国科学院地质与地球物理研究所对七里亭红土剖面开展了详细的古地磁学、岩石磁学和X射线衍射研究。在8.65米深度处（第14层）为Jaramillo的上界，年代为99万年。考古发掘时，因堆积疏松，第19层未清理到底，所以Jaramillo的底界剖面未及，而Jaramillo底界为107万年。因此，下文化层（即第14—19层）的年龄可以界定在99万—107万年，我们估计发现有石制品的第19层年龄为100万年左右是合适的。该地层形成于中更新世初始阶段或早更新世的末期阶段，该层出土的单台面石核是浙江目前发现的最早的旧石器时代人工遗物。由此可知，这"100万年"尚是一个较为保守的数字。

2007年3月，七里亭旧石器时代遗址入围全国十大考古新发现，这是长兴县首次入围这一评选项目。

我们都知道，人类脱离动物界的主要标志是能够使用和制造工具。那生活在距今100万年的长兴七里亭旧石器时代的人们，他们使用怎样的工具呢？当然是打制石器。他们将石片或石核进行加工，制成工具如石锤、石砧、砍砸器、刮削器、尖状器、手斧等。这些工具又是怎么制作的呢？特别是材质坚硬的燧石器，如何制成？长兴煤山镇紫金山旧石器时代遗址发现的制作燧石工具的"加工场"给出了较好的答案。

"直立人"之后的阶段，属于智人阶段，其中，晚期智人已与现代人十分接近，其形态已经与现代人基本一致。长兴有晚期智人的考古遗存，其中以"银锭岗""合溪洞"为代表。"合溪洞人"与早已闻名的"山顶洞人"的时间大致相当。

"合溪洞""银锭岗"遗址处在煤山盆地北缘的小山岗上，合溪在其不远处流过并注入太湖，北依天目山山脉的低山，与长兴七里亭遗址的地质环境基本一致。位于银锭岗遗址以南数百米的合溪边的一个旧石器洞穴是浙江省内人类活动遗存最多的洞穴遗址，也是浙江省内首次发现并发掘的有人类文化遗物的洞穴遗址。与"山顶洞人"遗址一样，在这里发现了鬣狗、鹿等动物化石。此外，还发现了罕见的"长兴马"化石。"长兴马"，作为万年之前江南地区的特有马种，骨骼奇特，为考古界之前未发现之新种类，为探究古时的生态环境留

美国哈佛大学终身教授尤索夫和北京大学教授王幼平在合溪洞遗址前现场观察石制品（浙江省文物考古研究所供图）

下了绝好的物证。与"长兴马"一起被发现的，还有近10万件动物碎骨，由此可以反映，这个洞内有人类获取食物的证据。正因为此，长兴合溪洞旧石器时代遗址顺利入围2009年度全国十大考古新发现初评项目。

2010年6月3日，浙江省政府在杭州召开了浙江旧石器考古成果新闻发布会，公布了七里亭遗址为浙江人类历史的肇始地，将浙江古人类的活动历史向前推至距今百万年，对早期人类在中国东南沿海地区的分布、扩散研究具有重要意义。

从漫漫旧石器时代进入新石器时代，似乎是场遥远的跋涉。考古学家把农业、畜牧业和制陶、纺织等生产的出现作为新石器时代文化出现的标志和基本形态。长兴所处的环太湖流域南方新石器时代序列如下：马家浜文化、崧泽文化、良渚文化、钱山漾文化、马桥文化。

马家浜文化距今约7000—6000年，长兴有代表性的马家浜文化，特别是其中3件夹砂陶鬶，皆为国家一级文物，全部来自长兴县的县级文物保护单位——和平镇狮子山遗址。1981年，农民在水塘挖沙时曾出土马家浜文化时期夹砂陶鬶、夹砂陶腰沿釜等。此时的长兴居民，已经开始稻作农业生产，饲养猪、狗、水牛。而居民的起居生活，则尽可以从这些陶鬶、陶釜上，做一番有凭有据的想象了。

崧泽文化距今约6000—5300年，属新石器时期母系社会向父系社会过渡阶段，它上承马家浜文化，下接良渚文化，是长江下游太湖流域重要的文化阶段。在长兴的林城镇，有十分典型的崧泽文化遗存——江家山遗址。该遗址出土了陶器、石器、玉器、木器、竹器和骨器等各类文物1000余件。其中，马家浜文化的环形石器、崧泽文化陶纺轮上的双勾线刻划纹徽是全国首次发现；完整木耜和石斧柄则反映了当时人们所使用农具的真实面貌；干栏式建筑上榫卯结构木构件，极大丰富了马家浜文化考古研究素材。遗址中还发现了大量保存较为完好的人体骨架，这在土质潮湿且酸度大的浙江乃至江南地区都是罕见的，为研究当时当地的人种和葬俗提供了宝贵资料，在环太湖史前文化考古研究中具有十分重要的地位。

崧泽之后，是为良渚（距今约 5300—4200 年）。长兴先民在崧泽文化之后，自然就过渡到了良渚文化及钱山漾文化时期。

长兴作为环太湖流域重要区域，虽未如余杭发现有大型典型的良渚文化遗址，但是从雉城台基山、林城高家桥、夹浦蒋埠桥、小浦合溪及开挖长兴港出土的一批石钺、玉璜、玉锥形器、双鼻壶等器物来看，良渚文化——人类文明的曙光，同样照耀在长兴大地上。

2014 年 11 月 16 日，中国考古学家在浙江湖州命名了一种新型考古学文化——钱山漾文化（距今约 4200—4000 年）。钱山漾文化中年代最早的一期文化遗存，也就是以弧背鱼鳍形足鼎为代表的文化遗存。

长兴的新安遗址及空山遗址为浙江省省级文物保护单位，在两处遗址中发现了较多的新石器文化遗存，采集的标本中就有鱼鳍形足鼎，由此当可窥探这 200 年间特殊的文化类型。

一般认为，上接我们最近的新石器时代，为距今约 4000—3000 年的先秦马桥文化时期。马桥文化在长兴分布十分广泛，从雉城街道台基山、太湖街道钱家圩东浜和小浦镇画溪桥三处马桥文化遗址抢救性考古发掘出土的文物来看，其文化特点非常明显。出土的陶器以夹砂红褐陶、泥质灰陶、泥质黑陶、泥质红褐陶为主，胎质含铁量较高，主要器形有鼎、豆、鬲、甗、盘等，烧制温度在 1000 摄氏度至 1200 摄氏度。在画溪桥遗址出土的陶豆有云雷纹、蟠虺纹、菱纹、弦纹等，十分精美；石器包括有段石锛、双孔石刀、石矛、破土器等。尤其是在台基山遗址第三层马桥文化层位上出土的青铜矛和青铜制作工具，为马桥文化青铜

马桥文化有段石锛（长兴县博物馆藏）

浙江文史记忆·长兴卷

器制作业的研究提供了有力的佐证。在原人民广场建设银行工地出土的商朝早期木井及竹编、木臿、麻绳，同样反映了这个时期长兴先民的创造力。

特别值得一提的是，长兴太湖所出的3件国家一级文物——马桥文化有段石锛，目前展示在长兴县博物馆之中。这是1973—1974年太湖渔民在太湖水域内作业时捞出的文物。有段石锛的使用，是中国东南区农业文化的重要特征。据专家推断，这种石器的柄由树上取下一段树枝，将其枝及所连的干节取一段下来，将干剖去一半，扎上石锛，执枝做柄，枝末加绳缚牢便可用了。可以想象，出土于太湖的3件有段石锛，叙述了一段太湖渔民造船捕鱼或"刳木为舟"的手工制作场景。有段石锛的出土表明了长兴先民开始用它制作水上活动的工具，与滨海或岛屿上的先民一样，开始了渔猎的滨湖生活。

鸿爪留泥：上古三代时期的长兴遗存

"唐有虞，号二帝，相揖逊，称盛世。夏有禹，商有汤，周文武，称三王"，这是《三字经》对三皇五帝及三代的称述。"唐尧""虞舜"二帝，成为上古时期盛世的贤人典范。长兴，山水清远之地，中原文明与山越的融合，自然少不了这两位古圣人的足迹。

尧舜时期是华夏文明的肇始期，虽缺乏信史，但在有关长兴的地方古籍里面，已和古老的中华文明渊源不断。人文传说、地理遗迹，默默述说着这上下5000年的源头。

清同治《长兴县志》卷十《山》记载尧市山："县西北四十一里，高一百四十丈，周十里，名石门山，山上有尧市，尧时洪水，居民于此作市，因名。有缆船石，石上多孔，人以为揽船处。山下田，父老号曰舜田。俗传舜耕于此，呼为舜哥米。山上有池，广一亩，生野荷，山之右，高山岩上有石门庵，宋时高僧净端居此。有尧庙、舜庙，在隔涧金山下。"同样，在《山墟名》《舆地纪胜》《吴兴杂录》中亦有此说。

至今在水口，仍能见到典籍中所记载唐尧时期的带缆石、尧王庙等。可以想象，水口的那山那水，牵动后人无数的乡魂旅思。"顾渚之波瀺瀺，尧市之坞深深"，似早有因缘。

唐尧之后，是为虞舜，其二帝遗迹传说，自然不能遗落。有一个十分有趣的现象，早期的二帝正好对应了长兴的山水。山，唐尧时有尧市山；水，虞舜时期，长兴有其捕鱼之所——太湖。《太平寰宇记》卷九十四记载大雷山一条：大雷山，在县东北六十里，高一百二十丈。周处《风土记》云："太湖中大雷、小雷二山，相距六十里。其间即雷泽，舜所渔处也。"馀渔浦，在县东北四十二里。周处《风土记》又云："馀渔浦，舜渔于大小雷。"大小雷之间，即为长兴所拥有之太湖，一直到20世纪50年代初期，尚以大雷山、小雷山为界，其内太湖湖面属于长兴。

自夏禹之子夏启开启朝代之序幕，其由禅让转入家天下。长兴，地处东南隅，在第一个朝代，便进入了帝王的视野。这个王，即夏后杼。长兴因是其南巡所至之山，而留名"夏驾山"。

张玄《山墟名》云："昔帝杼南巡于此山，因而名之。山上有石鼓，高一丈，下有磐石为足，谚曰：石鼓鸣，则三吴有兵。"《括地志》云："石鼓作金鼓鸣。"

夏驾山，因其声名远播，又有其自身独特性，吸引了历朝历代的文人雅士驻足。元代诗坛领袖杨维桢，便是其中一位。其《夏驾石鼓辞》题后有注："在夏驾山，高一丈，径三尺，下有磐石为足。谚云：石鼓鸣，三吴兵。"诗云："周家十圆鼓，散落陈仓野。犹有夏驾石，盘盘驾之下。秦鞭血山骨，吴猎焦野火。夏鼓建不拔，石鸣知者寡。父老惧谶言，山空石长哑。"此处夏驾山，便是传说夏后杼南巡到过的地方，在山上遗下一个高一丈的石鼓，后来讹传为"杨家山"。有趣的是，山上石鼓还能预测地震。如，晋太元六年（381），吴兴长城夏驾山石鼓鸣，声如金鼓；清康熙十二年（1673）正月初二、初三，长兴夏驾山石鼓连鸣；十二月，德清新市地震。这便是对夏朝帝王南巡至长兴之后，所留遗迹的美好投射吧。

商代的长兴，是江南地区的鼎盛之地。第三次全国不可移动文物普查发现，长兴商周遗址的数量，在全省县级城市中排名第一位，由此足见商代的长兴，已是宜居宜业的宝地。从商代先民所用的器物而言，其多有典型意义。境内的商周印纹硬陶窑址，在环太湖地区具有举足轻重的作用。来自长兴的商代印纹硬陶，也成为浙江省博物馆基本陈列厅印纹硬陶展示中的第一件文物。

周监于二代，"郁郁乎文哉，吾从周"，这是孔子在《论语·八佾》中对西周的尊崇。《礼记·表记》有"夏道尊命，殷人尊神，周人尊礼"的论述。夏商周三代的主流意识形态不同，孔子认为，夏道尊命，事鬼敬神而远之，先赏而后罚；殷人尊神，率民以事神，先鬼而后礼，先罚而后赏；周人尊礼尚施，事鬼敬神而远之，其赏罚用爵列。西周以后，道德伦理成为西周统治者最为重视的东西。于是"制礼作乐"，礼器大盛。一般认为，江南向来罕见如中原文明的大型青铜重器，但在长兴，却有一个意外。

1959年，长兴小浦上草路村，出土了两件重量级的西周青铜器：云雷纹青铜铙及龟纹青铜簋。其中，云雷纹青铜铙被郭沫若先生鉴定为"江南罕见之器"，其与龟纹青铜簋一同陈列于浙江省博物馆基本陈

西周云雷纹青铜铙（浙江省博物馆藏）　　西周龟纹青铜簋（浙江省博物馆藏）

列展厅，作为重量级青铜器，对外展示长兴、展示浙江。同样，1976年，在下箬溪的河道上拓宽而开挖的长兴港，于下箬上莘桥段曾出土一件国家一级文物——西周蟠虺纹青铜鼎，器形敦实厚重。作为礼器的典型代表，长兴的这件西周青铜鼎，被称为"浙北第一鼎"。

西周时期的长兴，礼乐似有中原文明的影子。但特殊的地理环境，依天目山余脉，面向太湖，得山湖平原之便利，又连通东西南北要道，使其必然成为兵家必争之地，"耕战杀伐"便也随之而来。

从目前来看，长兴出土西周时期的青铜兵器较多，这也可以从侧面反映长兴优越的特殊区位及在历史上的重要地位。

1976年，长兴港下箬寺乡杨湾村段，出土了一件西周早期的通长21.6厘米的兽面云雷纹青铜短剑；同一时期长兴港内还出土了一件西周时期通长35.8厘米的圆茎耳形格兽面纹青铜剑。两把青铜剑，均被认定为国家一级文物，可列入吴越剑的鼻祖系列。

"道在器中"，礼乐耕战，似乎是并行不悖的真理，古时的文明与冲撞，在长兴这方大地上也曾尽情演绎。

西周圆茎耳形格兽面纹青铜剑（长兴县博物馆藏）

治县之基：夫概筑城及先秦人物长兴琐记

公元前770年，平王东迁洛邑，东周建立。东周又分为春秋和战国两个时期。

公元前514年，岁次丁亥，系周敬王六年，即阖闾元年。太湖的东北岸，阖闾已命楚国伍员筑新都。在其后的20年中，太湖的西南岸，阖闾便交给了他弟弟夫概经营，长兴由此开启了建城史。

公元前506年，即阖闾九年，吴王阖闾在伍子胥、孙武的帮助下，以夫概为先锋，攻破楚国首都郢。伍子胥报父兄之仇，掘楚平王墓，出其尸，鞭之三百。楚申包胥哭秦廷七昼夜以求出兵，秦哀公怜之，以五百乘救楚击吴。

公元前505年，即阖闾十年，六月，败吴兵于稷。九月，其弟夫概乃潜归，自立为王。

夫概潜归之地，便在这吴根越角兼作楚隅之地的太湖之滨。今所见的长兴历代县志在第一卷的《建置沿革》及《古今统属图》中，明确指出，吴王阖闾使弟夫概居此筑城，乃称"长城"，故地为"夫概王邑"。《太平寰宇记》引《吴兴记》："吴王阖闾使弟夫概居此，筑城狭而长，故曰长城。"城依山临池而建，其城墙绵延数千米，其"长城"概念的出现，远远早于秦长城、汉长城。可惜，"夫概城荒日已斜，三余王气凿三鸦"，今已不见杨维桢笔下的"夫概城"，太湖沿线的"三城三圻"也零落荒芜，令人徒生感叹。不过，"夫概城"与"三城三圻"却留给了长兴遥远的时空图画。如果地处长兴城区的"夫概城"为闭合型城池的话，那么太湖沿岸的"三城三圻"，则是虚实相间的呼应。可以想见，2500年前，吴越长城背倚天目、面迎太湖，熠熠生辉。

熠熠生辉的城池，依山傍水，因势而居。近代艺术大师黄宾虹曾在《长兴词存序》里盛赞长兴，写道："夫江流派接，溪临鼋画之亭；山色晴开，地本艺香之圃。顾渚之波瀄瀄，尧市之坞深深。苎萝村远，西子之香焉曾来；胭脂岭高，吴生之炼丹所在。"是的，吴、越、楚，几度征战几度合，这里留有太多的春秋事、战国情，繁华逐流水而过，留给长兴的是众多古迹与古地名。

春秋时期，吴王阖闾与夫概自然是占据了长兴后世乡邦文献的诸多篇幅。除此之外，春秋时期的著名人物如西施、范蠡、伍子胥等，也多有地名与之呼应。这也印证长兴之地，多有吴、越、楚之遗风。

传说西施做吴王夫差妃时，多次游览于太湖西侧，倾情于兰香山。《太平寰宇记》卷九十四载："艺香山，一名湖陵山，在县北一十五里，高四百五十尺。"《山墟名》云："艺香山，昔西施种香之所。"西施作为"沉鱼、落雁、闭月、羞花"四大美女之首，留给长兴的风景，是那么富有诗情画意。

范蠡，传春秋时越国大夫范蠡携西施隐居，曾开一塘，后人名蠡塘，地亦以塘名。只是在汉字简化以后，官方往来多以"里塘"标注，民间还是喜欢以"蠡塘"称呼，以示不忘范蠡。

伍子胥，亦是留给长兴众多记忆之人。伍子胥曾辅佐吴王，攻楚又攻越，在春秋时期的霸权争夺之中，立下汗马功劳。传说他在吕山曾建有粮仓，"胥仓"便因此得名。

在长兴夹浦亦留有与伍子胥相关的古地名：无胥村、无胥渡、无胥古寺。"浣纱人去渺愁予，伍子城荒水浸渠。谁复芦中问穷士，居人犹自说无胥。"品读清代诗人王豫的诗句，在无胥渡口，浣纱女帮助伍子胥瞒说"无胥"躲过追兵，最后投河以保名节的千古传说，一代又一代传承着。同样，长兴端午节的划龙船、裹粽子，也认为是在纪念伍子胥。传伍子胥含冤而死之后化为"涛神"，专伺江河湖海平安，吴地之人哀而祭之。《苏州府志》有记："乡俗午日以粽奉伍大夫，非屈原也。"而苏杭之间的长兴，在清代的《长兴县志》中仍有此记录："南方竞渡……始于吴越时，盖断发文身之俗，习水好战，与《荆楚岁时记》人伤屈原之投汨罗、竞渡以拯相似。"

长兴，独特的地理环境，独特的吴根、越角、楚隅之地，历史上的金戈铁马、兵民融合，造就了太湖西岸独特的人文历史。早在战国晚期至秦朝初期，长兴之地，便有了百姓的迁徙。

《越绝书》卷第二载："乌程、余杭、黝、歙、芜湖、石城县以南，皆故大越徙民也。秦始皇帝刻石徙之。"

春秋战国多战事，长兴所在的区域，百姓多有流离。战乱连连，带来人口的减少。吴、越、楚交战后，曾经作为吴地的区域，由越地百姓填入，当更有政治上的考虑。公元前221年，秦王嬴政最终兼并楚、韩、赵、魏、燕、齐六个诸侯国，结束了春秋战国长期割据混战的局面。长兴，便随着国家的前进步伐，步入天下一统的大秦帝国。

三城三圻——芦圻港现状（梁奕建摄）

兴修水利：春秋开掘的胥塘与蠡塘

　　长兴三面环山，境内西苕溪、泗安塘等四大干流由西而东入太湖。春季多连阴雨，夏秋多暴雨、台风。历史上因河道宣泄不畅，太湖水位抬高，洪涝威胁十分严重。遇到枯水年份，旱灾时有发生。为抗御自然灾害，早在秦汉以前，就开始筑湖修塘。西苕溪治水的历史，始于春秋战国之时胥塘、蠡塘的开挖。随着人工运河体系的构建完成，西苕溪流域才开始全面开发，航运亦成。

　　胥塘，即今胥仓港，据晋《吴兴山墟名》记载，由伍子胥开凿，是有文字记载的浙江省境内最早的人工运河。当时，吴国出于政治军事上的争霸需要，为了对付越国，开挖了胥塘，早于著名的邗沟（京杭大运河的前身）。越王勾践十六年（公元前474年），越国大夫范蠡又在西苕溪（长兴段）北岸的西端开挖了蠡塘。《吴兴山墟名》记载，在长兴县东三十五里处有蠡塘……"昔越相范蠡所筑"。这两项水利工程，同样由南至北沟通了西苕溪和泗安塘两大水系，可谓西苕溪流域"塘浦圩田"的雏形。

　　苕溪是湖州市主要河流，属于浙江省级河道，因溪流沿岸盛长芦苇，秋后芦花飘散，水上漫如飞雪，地方俗称"苕"而得名。苕溪以湖州市区上游溪流的来源分东、西两支，西支称西苕溪。西苕溪正源发源于浙江省安吉县与安徽省宁国市交界的天目山北侧，长兴过境段北岸长约18.2千米，南岸长约21.2千米。西苕溪的航运历史非常悠久。相传春秋末年，夫概嫁女至安吉境内的晏子城，溯西苕溪而上送至长兴境内的吴山脚下而止；另又有伍子胥在胥塘之侧建有储备军粮仓库。可见西苕溪很早就被作为水运河道。

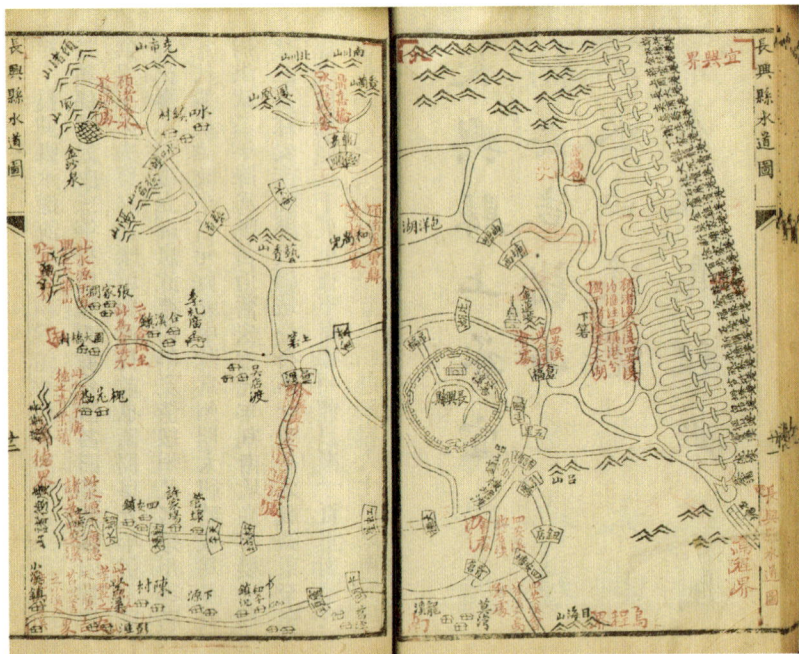

古籍中的长兴县水道图（长兴县水利局供图）

远古时的西苕溪流域，地势低洼，沼泽密布。每逢雨季，洪水肆意泛滥，不宜农耕。自胥塘、蠡塘开挖之后，特别是唐代以后水利工程不断增多，泥沼湿地被改造成为适宜农耕的河网平原，"塘浦圩田""桑基鱼塘"系统得以形成，进而发展为宋代以后的"丝绸之府""鱼米之乡"。特别值得一提的是，唐时大搞农田水利，灌溉农田。在太湖流域，主要农田灌溉工程有20多处，湖州长城也就是长兴便有一处，为位于方山的西湖项目。贞元年间（785—805），刺史于頔予以修复，修复后，该工程可灌溉农田二千顷。

可见，塘浦圩田、桑基鱼塘是古代百姓认识大自然、利用大自然、改造大自然的杰作，营造出科学的生态循环农业模式。《湖州村落史》中有详细的记载："水田种稻、池塘养鱼、塘基种桑养蚕、秋冬桑叶喂羊、羊粪壅桑、蚕沙喂鱼、塘泥肥田。"

胥仓塘港，简称胥仓港，现今在吕山南部，属湖州市级河道，南北向，长3.5千米。胥仓桥，坐落于胥仓老街（民国时间曾为胥仓乡所在地），东西向横跨胥仓塘港，系花岗岩材质的两墩三孔石梁桥，长12.8米，宽2.3米，有护栏。护栏间的望柱上残存两只石刻的蹲守小猴子。桥面石梁题额有"重建胥仓桥"字样，未有纪年，但清代同治年间的《长兴县志》记载："西仓桥在县南三十五里（顾志），跨西仓塘"，说明顾应祥在明代嘉靖年间写《长兴县志》时，胥仓桥即已存在。推断此桥为咸同年间"洪杨兵灾"后重建。

胥仓桥之得名与伍子胥有关。胥仓港旧名"胥塘"，旧时亦称"沧溪"，连通泗安塘和西苕溪（龙溪港）。据晋《吴兴山墟名》记载，由伍子胥开凿，当为浙江省境内最早的运河。伍子胥是吴越争霸的重要

胥仓桥（长兴县摄影家协会供图）

人物之一，他曾帮助吴王先后攻入越国都城和楚国都城，在吴国跻身"春秋五霸"一事上居功至伟。伍子胥同时也是一位伟大的战略家，终其一生，始终认为越国是吴国的心腹大患，于是胥塘开挖后便在西苕溪沿岸设粮仓存放军粮，"胥仓"之名由此延续至今。该桥正在胥塘汇入西苕溪的入口处，便冠名为"胥仓桥"。胥仓村还有一样特产——胥仓雪藕，此藕色泽白嫩、口味极佳，且十分神奇。无论是何地的藕移入当地池中种植，翌年就必定多生一孔，但将该池的藕移到其他地方种植时就少生一孔。至于多一孔的原因，也与伍子胥有关，传说是他曾经向池塘中射一箭造成的。当然，这是附会。而今，胥仓藕的种植管理已被列为湖州市"非遗"项目。

胥仓坝门（长兴县摄影家协会供图）

蠡塘桥，位于县城西南13.5千米处，为东西向钢筋混凝土车行双曲拱桥，跨蠡塘港，桥长约60米。此桥改建于1973年，在此之前，为花岗石平桥，始建年代在宋元时期。明嘉靖《长兴县志》就有记载，称其为古代县内交通要道上的一座重要桥梁。清代县令鲍钤巡游到此，曾留下一首诗作《蠡塘桥诗》："夏闰初交梅子黄，溪风吹雨作秋凉。青山不隔桥南望，葭菼苍苍野水长。"

浙江文史记忆·长兴卷

为什么会叫蠡塘桥呢？这是因为桥下的河港叫作蠡塘港。今天的蠡塘港，在虹星桥镇西部，属长兴县级河道，南北向，连泗安塘与西苕溪两大水系，河港因相传春秋时为越国大夫范蠡所筑而得名。据《吴越春秋》记载，越国大夫范蠡是养鱼高手。贾思勰所著《齐民要术》（卷六）还记载了范蠡在池塘中养鱼的经验。相传，越灭吴国后，范蠡携西施隐居在西苕溪，非但开挖了蠡塘，还在蠡塘挖鱼塘养鱼。

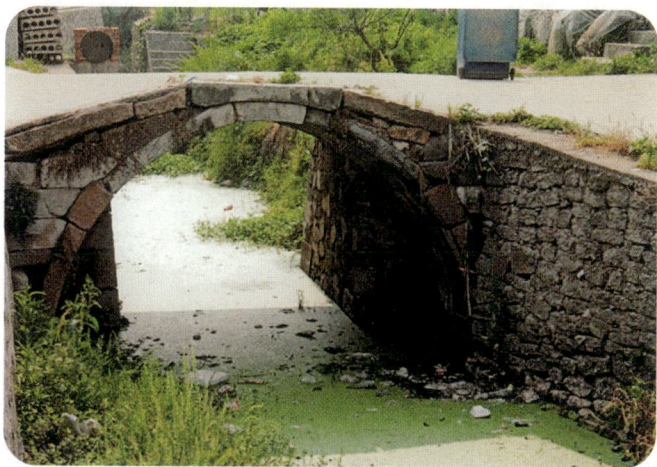

蠡塘桥（长兴县摄影家协会供图）

传说春秋时期，因为长兴的苕溪南岸常遭水灾，所以村民都选择住在高坡之上，低洼地带则少有人烟。突然有一年，不知从何处迁来一家大户，一家几十口全定居在低洼地方，砍树造屋，并将周边几十亩的沼泽全开垦出来，种上粮食。这家的家长是位姓陶的老人，陶公每日三件事，写书、练武、养鸡。养鸡方面，他很有经验。他在烂树林边挖了几十条沟渠，每条沟渠十来丈长，三四尺宽，一尺来深。挖好后再放些柴草，盖上细泥，饲养白蚁。白蚁养起来后，把鸡放到沟里吃虫子，鸡长得又大又肥，蛋下得又大又多。一年夏天，苕溪泛滥改道，原来的河道被裁成一段段很深的沟渠。因为水面宽阔，陶公便领着家人，把原来的大沟再分成一道道小水沟，修塘养鱼。他非常有经验地将雌雄鲤鱼配比放养，同时还混养鲤鳖。鲢鱼是种杂食鱼种，宽阔的清塘要及时播撒草料、腐物，以补充鱼食。几年后，陶公又举家搬迁。原来陶公就是范蠡的化名。有人说范蠡每几年就要迁徙一次，以避免被越王发现行踪。长兴百姓为了纪念他的修塘养鱼善举，将范蠡修的鱼塘称作"蠡塘"。

千万年来流淌不息的西苕溪，滋润着两岸的土地，哺育了数代的百姓，构建了载入史册的水利奇迹，营造了辉煌的农业文明。

第二章

拯溺济横流

汉魏六朝

浙 江 文 史 记 忆 · 长 兴 卷

长兴地处江南，秀美又不乏英雄之气。在连绵不断的丘陵山脊、缓坡、岗地上分布着成千上万的人工土墩，那是商周至秦汉时期先民的墓葬遗存。相传项羽曾在此考察地形、操练部曲，留下"霸王潭""饮马池"等遗迹。三国名将吕蒙、程普、徐盛、黄盖，也"不曾缺席"；指挥淝水之战大败前秦军队的一代名相谢安，长眠于长兴。陈霸先称帝前，先后讨平侯景、王僧辩余部以及萧勃、王琳，无愧于"武皇帝"的谥号。陈霸先生逢乱世，屡建奇功后实现了刹那荣光，开启了陈朝这江南半壁江山33年三世五帝的兴衰国运。论及魏晋六朝，必言士族门阀。六朝时期长城钱氏，凭借武力征伐，创建了江南豪族的家族辉煌。六朝时期的长兴，还孕育了寒门俊杰的一代文宗吴均。吴均、吴僧永父子的文采风流是这片土地灿烂文明的另一种注脚。

大汉遗风：长兴汉代土墩遗存

　　"太白奔吴""吴王筑城""三城三圻"。流逝的岁月带走了长兴先民的音容笑貌，却在清丽大地上留下了斑驳历史印迹。它默默地向后人昭示着历久弥新的民俗文化和民族精神。

　　长兴山水清远，三面环山，东临太湖。在连绵不断的丘陵山脊、缓坡、岗地上分布着成千上万的人工土墩遗存。山脊上，远远望去就似一座座独特的"金字塔"，与天相接。千百年来，在风雨冲刷中，在百姓劳作间，有些土墩水土流失、垒石裸露，人们对神秘土墩的认知在不断多元化，留下许多美丽传说。一曰烽燧墩、一曰藏军洞、一曰居住遗址、一曰祭祀遗存、一曰躲避水涝遗迹……

　　"解读远古，让考古说话"。1983年3月至5月与1989年3月至12月，浙江省文物考古研究所会同长兴县博物馆先后对分布在弁山西北侧赵家桥段37座土墩遗存和宣杭铁路建设涉及石狮土墩遗存进行科学考古发掘，揭开了太湖流域及宁绍地区土墩遗存的神秘面纱，成为浙江土墩遗存（石室）课题研究的里程碑。考古证明，长兴土墩遗存是商周至秦汉时期先民墓葬遗存。随着考古不断深化，在中国考古史上出现了"就地掩埋""土坑墓""浅坑墓""深坑墓""岩坑墓""土墩墓""石床墓""石室墓""棺椁墓""立穴棺椁墓""石椁墓""砖室墓""砖椁墓"……一个个专用名词，逐年丰富了中国丧葬文化的内涵。

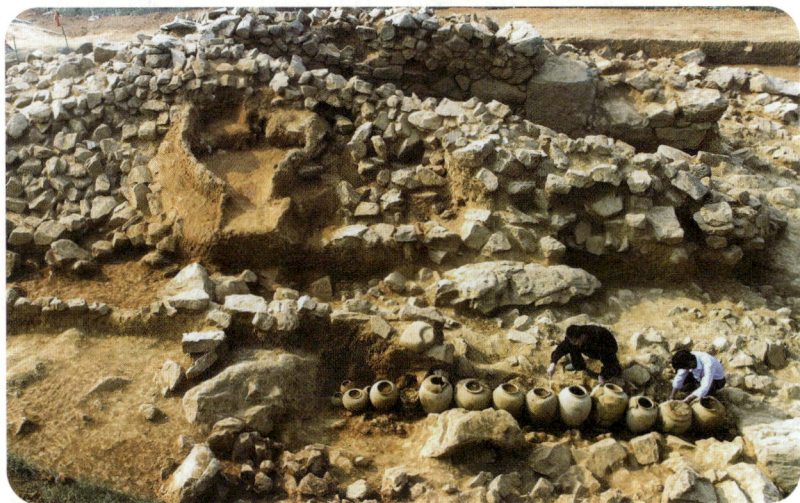

商周遗存——炮头山石室土墩墓（梁奕建摄）

庄子曰："生也死之徒；死也生之始，孰知其纪。"丧葬文化是对生命的敬畏，对逝者的敬重，是中华民族几千年文明史中的重要部分。

江南湿地型地理环境，造就了新石器时代先民以土筑台地为居住和墓葬的习俗。先秦时期，随着社会组织形态的变化，居住地与墓地之间已不再紧密相连或相近。在"天人合一"丧葬观的支配下，墓地往往选择在丘陵岗地或山脊分水线上，甚至海拔500米以上的山顶上。光阴流逝，军事的占领和政权的更替并没有完全阻断本地文化的发展与传承，直至两汉时期，堆土成冢、择高而葬的习俗仍在长兴占据无可替代的主导地位。冢茔"起于垒土"，逝者"入土为安"，亡灵"驾鹤成仙"。

2010年，长兴第三次全国文物普查共登录古墓葬361处，其中，涉及汉代土墩遗存231处，单体总数达1829座（不包括一墩多墓）。在统计学的数据库中，这只是文物遗存的"量"；而在史学者的眼中，这是先民用其特有的形式为后人静静地保存着不可再生的文化资源。

走进大汉，与先民对话。"大风起兮云飞扬，威加海内兮归故乡，安得猛士兮守四方"，似乎在太湖西南岸无际的苍穹间回荡。

从文物工作者专业角度解读长兴汉代土墩遗存，略乎枯燥的文字表述，传递着长兴秦汉土墩遗存丰厚的文化信息。

从分布情况来看，第一，汉代土墩墓一般呈散点分布，密集处如星星点缀，一座挨着一座，密度非常高。泗安仙山长岗岭岗地，2平方千米内发现150余座墓葬。第二，汉代土墩墓与周边水域、河流有着密切的关系。临太湖及西苕溪、泗安塘、箬溪、合溪4条主干流3千米以内均有秦汉土冢墓分布。其中，泗安塘流域共91处、907座。第三，汉代土墩墓绝大部分处于向阳区域，即以丘陵、山岗的东南、东北居多，西南次之，西北仅在雉城回龙山北侧有少量发现。第四，汉代土墩墓一般分布于海拔30米以下，海拔10—30米居多，约占90%。

从形制来看，长兴汉代土墩遗存一般外形呈圆形馒头状和椭圆形状。大小不一，以圆形居多，一般底径在10—35米。椭圆形次之，底长在18—45米。五峰山义冢山大墓长48米，宽28米，高5.5米；仙山庆丰一带的圆形馒头状土墩，大的直径达35米，高5米。土墩墓在构筑上普遍采用不同的土色，通过平地堆筑而成。若是整个土墩均为同一时段堆筑而成，内部则为同时期的汉墓。若是以现成的先秦土墩墓为基础构筑而成，即在小型先秦土墩墓的基础上扩建而成，或在较大型的先秦土墩墓上稍做平整后直接挖坑建墓。此种构筑方式，在民间有着"棺上加棺"的寓意。土墩遗存内墓葬的数量一座或多座不一，以5—10座较为普遍，最多者达20余座。雉城义冢山考古发掘中发现一墩之中有18座两汉时期墓葬。墓室形制主要有土坑木棺墓、土坑木椁墓、土坑砖椁墓、券顶砖室墓和藻井顶画像石墓5类，并以土坑木椁墓最为普遍。

从出土文物来看，以陶器为主，其中包括高温釉陶鼎、罍、瓿、壶、罐、灶、盒及泥质陶鼎、簋、罐、杯、灶、盒，硬陶麟趾金、井、俑、动物等；铜器次之，其中包括铜镜、壶、盒、洗、钱币、印章等；其他还有玉蝉、玉碧、玉佩饰、铁刀、铁剑等。

走读长兴，走近汉墓。虽不能"窥一斑而知全豹，处一隅而观全局"，但个中精华足以让人驻足、徘徊、震撼，进而激发人们更多的关注、沉思、探索。

西峰坝东汉画像石墓，位于龙山街道西峰坝小娜山，海拔12米，系浙江省省级文物保护单位。墓室建于长方形土坑内，长7.86米、宽4.2米、高2.64米。整体用扁平自然大块石和少量人工条石垒筑而成，叠涩顶，分墓道、前层、耳室和后室四个部分。耳室门楣正面镌刻浅浮雕青龙、白虎图案，门框镌刻浅浮雕青龙、白虎、朱雀、玄武、鹿等。

古人云："青龙、白虎、朱雀、玄武，天之四灵，以正四方。""四灵"源于远古的天象观测与先民的星宿崇拜，从距今4500年前史前时期的濮阳西水坡地四灵之中的"龙与虎"雏形，到西峰坝东汉画像石墓"四灵"组合在耳室门框上安家落户，它的整合是一个复杂而漫长的过程。穿越时空，我们可以想象在1800多年前，长兴先民在汉代五行观念之下所向往的"神仙境界"，他们将"四灵"更多地与天界、仙境联系在一起，期许护佑墓主、引魂升仙，以满足人们对死亡观念的理解和升仙欲求，抚慰后人的心灵。

文物具有历史、科学、艺术价值，汉画像石是中国古代一种以石为地、以刀代笔的独特艺术表现形式，在世界其他地区和民族中，没有与之完全相同的作品。吴冠中先生曾说："我简直要跪倒在汉代先民的面前。""其艺术的气概与魅力，已够令人惊心动魄了。那粗犷的手法，准确扼要的表现，把繁杂的生活场景与现实形态概括、升华成艺术形象，精微的细节被统一到大胆的几何形与强烈的节奏感中。其中许多关键的、基本的艺术法则与规律，正是西方后期印象派开始探求的瑰宝。"

西峰坝画像石墓因早期被盗，随葬器物仅存残损的陶器5件、铜

西峰坝汉代画像石墓（长兴县博物馆供图）

器2件、玉石器2件。其中在墓葬前室发现一件残损泥质灰陶俑。其为跪坐式，头戴官帽，身穿交领长袍，双手前屈，掌心上翻，掌指稍屈，作托物状。面部勾刻出眉、睛、嘴、胡须，唇部尚描一点红彩，让人为之肃然起敬。它是先民为逝者制作的殡葬品，是陪伴逝者的一种象征，也代表了墓主人生前的等级与荣耀。而其写意的风格、简洁的造型、生动的气韵，具有强烈的视觉冲击力，让我们仿佛回到东汉，目睹了东汉先民日常生活的场景。

汉画像石墓鲜见于我国南方，迄今在浙江发现仅四处。长兴发现的东汉画像石墓具有明显的北方风格，且规格较高，有史学爱好者戏称："这是最早南下长兴的官员吧。"

西山土坑墓位于煤山镇西山阳坡，为竖穴深土坑木椁墓，共出土楚式泥质仿青铜陶器23件，显示的是浓浓楚式风格，是长兴"先属吴、后属越，越为楚所灭，遂属楚"的重要历史印证。七女冢棺椁墓，位于小浦镇蝴蝶村箬溪北侧的水田中间，一墩多墓，从西周至东汉，层层叠加，如民间所说"棺（官）上加棺（官）"。出土器物有盘口釉陶壶、盘口铜壶、铜甑、漆器等20余件（组），其中还有一面十分精致的青铜镜。

青铜镜又称"照子"，最早出现于商代，是用于祭祀的礼器。两周时期只能王与贵族才能享用，至两汉慢慢地走向民间。七女冢竖穴深土坑木椁墓出土的东汉早期规矩四灵青铜镜，"是汉镜流行时间最长，也是最为优秀的一种"。圆钮、圆座，座外方框环列十二乳钉及十二地支铭，双线方格内十二枚乳钉间隔十二地支铭，方框外四正八乳，八区内规矩纹分饰青龙、白虎、朱雀、玄武及禽兽。边缘纹饰为三角锯齿纹和双线水波纹。区间铭文为：尚方作镜真大好，上有仙人不知老，渴饮玉泉饥食枣，浮游天下敖四海，寿如金石为国保。

"草木秋死，松柏独存。"大汉遗风，写在长兴大地，垄土间，镌石上，器皿中，是生、是死、是灵魂，是风、是雨、也是歌。

金戈铁马：项羽吕蒙长兴留痕

也许从夫概筑城开始，因了这襟带吴根越角的战略地位，长兴从此便金戈铁马之声不绝于耳。无论是"王侯将相宁有种乎"的反暴秦时代，还是三国争鼎的风云叱咤里，那些领一时风骚的风流名将，从项羽，到吕蒙，还有徐盛、黄盖、程普，都不曾在这块土地上缺席。

公元前209年前后，一统六国不过十来年的秦帝国，无可挽回地走向覆亡之路。秦始皇以及继嗣的二世胡亥的暴政，把这个庞大帝国中的万千子民逼上了绝路，而那些胸中藏着国仇家恨的六国贵族更是时刻准备着"复国行动"。

楚国名将项燕曾被秦将王翦斩杀，其子项梁和其孙项羽在楚国覆亡之后，不得不暂时蛰居，但心中无时不在谋划匡复故国，只是在等待一个机会。太史公在《史记》中写得明白："项梁杀人，与籍避仇于吴中。吴中贤士大夫皆出项梁下。每吴中有大徭役及丧，项梁常为主办，阴以兵法部勒宾客及子弟，以是知其能。"据曾任湖州刺史的著名书法家颜真卿实地踏访考证，此"吴中"为湖州，自然也包括长兴。作为将门之后，项羽叔侄的才具自然是毋庸置疑的，但为何偏偏选中了太湖西南岸的这块土地来"避仇"呢？这其中当然有"地利"的考量，但还有一个重要的原因便是"人和"。因为在战国后期，长兴包括湖州的一部分都曾是楚国的属地，秦大一统后，楚虽亡，但楚国的势力和影响还在，在自己人的势力范围内"避仇"，当然是比较明智的选择。胸怀大志的叔侄二人时刻关注着局势的发展，一旦时机成熟，便要揭竿而起，一呼百应是情理之中的。

既然胸有大志，当然就不会懈怠时日，项羽对这块可能成为起事基地的山川地形当然要了如指掌。他一定听说过吴王之弟夫概望顾渚而发出"顾其渚次，原隰平衍，可为都邑之所"的感叹，于是，顾渚山是他必然要亲自勘察的地方。他披挂整齐，带着飒飒骁勇之气，沿山路到了顾渚山明月峡中。见这里修篁掩映，碧影重重，果然是藏兵蓄力的好处所，心中自然十分满意。将军面前是一口千年古潭。清澈澄碧的山泉照出将军伟岸的身躯，让项羽陡生当年见秦始皇巡游队伍壮观情形时发出的"彼可取而代之"的壮志豪情。他双膝跪地，汲一口潭水，甚为甘冽，然后纵身下潭，中流击水，霸气在这千年古潭中淋漓尽致地肆意挥洒。霸王潭的威名从此流传千古，而刚刚双膝跪地的地方已经巨力开石，留下了永远的印迹，西楚霸王的膝印永远让后人观瞻膜拜。

项羽对长兴山水形胜的考察当然不会错过弁山，弁山主峰海拔521.5米，也是项羽屯兵蓄力的理想之地。山上留下的走马埒、饮马池、系马石等遗迹是项羽曾经在此操练部曲的鲜明印迹。弁山后有碧岩村，分前城、后城和义城"三城"，有民谚盛传一时："前城后城，私筑义城，屯兵养马，兵反王城。"颜真卿所作《石柱记》中，还有"项王庙"的记载，至今遗迹尚存。

据旧志记载，项羽殁后，他在湖、长一带被尊为"苍弁山神""弁山王"。

带着西吴集聚的万千雄气，项羽从江东走出，带领八千子弟，绘就了巨鹿辉煌，开启了楚汉风云，也书写了垓下悲情。

从184年黄巾军起义起，至280年晋灭吴止的近百年里，有着中国历史上最高的战争频率。而这一时期三国鼎立的政治格局，也造就了人才辈出、群星灿烂的局面，仿佛银河中璀璨的英雄星群，发出耀眼的光辉。严白虎可能算得上是这个时代最为骁勇威武的长兴人了。

严白虎是吴郡乌程（此时长兴尚属乌程县）"强宗骁帅"，在群雄并起的东汉建安年间拥兵万余雄踞一方，与自号吴郡太守的陈瑀结成抗孙联盟，欲与孙策分江东而治。只是在这样一个英雄辈出的时代，严白虎只能感叹"既生瑜何生亮"了。"小霸王"孙策同样是一代英雄，卧榻之侧岂容他人鼾睡，于是一场龙虎争斗在所难免。建安元年（196），孙策取会稽之后，处理严白虎问题便摆上了他的霸业日程表。孙策先遣大将吕范与徐逸攻陈瑀于海西，枭其大将陈牧，这等于是砍去了严白虎的一条胳膊。然后亲率大军及手下大将程普和当时还是青年将领的吕蒙杀向长兴，屯兵吕山。严白虎见对方来势汹汹，也做了充分准备，在和平城山据山筑城。两军对垒，旌旗猎猎。裴松之注引《吴录》对孙策攻破严白虎有一段传奇般的描写："策自讨虎，虎高垒坚守，使其弟舆请和。许之。舆请独与策会面约。既会，策引白刃斫席，舆体动，策笑曰：'闻卿能坐跃，剿捷不常，聊戏卿耳！'舆曰：'我见刃乃然。'策知其无能也，乃以手戟投之，立死。舆有勇力，虎众以其死也，甚惧。进攻破之。虎奔余杭。投许昭于房中。"最后的结果，严白虎兵败，逃亡绍兴，后被孙策追杀。

吕蒙后来显贵，其"白衣渡江""手不释卷""吴下阿蒙""刮目相看"等典故在民间广为传颂。这一场吕蒙并非主将，但的确规模浩大的战役便阿附于他的名下了，于是至今长兴都保留着"吕山"这样的地名，历代地方志也都记载和平城山为"严白虎与吕蒙战所"。

战争的硝烟虽已经散去千年，当年战争的壮烈却仍依稀可见。在和平镇城山顶的城山古城遗址，现还存有土城墙、城门、蓄水池、弩台、烽楼、走马埒、擂鼓墩、滚石、演兵场等遗迹，面积达12万平方米。古城内外两层城墙总长1800米，其中，外城墙环山顶一圈，保存完整。该遗址现为全国重点文物保护单位，供后人凭吊这长兴土地上千年流传的经典战例。

城山土城墙
（梁奕建摄）

"滚滚长江东逝水，浪花淘尽英雄。"与吕蒙同时代的三国英豪们，还有许多人与长兴渊源不浅，他们生前或身后都与这片土地有着千丝万缕的关联。吴庐江太守、安东将军徐盛是一员虎将，封芜湖侯，于黄武年间（约228年）病逝，死后安葬于长兴县北五里，南傍小山、北依湖泊的徐山头自然村（今齐山植物园一带）。虹星桥黄公村亦因施了"苦肉计"助周瑜火烧赤壁的黄盖而得名。

青山伴眠：一代名相谢安的长兴缘

"三川北虏乱如麻，四海南奔似永嘉。但用东山谢安石，为君谈笑静胡沙。"狂放不羁的李太白也曾经不吝美词地赞美过谢安。在中国数千位宰相之中，谢安算得上是百姓知晓率很高的一位了，哪怕是黄口小儿，对他的名字也会很熟悉。因为淝水之战，也因为"东山再起""草木皆兵""风声鹤唳"这样的成语。在谢安身上，有太多的传奇与故事，他是中国知识分子"达则兼济天下，穷则独善其身"的完美践行者。

许多人知道谢安与长兴的渊源是因为谢安墓在长兴，但他为什么会安葬长兴，其实跟长兴人陈叔陵有着直接的关系。另外，不得不提的是，谢安在生前也一定到过长兴，因为他曾担任长兴所属的湖州的最高长官——吴兴郡太守。

永和十二年（356），谢安的弟弟谢万出任吴兴郡太守。谢万是个甩手掌柜，终日不理政务。于是，贤能的谢安就帮弟弟承担了不少事务性工作。太和元年（366），走出东山的谢安终于离开了桓温的军府，获得了第一个施展才能的官职——吴兴郡太守。

吴兴是当时江东最为富庶的地方，在地形上，这里不仅临近首都建康（今南京），可以与建康互为犄角，而且易守难攻，所以无论经济还是军事上，吴兴太守都是很重要的岗位，也是世家大族升官的重要路径之一。谢安的弟弟谢万虽然履职懒散，但也从这个职位上晋升到豫州刺史。从东晋升平年间到南朝梁代初约150多年间，谢氏一族先后有谢万、谢安、谢邈、谢琰、谢瞻、谢述、谢朏、谢瀹、谢览5代9人担任过吴兴郡太守，在历史上实属罕见，被史家传为美谈。

谢安到任后，修治残缺，开垦荒野，放山泽之利，劝课农桑，通关市，来远商。很短的时间内，吴兴郡便出现了"人行街衢，鸡鸣树下"的兴旺景象。谢安在吴兴郡太守任上一直到370年。另外，谢安任上最大的一件民生工程就是主持修筑了城西官塘，"民获其利，颂称为谢公塘"，谢公塘在千年之后，仍在发挥作用。

淝水之战胜利后，谢安坚持北伐中原，统一北方。但是，他的苦心不为司马家所理解，相反害怕谢安"功高盖主"，让谢安出镇广陵。太元十年（385），谢安壮志未酬，抑郁而死。谢安死后，追赠太傅，葬于建康梅岭。本来也就在梅岭安息长眠了，但到了陈宣帝太建十一年（579），陈宣帝次子始兴王陈叔陵却来搅局了。陈叔陵就是后来与陈叔宝争夺帝位而行刺后主的那位。他的生母彭氏去世，他寻找墓地，最后相中了谢安的这块风水宝地，"叔陵启求于梅岭葬之，乃发故太傅谢安旧墓，弃去安柩，以葬其母"。普天之下莫非王土，谢家后人徒呼奈何。当时谢安的裔孙谢夷吾正任长城（今长兴）令，于是就将谢安的灵柩迁葬于长兴三鸦岗（今林城镇太傅村）。长兴是陈朝皇族的龙兴之地，如此，相当于陈、谢两家互换了墓地。谢安墓与一般的古墓不同，它是朝北的，以志谢太傅不忘北伐、收复中原的决心。从此之后，三鸦岗及周围之地先后有了万安乡、谢公乡、太傅乡等地名。

谢安墓迁葬长兴三鸦岗后，由于谢安名望高，谢安墓一直得到州县地方官吏的重视，尤其是北宋时期，因受北方异族的威胁，特别怀念谢安。北宋康定元年（1040），湖州知府胡宿，根据颜真卿《石柱

谢安墓（周凤平摄）

记》和张文规《吴兴杂录》的记载，对谢安墓做了考证，重修墓、祠，在墓前栽了一株被誉为"楷模"的黄连木，并向朝廷上《湖州乞为太傅谢安置守冢及禁樵采表》，得到皇帝的批准。朝廷特敕州县官吏岁时到谢安墓祀祭。治平四年（1067），长兴知县吴涛重修太傅庙，并立"修谢太傅庙碑"。大观三年（1109），长兴县尉周邦绩，为谢安墓题书"晋太傅文靖谢安墓"的墓柱。到了明朝嘉靖年间，沿海地区遭到倭寇侵扰，官民又倍加怀念捍卫民族利益的谢安。嘉靖十二年（1533）、崇祯十五年（1642），长兴知县黄光升、李向中，先后重修谢安墓、庙。至清嘉庆三年（1798），长兴县令、湖州候补知府邢澍，重修谢安墓、祠。广西巡抚、著名文人谢安后裔谢启昆，捐墓田十一亩八分，重兴典祀。在修墓前，邢澍对谢安墓迁葬史料做了考证，并延请史学大家钱大昕、钱大昭兄弟来长兴，对谢安墓迁葬资料做进一步论证。钱大昕为此作序，并赋诗一首，末云："始兴小子肆狂虐，三鸦岗口移今阡。颜公石柱张公录，表树守冢自胡宿。考证谁如明府文，祠田更得中丞续。"

青山有意，贤者共眠。除了一代名相谢安之外，长兴这方土地上，还安眠着另外三位曾官至宰辅的显贵人物。

继谢安之后，南朝刘宋王朝的"宰相"殷景仁就选择了长兴作为其身后之地。殷景仁（390—440），陈郡长平（今河南西华）人，年少时志向远大，初为刘毅后军参军、刘裕太尉行参军。他曾建议朝廷令百官举荐人才，以其所推荐之人是否贤能作为他们升降的依据。后历任宋台秘书郎、世子中军参军、主簿、衡阳太守、中书侍郎、侍中、尚书仆射、中书令、刺史等。死后追赠侍中、司空，谥号文成公。清雍正《浙江通志》载，殷景仁死后葬在长兴县城东二十里，宋文帝还特地到他的墓前吊唁。

章惇是北宋朝颇有争议的一位宰相。有人认为他是注重实务的实干家，有人认为他是摇摆不定的骑墙派。撇去这些争论，他在历史上还是较有影响的，尤其是他与湖州和长兴都颇有渊源。章惇（1035—1105），字子厚，福建浦城人。熙宁五年（1072）受命察访荆湖北路，熙宁八年（1075）出任湖州知州，其间其母逝世，葬母于长兴城西北的灵山。两年后调参知政事，平定四川、贵州、广西三省交界的叛变，招抚45州。后宦海沉浮，在哲宗朝曾权倾朝野，大量放逐旧党官员。徽宗即位后，由于章惇曾反对其继位，被其一贬再贬。死后被追贬为昭化军节度副使。章惇墓位于长兴水口乡顾渚村九龙山下。

第四位安眠长兴的宰相是明代名相张居正的老师徐阶。徐阶（1503—1583），字子升，号少湖，一号存斋。明松江府华亭县人。明代著名的内阁首辅，嘉靖朝后期至隆庆朝初年任内阁首辅。嘉靖二年（1523）以探花及第，授翰林院编修。后因忤张孚敬，被斥为延平府推官，受此挫折，从此谨事上

徐阶造像（长兴县博物馆供图）

官。后又进礼部尚书，兼文渊阁大学士，参与朝廷机要大事。徐阶曾密疏揭发咸宁侯仇鸾的罪行，且擅写青词，为嘉靖帝所信任。和严嵩一起在朝十多年，谨慎以待；又善于迎合帝意，故能久安于位。嘉靖四十一年（1562），得知嘉靖帝对严嵩父子的不法行为已有所闻，于是就命御史邹应龙参劾，终于使严嵩罢官，其子严世蕃谪戍。徐阶则取代严嵩而为首辅。万历十一年（1583），徐阶病卒，赠太师，谥号文贞。徐阶著有《世经堂集》《少湖文集》等。徐阶是松江华亭人，为什么要葬在浙江湖州呢？徐阶本人著作《世经堂续集》中有记载此事的《湖州买葬地成走笔报水山并诸朋旧二首》："长兴东北维新里，翠竹苍松六尺丘；峰列乙辛相对耸，水环丁癸不分流。居吴自叹谋几左，还浙谁知语竟酬；好志华亭徐仲子，厌离乡土葬湖州。""浙生终还浙"，徐阶墓位于长兴县东山嘉会区之原，即今和平镇东山村东山脚。2019年，长兴县委、县政府启动了徐阶墓的修缮工程；2020年4月，在长兴县委宣传部指导下出版了由松江作家、明史研究专家沈敖大先生的长篇小说《徐阶传》。

武略文韬：武强钱氏与吴均父子

论及**魏晋六朝**，必言士族门阀。那是一个贵族门阀社会，当时的门阀世族，源远流长，冠冕相承，风流相尚，与六朝同起讫、共盛衰。从某种意义上来说，他们的家传，也便是六朝的国史。这些显赫经年、左右时局的世家大族，"江山"轮流坐。陈寅恪先生曾说："吴兴及从吴兴分出的义兴周、沈、钱等族为地方武力强宗，最为豪霸。"先生眼光敏锐，一语道出六朝时期的长城钱氏，凭借武力征伐，创建了江南豪族的家族辉煌。

长城钱氏的"过江之祖"是西汉哀帝建平时的谏议大夫钱林，平帝元始间，钱林自彭城（今江苏徐州）南渡长江为乌程令，后因王莽篡政，弃官隐居长城陂门里（今长兴城北）。其后在长兴繁衍子孙后代，子子孙孙，允文允武，自汉、魏、晋，至宋、齐、梁、陈，及隋、唐间，王侯牧守者甚众，世代显赫。

三国之后，长兴钱氏呈现出前所未有的蓬勃发展态势。尽管这时中国北方仅仅经历了西晋短暂的统一就再度陷入持续不断的割据纷争之中，进而形成中国历史上的又一大分裂时期，但中原百姓为躲避北方日渐频炽的战乱而大规模南迁所引发的"永嘉南渡"却给原本地广人稀、经济落后的江南带来了意想不到的契机。因为南渡不仅使江南宗族、人口大增，也极大地推动了当地经济文化的发展。同时，由于这些人口南迁后仍大多保持着分宗别姓、聚族而居的生活习惯，这就使江南钱姓伴随北方钱姓的南来而得到了长足的发展，不但人丁兴旺、福祉良多，而且名人贤士层出不穷，出将入相者甚众。如三国孙吴时，长兴人钱盛官居庐江（今安徽合肥）太守；钱瑞历任青、冀二州刺史，龙骧将军。入晋，汉高密侯钱咸九世孙钱弥（字德盛），官至大司农、辅国将军，封豫章县侯。与此同时，钱宠积功封东迁县开国侯，钱迪升太子太傅，钱祥（字公审）拜伏波将军，钱岳（字成山）任步兵校尉，钱凤任大将军铠曹参军。

少数民族南下导致西晋灭亡，南渡的司马家族不得不在表面上倚重江东大族的经济和武装实力。吴兴郡的世家武力大族，起初以阳羡（今江苏宜兴）周氏为最强。除"三害"的周处官拜散骑常侍、御史中丞。其子周玘更是以"三定江南"而受重一时。周玘"三定江南"中的后两次与长兴钱氏息息相关，钱广、钱象、钱璵这些长兴钱氏的子弟，在历史的剧本里各自写下了浓墨重彩的故事篇章。

钱广，字敬仲，封赠永世县侯。永兴二年（305），陈敏据历阳（今安徽和县）叛乱，自称都督江东军事、大司马、楚公。陈敏据有吴越地时，任他的弟弟陈昶为广武将军、历阳内史，钱广为司马。钱广见陈敏、陈昶兄弟平时凶狠残暴，必非成大业之人，便秘密与周玘联系，商定了里应外合之计。一日，钱广命手下最为亲信的钱象和何康假装有重要军情汇报，来到陈昶帐中，趁着陈昶低头查看文书的当口，何康手起刀落，砍下了陈昶的人头，手下士卒见首领已经就戮，或缴械投降，或作鸟兽散了。这时，钱广趁着陈军大乱，率大军于建康（今南京）朱雀桥南擒斩陈敏。这是长兴钱氏在"二定江南"中的耀眼表现，家族地位由此上升。

而在周玘"三定江南"时，长兴钱氏则实实在在地当了一回主角，可惜在"成王败寇"的历史语境里，却是一个"反一号"人物。310年，也就是司马睿到江东的第四年，此时洛阳被匈奴人所围，岌岌可危。钱璯被任命为建武将军，率兵救援洛阳。到广陵（今扬州）后，钱璯听说匈奴人太厉害，不敢进军。朝廷催得急，钱璯一不做二不休，杀了西晋度支校尉陈丰，一把火烧了粮仓，自号平西大将军、八州都督，公然叛晋。为了获得江东大族的支持，他劫持了东吴末代皇帝孙皓的儿子孙充，立为吴王，随后攻克今浙江等地，准备割据江东。但时过境迁，江东大族对往日的怀念早已一去不复返，依靠孙氏复国的口号，再无吸引力。在周玘再次率领阳羡地方武装讨伐之后，钱璯很快兵败被杀。

与钱氏的武功辉煌相得益彰的是，在六朝时期，长兴还孕育了寒门俊杰、一代文宗吴均。吴均父子的文采风流是这片土地灿烂文明的另一种注脚。

"自富阳至桐庐一百许里，奇山异水，天下独绝。"因了吴均的这一篇流传千古的《与朱元思书》，富春江的旖旎风光广为世人所知，引得游客无数。作者以简练明快的笔墨，描绘了一幅充满生机的大自然画卷，且仅用一百四十四字便生动逼真地描绘出富春江沿途的绮丽风光，被视为骈文中写景的精品。

为富阳与桐庐做广告的吴均，其实还有另两篇山水小品骈文《与顾章书》《与施从事书》，收录于《全晋文》。这两篇作品当然也是殿堂级的佳作。尤其令人欣喜的是，这"二书"描写的都是家乡的景致，让我们在千百年之后还能穿越历史的时空，一窥六朝时期长兴、安吉一带的美丽景色。"故鄣县东三十五里，有青山，绝壁干天，孤峰入汉，绿嶂百重，清川万转"，这是《与施从事书》里面的句子，读来好不生动，好不亲切！

吴均在他《赠别新林》中有句"仆本幽并儿"，由此推测，他的祖上可能是河北山西一带人，因为战争等原因迁徙来长兴。469年，这位被后世戴上"文学家""史学家"冠冕的一代文宗呱呱坠地，取字叔庠。吴家是贫寒之家，在那个讲究门阀的时代，纵有一身才华却被那些家世显赫的浮华子弟掩盖光芒。所幸，在他30多岁时，遇到了另一位才华横溢的"贵人"柳恽。梁天监初，柳恽为吴兴太守，遍访贤达之人，终于发现了吴均这块藏于深山人未识的璞玉，"召补主簿，日引与赋诗"。但蝇营狗苟、尔虞我诈的官场毕竟非吴均钟爱的场所，于是"赠恽诗而去"。但过了一段时间之后，不知什么原因又"好马吃了回头草"。柳恽的确很欣赏吴均的才气，依旧"遇之如故"。后来，柳恽又推荐他到建安王萧伟手下担任记室。在这里，吴均终于有了"显达于王侯"的机会，"王称之于武帝，召入"。他的文学才华为他铺就了直达天听的道路，但从以后的故事来看，这或许并不是一件幸运的事。吴均在做了一段时间的"赋诗待诏制作"工作之后，升迁到"奉朝请"一职，陪同君王左右。正因有了这样的机会，使他目睹了梁武帝的文韬武略、节俭勤勉，但同时也看到了武帝对臣子疑心猜忌，对宗室护短之误。梁武帝是一个很矛盾的帝王，一方面节俭自勉，另一方面却执妄于帝王的权责，后半生更是笃信佛教，甚至到了痴妄的程度，两次出家讲经，要求皇土之内"五里一庵，十里一寺"，举国上下还要效仿其不近女色，不吃荤腥，用素菜祭祀宗庙。对于这些，生性耿直的吴均很难适应，于是在日常的文稿中总是直指武帝阴暗痛痒之处。这当然得罪了这位刚愎自用的皇帝。梁武帝借口他私撰《齐春秋》之事，焚了他的书，罢了他的官职。不久，又怜惜他的才华，诏他进朝修

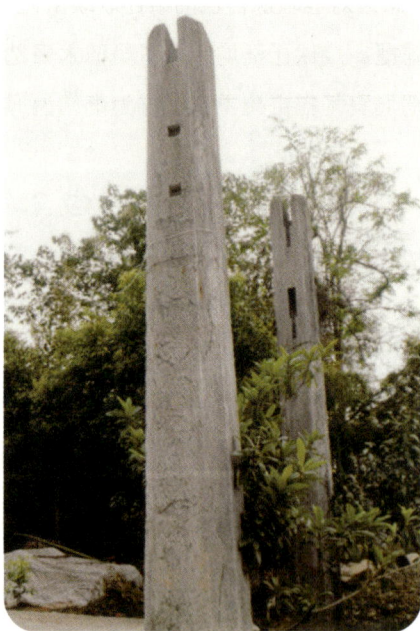

石泉村吴氏牌坊（长兴县博物馆供图）

立《通史》。520年，吴均最终殉职于修《通史》的任上。

现在已经很难揣度吴均出世为官的后半生是否出自他的本意，但很明显，在他20多年的官吏生涯里，他是不快乐的，且常生退意，"鸢飞戾天者，望峰息心；经纶世务者，窥谷忘反"（《与朱元思书》），"家住青山下，时向青山上，青山不可上，一上一惆怅"（《青山偶书》），都可见他的心迹。

《梁书·吴均传》说他"文体清拔有古气"，在当时颇有影响，时称"吴均体"。其诗音韵和谐、风格清丽，属于典型的齐梁风格，但语言明畅、用典贴切，无堆砌之弊。今存诗140余首，多为友人赠答、赠别之作。对于他的散文成就及影响，钱钟书有过这样的评述："吴之三书与郦道元《水经注》中写景各节，轻倩之笔为刻画之词，实柳宗元以下游记之具体而微。"吴均也是史学家，他著有《齐春秋》30卷、《庙记》10卷、《十二州记》16卷、《钱塘先贤传》5卷，注释范晔《后汉书》90卷等。另外，他还著有志怪小说集《续齐谐记》。

吴均死在其工作任上，梁武帝想必对他暗讽自己的事还耿耿于怀，竟给了他一句"吴均不均"的讽刺批评。这让吴均的儿子吴僧永更是处境艰难。吴僧永是梁武帝的女婿，娶了安吉公主萧玉志为妻，为五品驸马都尉。据说夫妇二人还都是文学爱好者，琴瑟和鸣，但无奈那都是美好的过往。自从吴均和梁武帝产生隔阂之后，莫说是驸马，就是公主，怕也是要噤若寒蝉、小心翼翼了。吴僧永见吕蒙山之阴有一处依山傍水之地，便请求梁武帝赏赐给自己作为封地定居，此地也因此成为李家巷石泉村吴氏始祖的居所。梁武帝普通七年（526），菩提达摩西来传法，久不晤面的吴僧永出现在皇帝岳父面前，奏请在自己的封地内建寺院一所，梁武帝当即应允。于是吴僧永在长兴石泉的宅地里建立起龙华寺院。一则给自己的子孙后辈留个添福祈佑之所，二则也算是溜了一回皇家的顺须，消消父亲在世时的尴尬。龙华寺院一建，石泉那块有着"千钿难买西去水"的风水宝地，便聚积了儒、道、佛三旨要。吴氏一脉在祖业里代代耕读，淡出功名之外，确实顺顺当

石泉村口路旁的吴均塑像（李家巷镇政府供图）

当，绵延千年不衰。而这龙华寺在宋代治平二年（1065）迁到弁山，后几经兴废，到了明末，因为白光法师、主峰法师、瑞白法师等十几位大德高僧在此出家、讲经，遂成江南名刹，直至清光绪年间，依然梵宇巍然，香火旺盛。

吴均被李家巷石泉村吴氏宗谱定为始祖。近几年，石泉村走上了传统古村落保护建设的新路子，河水逶迤穿村而流，古祠堂、古牌坊、古桥等古迹散落在村落中，绿树鲜花点缀其间，历史的古意与时代发展的新风在这里和谐共存。而村口路旁，一尊吴均塑像静静地坐在那里，看着来来往往的人群。

历史是时间风干的河床，当滤尽泥沙，吴均终究在历史的坐标上刻下了鲜明的印记。对于吴均以及吴均故宅，有太多的文人怀着崇敬的情怀前往瞻仰缅怀，尤其是本地的文人更是因为家乡的文脉情结而深情地纪念着。明朝韦龄的《吴均故宅》诗这样写道："故家文献旧诗坛，遗址飘零草莽间。几度清风明月夜，空闻流水响潺潺。"清代"苕溪三诗家"之一的王豫也有一首同名诗："艺苑流传执典型，吴均新体已冥冥。含情数问当时宅，剩见青山未了青。"

刹那荣光：陈霸先及其家族

　　说到长兴历史上最显赫的家族，莫过于下箬陈氏了。赵孟頫曾题字"帝乡佛国"，这"帝乡"自然指的是陈霸先创立的陈朝。陈朝与孙氏东吴、钱氏吴越是仅有的三个由浙江人开创的王朝。而"佛国"之称也因陈文帝尚佛，在五峰山下建大雄教寺，乡人奋起仿效，长兴成一时丛林胜地而来。

　　下箬陈氏的远祖是东汉太丘令陈寔，世居颍川许县（今河南许昌）。陈霸先的十世祖陈达，出任为长城（今长兴）令，就在当地定居下来，并预言"此地山川秀丽，当有王者兴，二百年后，我子孙必钟斯运"。

　　在长兴下箬有一口"圣井"，传说是陈霸先出生时沐浴过的井。明代文豪归有光与吴承恩共治长兴一县时曾留下《圣井铭

圣井（长兴县博物馆供图）

并叙》，以彰其功德；而南京鸡鸣寺有一口古胭脂井，据说是陈亡时，隋兵破城，陈后主曾带着一妃一嫔避难于此井中，故被讥为"辱井"。两口井似乎也记录了陈朝这江南半壁江山由崛起而至衰亡的33年、三世五帝的兴衰国运。

陈霸先出身寒门，生逢乱世，先后担任过里司、油库吏、传令吏等，后来得到新喻侯、广州刺史萧暎的器重，出任高要太守，才得以施展"长于谋略，明达果断"的本事。此后，他南征交州，北战广陵，屡建奇功。尤其在平定侯景之乱、击杀王僧辩后，更成为梁朝的掌舵人物。557年，陈霸先禅梁称帝，建立陈朝。建国后，他任贤使能，政治清明，江南局势渐趋稳定。559年6月，陈霸先病逝，谥武皇帝，庙号高祖。

陈霸先死后，因为嫡子陈昌正在北齐做人质，在皇后章要儿的主持下，由侄子陈蒨继位，保证了帝位的平稳过渡。566年，陈蒨病逝，谥文皇帝，庙号世祖。文帝崩后由长子陈伯宗继位。但仅仅在位两年，便被大权独揽的叔父陈顼废掉，是为陈废帝。582年，陈顼逝，谥宣皇帝，庙号高宗。长子陈叔宝继位。589年2月10日，隋军攻入建康台城。陈后主惊慌失措，想要躲藏，大臣袁宪严肃地说道："隋军进入皇宫后，必不会对陛下有所侵侮。"陈后主不听，躲入井中。结果，还是让隋军士兵发现被掳。陈朝就此灭亡。

陈朝虽然只有33年的国祚，且偏居江南半壁，但它保住了南方的汉族政权，使南方免于分崩离析，对于江南的开发繁荣裨益良多。对于陈武帝的功绩，后世名家都给予很高评价，司马光说他"为政务崇宽简""性俭素"，归有光称他为"江左诸帝，号为最贤"。

有陈一代及其后的隋唐，下箸陈氏宗亲，确有才能的也为数不少。如陈霸先兄陈道谭，梁末南征北战，屡建功勋，被封为东宫直阁将军。侯景之乱时，他领弩手两千支援台城，于城中中流矢而亡。朝廷追赠他为侍中、使持节、都督南兖州诸军事、南兖州刺史，封长城县公，谥昭烈。再如陈霸先弟陈休先之子陈昙朗，被封南康愍王。陈文帝孙

陈武帝像
（长兴县
档案馆供
图）

陈君宾仕隋，为襄国太守，唐初时顺应时势，以郡归款，后任可少府少监、虔州刺史。陈宣帝十一子陈叔齐"博涉经史，善属文"，入隋为尚书主客郎。宣帝第十七子陈叔达归唐后深得李渊器重，曾举荐给李世民，后官拜礼部尚书……《陈书》载世祖13子，封王9人；宣帝42子，封王34人；后主22子，封王11人。

　　王朝更替，末代君主多因残暴无道或昏庸无用而致国亡，为后世所不齿。但有两位亡国之君却因其才华横溢而颇受怜悯，感叹其"不应生在帝王之家"，一位是写下千古名句"一江春水向东流"的南唐后主李煜，另一位就是创作了《玉树后庭花》的陈后主陈叔宝了。

　　陈后主在治国上的确是不甚称职，但他酷爱文学。陈叔宝的诗以宫廷游宴诗为主，作品多为靡音艳词，文学成就虽不高，但十分高产，在诗歌的艺术形式上也有可圈可点之处。当时盛于民间的以"吴声歌"为主的"清商新声"，因为他的推崇而登上"大雅之堂"。后人耳熟能详的《春江花月夜》《玉树后庭花》《罗敷媚》《舞媚娘》都是由他所作。其中《玉树后庭花》是以"亡国之音"著称的："丽宇芳林对高阁，新妆艳质本倾城。映户凝娇乍不进，出帷含态笑相迎。妖姬脸似花含露，玉树流光照后庭。"通篇充塞了脂粉靡艳之气，内容贫乏，但词句不能不说是十分华丽的。陈后主数量庞大的游宴诗中的妙句也不少，诸如"此处不留人，自有留人处""春江聊一望，长洲沙汀起""寒云轻重色，秋水去来波"等都脍炙人口。同时，陈后主的边塞诗数量也较多，其中不乏佳作。如《临高台》，描写戍边战士登高回望的情景："烟里看鸿小，风来望叶回。临窗已响吹，极眺且倾杯。"模拟乐府民歌手法，塑造了一个边塞征戍将士的形象。他的《陇头》《陇头水二首》《关山月二首》等也是边塞诗中的名篇。文学史家认为他的边塞诗对唐代边塞诗的盛行是有影响的。

由于当时陈叔宝的大力提倡，陈朝的"崇文"之风十分盛行。其中，陈氏皇族宗亲更是率先垂范，涌现出了一大批贵胄文人，甚至有研究者称其为"陈朝宗室文人集团"。其中成就较大的有陈叔齐、陈叔文、陈叔慎、陈叔达、陈慧纪等。

陈氏宗亲中的才女不少，其中尤以陈后主之妹乐昌公主最为著名。成语"破镜重圆"即源出她的故事：乐昌公主嫁于太子舍人徐德言为妻。隋军攻破陈朝国都时，两人怕到时找不到彼此，就打破了一面铜镜，一人拿一半，约于正月十五在都城以卖破镜相认。后陈亡，公主被献给隋朝越国公杨素。某年正月，徐德言依期至京，见有人在卖半镜，便拿出自己的一半，一对照，正好吻合。于是，他就在自己的破镜上题了一首诗："镜与人俱去，镜归人不归；无复嫦娥影，空留明月辉。"公主看到诗，十分想念丈夫，茶饭不思。这件事后来被杨素知道了，他甚受感动，便让二人重新结合。

陈朝后宫，佳丽云集。这些"陈家媳妇"中也有许多颇有才华的女子。如陈武帝的皇后章要儿，她精通文墨，能读《诗经》和《楚辞》。陈后主的贵妃张丽华能写诗作赋，深受后主宠幸。而陈后主的皇后沈婺华更是堪称文学家了。史家评沈皇后"性端静，寡嗜欲，聪敏强记，涉猎经史，工书翰，且善诗"。她在遭陈后主冷落后，"唯寻阅图史、诵佛经为事"。有一次，陈后主去沈后处，但没待一会儿，就要走。他见沈后没有任何挽留，便问："何不见留？"于是作《戏赠沈后》诗："留人不留人，不留人也去。此处不留人，自有留人处。"沈后即作《答后主》诗一首："谁言不相忆，见罢倒成羞。情知不肯住，教遣若为留。"后主死后，沈皇后"自为哀辞，文甚酸切"。据传她著有《沈后集》10卷，已散佚。

陈宣帝陈顼的十四女，曾经的陈朝宁远公主，在陈亡后，因为"性聪慧，姿貌无双"而被选入宫中。隋文帝杨坚是位出了名的"妻管严"，《隋书》记载，"时独孤皇后性妒，后宫罕得进御，唯陈氏有宠"。可见，她不仅美貌，还应是玲珑之人。独孤皇后死后，她更是集万千宠爱于一身，进位为贵人，主持宫内事务。杨坚晚年生病卧床时，太子杨广前来探望，见陈氏有倾国之貌，竟胆大包天予以调戏。杨坚得知后怒不可遏，准备废黜太子，但杨广羽翼已丰，抢先下手，杨坚当晚即一命呜呼。杨坚死后，按遗诏，陈氏拜为宣华夫人。此后宣华夫人始终郁郁寡欢，于大业二年（606）香消玉殒，年方29岁。杨广约莫是对宣华夫人动了真情的，据史书记载，在他弑父当晚，竟命人给陈氏送去了数枚同心结以示心意。在宣华夫人死后，还作了《神伤赋》。

就在宣华夫人去世的那一年，她的侄女、陈后主的第六个女儿陈婤被隋炀帝封为贵人，长兴陈皇后裔的命运也因此得以改善。陈朝灭亡后，由于隋文帝担心陈氏复国，便将陈氏男性后裔全部发配陇右、河西种田。但因为宠幸陈婤的缘故，隋炀帝将陈氏子弟召还京师，量才适用，于是陈氏子弟开始分散四处为官，由此才得以繁衍成中华陈氏大族。隋朝灭亡后，陈婤不知所终。

第三章

修贡亦仙才

隋唐

浙 江 文 史 记 忆 · 长 兴 卷

穿过南朝楼台烟雨，大唐的望县长城气象倏新。初唐时，绝世红颜唐太宗贤妃徐惠，少时天资聪颖又遍览群书，一首《谏太宗息兵罢役疏》被收入《贞观政要》中。至盛唐的百年间，长兴忻湖徐氏文脉绵延，诗书继世，代有文杰，创造了家族的文化辉煌。中唐起，陆羽循着茶香来到了长兴，之后的顾渚山便闻名海内，因《茶经》上的"紫者上，笋者上"而定名的紫笋茶从此蜚声长安。直至唐末，每年立春后四十五天，湖州刺史亲临顾渚山现场修贡，至谷雨后方可回湖州。这里留下了三组十一方唐宋茶文化摩崖题记，也走出了一条浙西茶诗之路。这盛世唐朝，还诞生了两位大家，都是祖籍长兴，后在京兆长安颇有建树。一位是南山律宗开山之祖释道宣，另一位是唐大历十才子之首的钱起，其因会试中作文最后两句"曲终人不见，江上数峰青"而一试成名。

拟汉班氏：长兴忻湖徐氏

　　数千年的中国历史造就了灿烂辉煌的宗族文化，家学渊源是其中的璀璨灯火，于是文脉相承的家族比比皆是，比如"三苏"，比如"公安三袁"。在唐朝及以前，最为著名的莫过于东汉班彪、班固、班超、班姬一家，然后就是西晋左思及其妹妹左棻，而"自班姬父兄文雄汉室，左思女弟词蔚晋宫，徐氏三矣"（张说《徐齐聃碑》）。唐初至盛唐的百年间，长兴忻湖徐氏文脉绵延，诗书继世，代有文杰，创造了家族的文化辉煌。

　　忻湖徐氏，"其先东海郯人，永嘉之后，仕业南国，因家吴兴焉"，南北朝时显达于长城（今长兴）。徐文整为梁云骑将军、阳平太守，封慈源侯。其子徐综，陈时为稜威将军、始安太守、驸马都尉，袭慈源侯。徐综子徐方贵，为陈奉朝请、江夏王侍郎、伏波将军。在南朝政权更迭频仍的时代，忻湖徐氏依靠家族的旺盛生命力，始终居于社会的中上层而为官宦之家。到了隋唐之际，历史再次风云变幻，多少世家大族风流云散，忻湖徐氏却顽强地走出历史的迷雾，再次傲立于时代潮头，并辉煌绵延逾百年。

这里有一个在家族中重要的承前启后的人物——徐孝德。徐孝德是徐方贵之子。

徐孝德，名德，字孝德，出生于隋开皇十七年（597）。是时，整个徐氏作为南朝勋旧被迫内迁安置，安家于隋同州冯翊县。隋大业二年（606），徐方贵去世，孝德时年10岁。此后，孝德由寡母黄氏抚养长大，想必尝尽人间冷暖。孝德15岁时以"陈朝衣冠子"出任谒者台奉信员外郎，开始了曲折的官宦生涯。隋朝末年，群雄四起，天下大乱，孝德作为隋朝官员忠实践行作为"谒者台奉信员外郎"的职责，巡视河朔地区。当时此地由梁师都割据，徐孝德"遂沦寇境，韬光循迹，不面伪庭"。

大约从贞观元年（627）开始，徐孝德正式出仕唐朝，最初担任绵州巴西县尉、洛阳府尹阙县丞，由于为政有方，后晋升太子府右卫长史，跨入京官行列。后再授从六品下的将作监丞。贞观十三年（639），其女徐惠入宫，孝德被擢升为礼部员外郎，位从六品上。贞观十九年（645），唐太宗亲征高句丽，孝德同行，凯旋后授从五品勋官骑都尉，赏物二百段。贞观二十年（646），受命参与封禅礼的准备工作，后因灾害频发而停止，孝德重回礼部员外郎任上。贞观二十一年（647），唐太宗有意"偏师偷渡"袭扰高句丽，孝德得授水部郎中，位从五品，直接负责漕运、建造船只的工作。唐太宗去世后，徐孝德于永徽二年（651）外调沂州刺史，显庆二年（657），再转果州刺史，并于当年六月一日卒于任所。在任期间政绩突出，沂州百姓于显庆五年（660）立《大唐沂州刺史徐孝德清德碑》以示纪念。

徐孝德的才华和人品被时人广泛称赞，"议者以公考果州府君高学才华，香名省闼"。著有文集15卷。

徐孝德之后，徐家文脉绵延，几代不衰，家族顺利地从南朝时偏向于武勇而转身为一个诗文世家。

徐孝德的长女徐惠是唐太宗的贤妃，以非凡文才和贤淑品性而留诸史册。小女是唐高宗的婕妤，《新唐书》称之为方有文藻。《新唐书》

说徐惠五个月能言，四岁通《论语》《诗》，八岁自晓属文。徐惠八岁那年，父亲徐孝德让她以小山为题，模仿《离骚》作诗一篇，不想小徐惠竟脱口而出："仰幽岩而流盼，抚桂枝以凝想。将千龄兮此遇，荃何为兮独往。"贞观二十二年（648），徐惠走进大唐后宫，被封为才人，不久晋迁为充容。同年，徐惠写了《谏太宗息兵罢役疏》给唐太宗，劝谏唐太宗罢兵高丽，停修土木，与民休养生息，后来被收入《贞观政要》，这是一篇中国历史上极其罕见的，由女性作者写就的政论文，历来备受史家赞誉。贞观二十三年（649），唐太宗病逝，第二年，徐惠告别人世，终年24岁。唐高宗念其贤德，下诏追谥"贤妃"，并按其遗愿，葬于昭陵，了却了她"日夜侍奉在先帝身边"的心愿。

徐孝德长子徐齐聃（629—672），字将道，同样是个神童。《新唐书》说他"八岁能文"，太宗召试诗赋，赠贴身佩刀。后举弘文生，历任曹王府参军、潞王府文学、崇文馆学士等职，侍皇太子讲。高宗时，因为妹妹贵为婕妤，"嫌以恩进"，但他低调地"求出为桃林令"，高宗改授他为沛王府掾，紧接着又把他调到东宫去当司议郎。但是徐齐聃"皆不就"，又请求外放为云阳令。或许是高宗觉得自己的舅子当外官

长兴忻湖文化礼堂前的徐惠广场（陈鲜忠摄）

有些对不住，又或许是要人尽其才，于是在司城员外郎职任之后，又封他为西台舍人（后改称中书舍人）。

徐齐聃的文才是有目共睹的，他写得一手好公文，"善文诰，甚为当时所称"，并且深得高宗信任。他曾教导高宗多位皇子属文诵诗，其中就有后来成为皇帝的唐中宗李显。因为他公务繁忙，高宗还给他开了绿灯，允许他隔一天授课一次。后因泄露禁中语，被贬为蕲州司马，后又被流放钦州，咸亨三年（672）卒，终年44岁。中宗即位，赠泗州刺史。睿宗时赠礼部尚书。

在唐代，中书舍人掌起草诏令、侍从、宣旨、劳问、接纳上奏文表，兼管中书省事务，多以有文学资望者充任。继徐齐聃之后，徐坚、徐峤相继为中书舍人。自祖及孙，相次入省，皇朝衣冠，无以为比。

徐坚（660—729），字元固，在忻湖徐氏这个盛产神童的家族里，他是继长姑徐惠、父亲徐齐聃之后的另一位神童。徐坚不仅智商非凡，而且自幼聪慧好学，遍览经史。沛王李贤召见面试，"异其才华"。20余岁，徐坚步入仕途，灿烂的人生之路从此开启。此后历任汾州参军、万年县主簿。州县繁杂的事务丝毫没有磨灭徐坚的文情，机会来临，他终于又有了绽放光华的时候。圣历年间，御史大夫杨再思、太子左庶子王方庆为东都留守，引荐徐坚为判官，专意委托他起草表奏。二人对徐坚倍加赞赏，王方庆称他为"掌纶诰之选"，杨再思则说"此凤阁舍人样"。唐睿宗即位，徐坚自刑部侍郎加封银青光禄大夫，官拜左散骑常侍，俄而转黄门侍郎。后累迁太子左庶子，兼崇文馆学士。唐玄宗即位，改丽正书院为集贤院，以徐坚为学士，作为张说的副手"知院事"，累封至东海郡公。

徐坚性情宽厚，品性高洁。他是侍中岑羲的妹夫，但他并不愿借此觊觎高位，反倒自避嫌疑，要求辞去掌管机密的官职，转为太子詹事，他告诉别人："非敢求高，盖避难也。"及至唐玄宗时，岑羲因依附太平公主，图谋作乱，事败伏诛，徐坚竟免于坐累，只是被贬谪为绛州刺史，不久又重新调入京城为秘书监。开元十七年（729），徐坚去世，终年70岁。唐玄宗深悼惜之，遣中使就家吊唁，宫内出绢布作为赙金，赠徐坚太子少保，谥曰文。

若以富贵而论，徐坚也可以算光耀门楣了。但1200多年后还常让人提及，更多的是因为他在典制、修史、文学上的成就。《旧唐书》称徐坚"以词学著闻"，张九龄《碑略》中称徐坚的著作"皆资于故实，博于遗训，古今通变，河汉共高，或藏名山，或升天府，然各得其所"。他擅长文章典实，又精三礼之学，先后参与编撰《三教珠英》《唐六典》《太极格》《史记注》《姓族系录》《唐史》《则天实录》等。《新唐书》说他"凡七入书府，时论美之"。又与贺知章、赵冬曦辑《文府》20卷、《续文府》30卷。著有《大隐传》《初学记》集30卷，今存诗九首。其中尤以《初学记》和《大唐六典》最为后人瞩目。

《初学记》是唐玄宗时官修的一部类书。本是为皇子们练习作文编著的一本典故工具书，但因为保存了众多失传的古书片段，可以用来校正今本古书的一些伪误，唐朝以后，成了文史学者的必备书。《四库全书总目提要》评价说："《初学记》在唐人类书中，博不及《艺文类聚》，而精则胜之若《北堂书钞》及《六帖》，则出此书之下远矣。"司马光在《温公续诗话》中记载，北宋龙图阁大学士刘筠特爱此书，曾赞誉它"非止初学，可为终身记"。

《大唐六典》是我国现存最早的一部行政法典，唐玄宗于开元十年（722）命修书院开始纂修，一直到开元二十六年（738）才完成，共30卷，其内容甚为广泛，包括唐代的中央行政、财政、军事、司法、监察、教育、礼宾、农林、水利等和地方行政的管理体制，以及职官的选拔、任用、权责、考课、活动方式方法等各个方面，可以称之为唐朝行政法规大全。

徐坚之后，忻湖徐氏继续以才学闻世，以徐坚之子徐峤为代表。

徐峤（687—742），字仲山，是家族中另一位神童，"数岁善属文，年十二博通群籍，未冠，以门子补太常寺太祝"。唐代名臣张说和宋璟都赞叹他"有王佐之才"。徐峤官宦一生，从地方的阳翟尉、高陵丞、按察使、下邽令、江南东道采访处置使、长乐建安等郡经略使、河南少尹、使持节晋陵郡诸军事、晋陵郡太守、润州刺史，到中央政府的驾部员外郎、御史中丞、大理少卿、中书舍人、内供奉、集贤院直学士，都曾担任过，可谓履历丰富。最后封太中大夫、上柱国、慈源县开国公。

《徐峤墓志》载，徐峤不仅为官"清苦爱民，政绩斐然"，而且"事父孝，事兄恭"。有一则传奇轶闻似乎可作佐证，说是他在为父亲守墓时，因地处荒野，为"群盗所逼"，正危急时刻，忽"有虎哮吼"，于是"盗奔骇"，他"徐杖出庐"，虎竟"弭伏而走"。

徐峤妻子王琳去世后，徐峤悲痛之余亲撰墓志，并请时年仅32岁的颜真卿书丹。

徐峤文章练达，文笔隽美，极受李唐皇室倚重，"入参顾问，专刊草国章，因是，特御笔褒美，赐束帛珍玩，不可胜数，朝廷恩渥，独倾一时"。他著述丰赡，有著作《易广义》30卷、《类二戴礼》百篇、《文集》30卷。

天宝元年（742），正当徐峤准备赴京述职时，病故于东都洛阳。徐峤去世后，墓志由唐代大文学家刘迅撰、唐代书法家刘绘书，可谓文书双雄。

大唐风雅：陆羽和皎然的长兴茶缘

　　很难说，是长兴成就了陆羽，还是陆羽成就了长兴。唯一可以确认的是，1200多年前，陆羽在长兴、湖州生活了20多年，潜心茶学，终于写就了旷世巨著《茶经》；1200多年后，长兴因为陆羽而更为人所知，陆羽成为长兴文化的一张金名片。

　　大约在唐肃宗至德二年（757），已经饱尝人世艰难的陆羽徒步来到太湖西南岸的长兴顾渚山。从此，奔波流浪的心便安顿下来。这里葱茏清秀的天目余脉，香气郁郁的野生山茶，甘醇清冽的金沙泉水，让他停歇下自荆楚、巴蜀、川陕的一路风尘仆仆，决定从此归隐山林，专心茶事。

　　于是，陆羽在顾渚山结庐而居。他常常独行野中，深入农家，采茶觅泉，过着"层层上远崖""时宿野人家"的淡然日子。

　　陆羽在长兴的物质生活看起来十分匮乏，但这对于一个24岁的青年而言，或许并不重要。在茅舍外仰望满天繁星的时候，陆羽心中憧憬的，一定是：走在漫山遍野的青青茶树丛中，闻着沁人的清香陶醉不愿归去；满朝贤士大夫们喝着他推荐的佳茗，微微合上双眼，静静回味，顿有"望峰息心，窥谷忘反"之感……当然，他更期望着，在他完成茶叶巨著的某一日，心里牵挂多年的那个住在湖州的叫作李季兰的姐姐能推开他的柴门，给他最真挚的祝贺。这是一件多么幸福而温暖的事情！

每当月朗星稀、寒风簌簌的夜晚，陆羽总免不了望着漆黑如麻的天际回想自己凄凉的身世。

约733年，陆羽在复州竟陵（今湖北天门）呱呱坠地，襁褓之中的宠爱，陆羽一定是毫无记忆了，他后来所知的是三岁的时候不知何故被遗弃在了一座小石桥下。龙盖寺的住持智积禅师收养了他，总算让他免于冻死在风雪之中。智积禅师占于《易》，得"陆羽"之名，"鸿渐"之字。在《自传》中称自己有"仲宣、孟阳之貌陋"的陆羽虽然长得并不好看，而且有口吃的毛病，但聪颖好学，且极具辩才。不久，智积禅师将他寄养于弃官居竟陵的湖州名士李儒公家。在这里，陆羽感受到了家的温暖，被李儒公赐名季疵，与李儒公女儿李季兰同窗共读，结下了纯洁、深厚的少年情谊。这段时光在从小缺少家庭关爱的陆羽心中留下了最美好的印记，以至于此后被智积禅师几次逼迫出家时，都予以坚决地拒绝。

陆羽在拒绝了智积禅师皈依佛祖的要求之后，自然少不了受一些惩戒。终于在12岁那年，成了一个"叛逆门徒"而逃离了龙盖寺。他此去，走投无路，只能入了梨园，成了一个伶人。好在他聪明过人，很快以诙谐幽默的丑角扮相而站稳了脚跟，此后更编了《谑谈》3卷。

唐天宝五年（746），河南尹李齐物贬谪竟陵太守。李太守对少年陆羽的身世极为同情，又赏识他的才学，亲授诗集，并介绍他到火门山邹夫子处读书。陆羽对知识的渴望被激发，他发奋苦读，积累下了厚实的文学功底。读书之余，他也为邹夫子煮茗烹茶。机会总是给有准备的人的，天宝十年（751），著名文学家、礼部郎中崔国辅出为竟陵司马，他与陆羽一见如故，遂为忘年之交。二人常出游林下，品茶鉴水，谈诗论文，这不仅使陆羽的文学见识日益高深，更是将他引上了一条毕生行走的茶学之路。

一切都已经成为往事，对于以后的人生道路，陆羽的心里已经十分清晰，他要在湖州研茶著书，不让自己的人生在庸庸碌碌中匆忙逝去。

其实早在第一次偶然品味到这里的山茶"芳香甘冽，冠于他境"之时，陆羽便已下定了决心。当年，毗陵（今常州）太守李栖筠在阳羡（今宜兴，与长兴顾渚山交界）督造贡茶，正为完不成贡额而愁烦，适逢一山僧献上顾渚山产的茶叶。陆羽品鉴之后，当即建议："可荐于上。"由此可见陆羽的卓绝鉴茶能力。当然顾渚山的茶叶也没有辜负他的青眼相加。从大历五年（770）正式列贡之后，历经唐、宋、元、明，直到清代，长兴人开始了长达近千年的遥遥进贡之路。

顾渚山的确是陆羽人生中的一块福地。这里有一位在他茶事人生中最重要的人物，就是当时已号称江南名僧的著名诗僧长兴人皎然。皎然（约720—804），字清昼，俗姓谢，南朝宋谢灵运十世孙。精通佛典，又博涉经史诸子，文章清丽，尤善于诗。皎然长陆羽13岁，但二人结下"缁素忘年之交"，他们的友情达到了生相知、死相随，生死不渝的超然境界。在皎然的28首茶诗中，其中寻访、送别、聚会等与陆羽有关的达12首。最著名的当然是那首《寻陆鸿渐不遇》："移家虽带郭，野径入桑麻。近种篱边菊，秋来未著花。扣门无犬吠，欲去问西家。报道山中去，归来每日斜。"

在顾渚山里，皎然与陆羽乐此不疲地寻访着佳茗，"采摘知深处"，"盈筐白日斜"，陆羽对茶叶的造诣自不必说，而皎然是史上提出"茶道"的第一人，是茶文化的推广旗手。野外寻访加上归来之后的评鉴、研讨，使陆羽自然而然地发现了香孕兰蕙之清、味甘醇而鲜美的顾渚佳茗。陆羽下了定语："野者上，园者次；阳崖阴林，紫者上，绿者次；笋者上，牙者次；叶卷上，叶舒次。"由此，顾渚山紫笋茶名动天下。

"我有云泉邻渚山，山中茶事颇相关……伯劳飞日芳草滋，山僧又

贡茶院遗址（梁奕建摄）

是采茶时。"皎然在长兴顾渚山置有茶园（后为贡茶基地），这个顾渚茶园是陆羽《茶经》最好的实验基地。于是，在这里，陆羽通过无数次的实践，创了七经目制茶法，并写入《茶经》：晴采之、蒸之、捣之、拍之、焙之、穿之、封之，茶之干矣。煮沸金沙泉水，将炙烤、碾碎后的茶末投入鍑中，袅袅清香飘散开来。随后，陆羽从这里出发，用5年寻访32州的调查成果，从茶叶的产地、品质、制作以及茶具、冲泡等诸多方面，详细论证了中国茶叶的起源、分布和饮用方法，写成了皇皇巨著《茶经》，成为我国乃至全世界公认的最早的茶叶专著。所以，有人说正是在皎然的指导、帮助、鼓励下，陆羽才完成了中国茶业、茶学的千秋伟业！

与陆羽、皎然邂逅一场世纪风雅的还有另外一位重量级人物，他就是颜真卿。

颜真卿是紫笋茶正式官贡后继杜位、裴清之后的湖州刺史，此时紫笋茶进入皇家的金杯玉盏不过三年。身负督贡之责的刺史大人当然要亲自勘察一番，他来到金沙源祭拜，来到明月峡寻茶，来到陆羽的竹林小舍与这位传说中的茶博士倾心交谈。这一谈，谈下了一段超越身份地位的友情。刺史大人不仅知晓了眼前这位林中隐者对茶的深厚研究，更知道了他除此以外的旷世才情和广博见识。于是，陆羽顺理成章地参加到颜刺史的文化事业中。在"韵海诸生"中，陆羽因其才学和贡献名列第三。

大历九年（774）三月，正是燕语呢喃、柳芽初绽、春光明媚的时节，"韵海诸生"中的长兴县丞潘述和长兴县尉裴循看到刺史大人因刚完成了《韵海镜源》的编撰而心情爽朗，加之时光正好，便决定延请刺史大人及朋友到长兴饮酒赋诗，赏景论茶。地点便是潘述在小浦竹山潭的读书堂。读书堂藏书万卷，竹山潭三面临水，一面傍山，这里环境清幽、景色秀丽，是最适合文人雅士纵情吟作的地方。于是，颜真卿欣然应邀前往，同去者有陆羽、皎然、李萼、康造、汤清河、陆士修、韦介等19人。19位名士聚集在竹山潭，沿着风光秀丽的罨画溪游览观赏，一路开怀畅饮、品茗吟唱，当场每人依次各作诗两句，相联成篇。颜真卿记录并抄录书写。诗句以饱满的热情、酣畅的笔墨、优美的语言表达了作者们对美好大自然的钟爱，书写了对人生的感慨，对远离喧嚣尘世的向往。叙事、写景、抒情、议论，依次递转，自然流利，恰似行云流水。

和420年前的兰亭雅集如出一辙，这次曲水流觞的文人雅集不仅

颜真卿《竹山堂连句帖》（长兴县博物馆供图）

留下了千古佳作，更因书写者的美妙书法而成为绝世珍品。统领明代文坛20年的一代文豪王世贞评价这幅《竹山堂连句帖》："遒劲雄逸，而时时吐姿媚，真蚕头鼠尾得意笔。"清安岐评价它："结字端严、运笔裕如，有天然沉着之气。"此帖作为传世墨宝，现珍藏于故宫博物院。

因为陆羽，因为紫笋茶，大唐皇室在长兴顾渚山建造了第一座规模宏大的皇家茶厂——贡茶院。每年谷雨前，皇帝诏命湖常两州刺史督造贡茶，顾渚山立旗张幕，太湖里画舫遍布，盛况空前。龙袱包茶，银瓶盛水，"十日王程路四千，到时须及清明宴"。于是，颜真卿来了，杜牧来了，张文规、袁高等都以督贡之名留恋顾渚山水，吟诗品茗；陆龟蒙在顾渚山买了30亩茶园做庄园，自号"江湖散人"；钱起回到老家长兴的第一件事，就是上顾渚山拜访陆羽，他用"满朝辞赋客，尽是入林人"的诗句，表达了归隐顾渚终老的心情……在中晚唐的近百年间，数百首茶诗此吟彼唱，以茶会友成了促"和"之道。同时，"静俭清和"的茶文化精髓也丰富了长兴这座城市的"和文化"内涵。

陆羽72岁无疾而终。据说，陆羽陪葬的棺椁里，除了一盏茶瓯，一罐茶叶，还有就是一套耗尽了他心血的《茶经》。780年，《茶经》写成即通过传抄和刻版广为流布，现在最早的版本是收藏在国家图书馆的南宋咸淳九年（1273）《百川学海》本《茶经》。为了让古籍活起来，线装书局按照中华善本再造的标准，以古法还原再造宋本《茶经》。长兴县博物馆支持线装书局复制顾渚山千年摩崖石刻拓本，以唐代摩崖拓片来"承托"这部活起来的宋本《茶经》。

千年后，顾渚山仍是一个关不住满山鸟语，推不去满屋山岚的美妙之地；千年后，长兴依然因为大唐贡茶院、紫笋茶而蜚声海内外！

顾渚山记：紫笋茶的贡史与摩崖题记

　　顾渚山的茶源于何时植采，难以定考。陆羽说，"芳香甘洌，冠于他境，可荐于上"，又一句，"紫者上，绿者次；笋者上，牙者次"，让顾渚山的紫笋茶名声显赫，扬名立万。一时间顾渚山成为天下名山，各路官宦名流、文人逸士纷至沓来。皇家需求催生了上流时尚，文人介入造就了文化现象，真正意义上的中国茶文化由此发祥。

　　唐大历五年（770），在中国茶史上是一个新的纪元。顾渚山盖起了三十余间草舍，成为"顾渚贡焙"造茶的现场。此后近百年间，从立春后四十余日到谷雨，湖常两州刺史分别入山，一同监造紫笋贡茶，并经浙西观察使入贡唐廷。嘉泰《吴兴志》载："顾渚与宜兴接，唐代宗以其岁造数多，遂命长兴均贡。自大历五年，始分山析造。岁有客额，鬻有禁令。"可知湖州茶贡在常州的影响下，每年一起造茶，同时进贡。

　　随着茶贡的常年化，贡茶院等与茶贡有关的制度也逐步建立起来。《新唐书·地理五》湖州条土贡有"紫笋茶"，又于长城县下小字曰："顾山有茶，以供贡"。大历五年之后，茶贡日渐规模化。据嘉泰《吴兴志》所引《吴兴统记》：

> 长兴有贡茶院，在虎头岩后，曰顾渚，右斫射而左悬白。或耕为园，或伐为炭，惟官山独深秀。旧于顾渚源建草舍三十余间，自大历五年至贞元十六年，于此造茶，急程递进，取清明到京。袁高、于頔、李吉甫各有述。至贞元十七年，刺史李词以院宇隘陋，造寺一所，移武康吉祥额置焉。以东廊三十间为贡茶院，两行置茶碓。又焙百余所，工匠千余人。引顾渚泉亘其间，烹蒸涤濯皆用之，非此水不能制也。刺史常以立春后四十五日入山，暨谷雨还。

可见，紫笋贡茶不仅有贡茶院及其工匠，还形成了清明前到京的递进时间规定，并影响到刺史入山修贡的时间表。唐代的茶贡，属于每年常贡中的季节贡，李郢《茶山贡焙歌》中有"十日王程路四千，到时须及清明宴"，来说明季节性的贡奉随产随贡。此诗为大中年间湖州刺史杜牧的友人李郢随杜牧至茶山修贡时所写。

贡茶院还经历了前后两个发展阶段：大历五年至贞元十六年（770—800），以顾渚源的三十余间草舍为制作贡茶之所。贞元十七年以后，以吉祥寺为贡茶院。据《元和郡县图志》描述："贞元以后，每岁以进奉顾山紫笋茶，役工三万人，累月方毕。"可见贞元年间，役工发展为三万人。产茶量方面，据嘉泰《吴兴志》载，"会昌中，加至一万八千四百斤"。可知茶贡规模一直在扩大。即便唐穆宗元和十五年（820）三月，因鄂岳观察使李程之请，"罢中州岁贡茶"，但常州和湖州的茶贡依然在进行。

唐末王仙芝、黄巢之乱虽兴起于北方，但东南地区亦饱受兵火。特别是湖州长兴县，正处于黄巢集团先后两次——乾符五年（878）六七月间南下、广明元年（880）六月北上的要冲之地。但在黄巢集团离开之后，茶贡依旧进行。《咸淳毗陵志》曰："僖宗幸蜀，间关驰贡。

王守枳诗云："今朝拜贡盈襟泪，不进新芽是进心。'"唐僖宗于广明元年底因黄巢占领长安而出幸蜀中，第二年即中和元年（881）三月的茶贡，当是直接进入蜀地，写诗的"王守枳"当即主持此年茶贡的常州刺史王枳。

常州如此，湖州亦同。《文苑英华》收有唐末杨夔《送杜郎中入茶山修贡》一诗，末句曰："谢公携妓东山去，何似乘春奉诏行。"此诗所云即修茶贡事。杜孺休在第一次出刺湖州前后皆为郎中，此处杜郎中，当即湖州刺史杜孺休，可见湖州在唐末杜孺休时尚有茶贡。

历任湖州刺史贡茶事迹，可考者不多。参考《唐刺史考全编》及记载唐代历任湖州刺史的《吴兴统记》、嘉泰《吴兴志》等方志材料，有修贡记载的湖州刺史有20余人。现存有七位刺史在顾渚山上修贡时所题摩崖石刻。

袁高

袁高刺湖，源于他得罪权臣卢杞，而离任湖州、征拜给事中，则是因为唐廷刚刚平定朱泚之乱，唐德宗认识到袁高的重要性。据袁高《茶山诗》描述：

禹贡通远俗，所图在安人。

后王失其本，职吏不敢陈。

亦有奸佞者，因兹欲求伸。

动生千金费，日使万姓贫。

我来顾渚源，得与茶事亲。

黎氓辍农桑，采采实苦辛。

一夫旦当役，尽室皆同臻。

扪葛上欹壁，蓬头入荒榛。

终朝不盈掬，手足皆鳞皴。

悲嗟遍空山，草木为不春。

阴岭芽未吐，使者牒已频。

心争造化功，走挺麋鹿均。

选纳无昼夜，捣声昏继晨。

众工何枯栌，俯视弥伤神。

皇帝尚巡狩，东郊路多堙。

周回绕天涯，所献愈艰勤。

况减兵革困，重兹固疲民。

未知供御余，谁合分此珍。

顾省忝邦守，又惭复因循。

茫茫沧海间，丹愤何由伸。

全诗通过描述茶农辛勤劳作以及唐廷茶贡政策对百姓造成的困扰，来讥讽唐廷任用奸佞。所谓奸佞，自然暗指卢杞。因此，对于袁高来说，他在湖州刺史任上修贡，其目的不是取悦于上，而是进行谏诤。

于頔、杨汉公

据嘉泰《吴兴志》记载：贞元八年（792），刺史于頔始贻书毗陵，请各缓数日，俾遂滋长。开成三年（838），刺史杨汉公表奏，乞于旧限特展三五日，敕从之。

出于对袁高谏诤行为的尊崇，湖州刺史于頔把从残垣断壁中找到的袁高原诗加以重刻，并为之撰《袁高茶山述》，可知于頔与袁高的想法一脉相承。借助修缮袁高《茶山诗》，于頔也是在表达自己的一种政治立场。于頔还首创境会亭，每造茶时，湖常两州刺史亲至其处，故白居易有诗曰："盘下中分两州界，灯前合作一家春。青娥递舞应争妙，紫笋齐尝各斗新。"

而杨汉公，首请宽限茶贡时间，并开通修贡必经之路蒲帆塘。

张文规

张文规写有《斫射神庙记》:"会昌二年,予入山修贡,先遣押衙祭以酒脯。及到山,茶芽若抽,泉水若倾,因建祠宇。"这斫射神起初是维持地方治安的神,但此功能在长庆年间遭废弃。直到会昌年间,张文规方才重新安置神座,但其功能转向了祈祷修贡顺利进行,从而在一定程度上成为地方守护性质的"茶神"。

张文规写的茶诗也很传神,如《湖州贡焙新茶》:凤辇寻春半醉回,仙娥进水御帘开。牡丹花笑金钿动,传奏吴兴紫笋来。

杜牧

当杜牧离任湖州,赴京城担任考功郎中、知制诰时,明明是升官赴京,而他却说是"流落西归"。故杜牧在湖州刺史任上也不怎么在意京城的动向,对修贡也仅仅是尽自己的职责。从他自己留下的诗篇可知,他对修贡抱着一种休闲的态度。杜牧与修贡相关的茶诗,在传世文集中共有四首,分别为:《题茶山》《茶山下作》《入茶山下题水口草市绝句》《春日茶山病不饮酒因呈宾客》。

题茶山

山实东吴秀,茶称瑞草魁。

剖符虽俗吏,修贡亦仙才。

溪尽停蛮棹,旗张卓翠苔。

柳村穿窈窕,松涧度喧豗。

等级云峰峻,宽平洞府开。

拂天闻笑语,特地见楼台。

泉嫩黄金涌,牙香紫璧裁。

拜章期沃日,轻骑疾奔雷。

舞袖岚侵涧,歌声谷答回。

浙江文史记忆·长兴卷

磬音藏叶鸟，雪艳照潭梅。

好是全家到，兼为奉诏来。

树阴香作帐，花径落成堆。

景物残三月，登临怆一杯。

重游难自克，俯首入尘埃。

茶山下作

春风最窈窕，日晓柳村西。

娇云光占岫，健水鸣分溪。

燎岩野花远，戛瑟幽鸟啼。

把酒坐芳草，亦有佳人携。

入茶山下题水口草市绝句

倚溪侵岭多高树，夸酒书旗有小楼。

惊起鸳鸯岂无恨，一双飞去却回头。

春日茶山病不饮酒因呈宾客

笙歌登画船，十日清明前。

山秀白云腻，溪光红粉鲜。

欲开未开花，半阴半晴天。

谁知病太守，犹得作茶仙。

在这四首诗中，比如"好是全家到，兼为奉诏来"，把携家游春当成第一要务，奉诏修贡成了兼职；又如"剖符虽俗吏，修贡亦仙才"，"谁知病太守，犹得作茶仙"，把自己当成了逍遥自在的茶仙。虽然不排除杜牧是借轻松的口气，掩盖或者排解自己忧郁的心情，但至少他是以轻松的心态来看待修贡之事的。杜牧对茶山的美好记忆，还体现于他罢任湖州刺史，重游茶山明月峡时写下的诗："从前闻说真仙景，今日追游始有因。满眼山川流水在，古来灵迹必通神。"

裴汶

元和年间出刺湖州的裴汶，在《茶述》中有如下记载："今宇内为土贡实众，而顾渚、蕲阳、蒙山为上，其次则寿阳、义兴、碧涧、湄湖、衡山，最下有鄱阳、浮梁。"

以上湖州刺史，并李词，在顾渚山上留下的唐代摩崖石刻，现存三组九处，为全国重点文物保护单位。

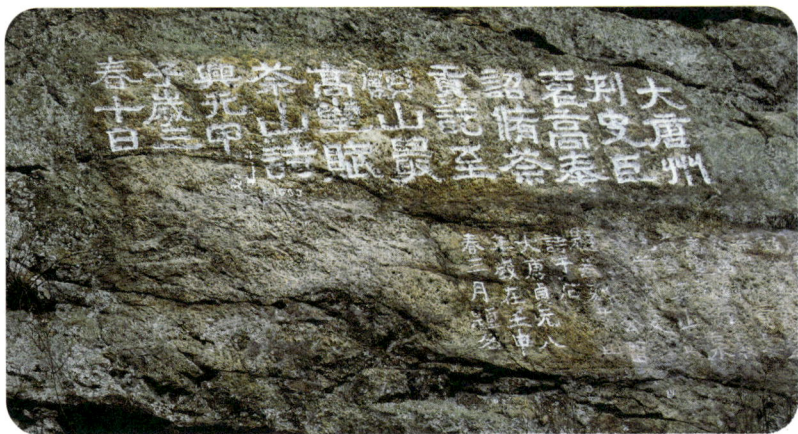

摩崖石刻（梁奕建摄）

第一组：西顾山最高堂摩崖石刻

此处摩崖石刻位于水口乡金山外冈自然村、葛岭坞岕口，在金沙溪西侧小山的阳面，海拔20多米。石刻断面约9平方米，题名刺史为袁高、于頔、杜牧，呈三角形；袁高题字在上方，字最大，十分醒目。于、杜题在下方，杜牧字形为最小。

三处题字分别为：

兴元甲子年（784），贡茶院建立之后的第14年。袁高题名："大唐州刺史臣袁高奉诏修茶贡讫至顾山最高堂赋茶山诗兴元甲子岁三春十日。"

贞元八年（792），于頔题名："使持节湖州诸军事刺史臣于頔遵奉诏命诣顾渚茶院修贡毕登西顾山最高堂汲岩泉试茶舛道客观前刺史给事中袁公留题□刻茶山诗于石大唐贞元八年岁在壬申春三月□□。"

大中五年（851），杜牧题名："□于□□□□为大中五年刺史樊川杜牧奉贡讫事□季春□休来□□□七言嵩□□□□万木中□□时池一枝红拟攀丛棘□寥寂□□□香感细风。"

第二组：矸射岕五公潭摩崖石刻

此处摩崖石刻位于顾渚罗家自然村西、矸射山下。五公潭上方有两处石刻断面，湖州刺史张文规的题字在右，裴汶题名在左侧。张文规的题字分上下两处。裴汶题名的石刻，近期在进行修复，清理中意外发现一处李词题名，一处疑是杜牧题名。

五处题字分别为：

贞元十四年至贞元十八年（798—802），李词题名："湖州刺史李词侍御史王□□五公潭。"

元和八年（813），裴汶题名："湖州刺史裴汶河东薛迅河东裴宝方元和八年二月廿三日同游。"

会昌三年（843），张文规题名："河东张文规癸亥年三月四日。"

841—843年，张文规题五公泉："题五公泉湖州刺史张文规一雉叫烟草千岩皆茗□仙界云鹤远余至岩石空□□水声裹寄复山□中□余迫蔚□落□今□□然然出山去□□□佳风岁在□春十一日。"

大中五年（851），疑是杜牧题名，内容为："京兆杜□□□□□顺□范□大中五年三月十日同游。"

第三组：悬臼岕霸王潭摩崖石刻

此处摩崖石刻"位于悬臼岕的中段，两侧大山壁立，溪涧中流，霸王潭在其下，巨人膝迹在其上，有乡村小径直通其间。石壁上刻有唐杨汉公、宋汪藻、韩允寅等三处题名石刻"。

开成四年（839），唐人杨汉公（785—862）的题字为："湖州刺史杨汉公前试太子通事舍人崔待章军事衔推马枳州衔推康从礼乡贡进士郑□乡贡进士贾□开成四年二月十五日同游进士杨知本进士杨知范进士杨知俭侍从行。"

另有两处宋代摩崖石刻，为1138年汪藻题名刻石、1162年韩允寅题名刻石。

江上峰青：钱起家族与中晚唐政治及文学

唐天宝十年（751），从遥远的江南小城长兴辗转来到繁华都城的钱起并没有因舟车劳顿而稍有困意，对于这座素以繁华和富庶闻名的都会，他已经十分熟悉了。已经32岁的他曾经多次远赴千里，前来应试，但"一回春至一伤心"，每次都铩羽而归。所以，这里的市井喧嚣和亭台巍峨对他而言并没有太多的新鲜诱惑，他心里纠结的还是即将到来的那一场会试，长夜凄冷，他辗转反侧。十年寒窗苦读，钱起对于自己的才学是有底气的，但毕竟出身寒微，数年来的屡试不第，长途奔走，谒告无门，不禁让他身心交瘁，感到功业微茫。既然睡不着，那就索性披上衣裳，到客栈的院落里走走吧。今夜月光躲进了云层，漆黑一片，正如他此刻的心境。一阵阵冷风吹得人直打哆嗦。钱起看着这样的天气似乎于缓解心中的压抑毫无用处，只得呆呆地站了一会儿，心里默默地祈祷上苍的护佑。他准备回房间了，这时，却听到从遥远的天际传来了吟诗之声，声音十分微弱，必须侧耳静听才听得清楚，但这声音很快就消失在了黑暗无边的天际，他只隐约记得最后有两句是：曲终人不见，江上数峰青。莫不是哪一位应试的士子正在诵读准备？看时间已经有些晚了，钱起也没多想，就走进屋里去了。

终于到了会试的时间了。钱起跟随着来自全国各地的学子们走进考场，这里庄严肃穆，每个人看起来都才华横溢、不同凡响。试卷发下来了，最后的作文题目是《湘灵鼓瑟》，用"青"字作尾。钱起略一沉吟，忽然想到前几日夜间模糊听得的那几句诗，于是一挥而就："善鼓云和瑟，常闻帝子灵。冯夷空自舞，楚客不堪听。苦调凄金石，清音入杳冥。苍梧来怨慕，白芷动芳馨。流水传潇浦，悲风过洞庭。曲终人不见，江上数峰青。"这首有如神来之笔的诗作写湘灵鼓瑟，戛然而止，使人无限想象：在绿水青山之间，仿佛见到一个刚放下乐器，悠然远去的神女形象，"不见"而恍若有"见"，蕴含着无穷的意味。主考大人李晅见到后，拍案称绝。屡困场屋的钱起终于一诗成名，登进士第，授正九品上秘书省校书郎。

两年后，钱起外放蓝田尉，蓝田尉虽然是个从八品下的小吏，但毕竟地近京畿，而且蓝田风景秀丽。"官小志已足，时清免负薪"，"眼中县胥色，耳里苍生言"，这时已经不必再为生计奔波的钱起终于心情朗阔起来，在政务之余，流连山水，创作丰赡，并时常与当时大诗人王维、郎士元等互相酬唱，这是他诗歌创作历程中一个丰厚的时期，并逐渐确立了自己"词彩清丽，音律和谐"的诗作风格。

约于广德元年（763），蓝田尉钱起连跳九级，再次入朝，为正六品上的中书省司勋员外郎。后又先后擢拔为从五品上的司封郎中、考功郎中。钱起终于通过自己的努力，实现了一个羁旅异乡的穷酸文人到朝廷中级官员的华丽转身。

对于"大历十才子"的具体人名，历来都有许多不同的版本，但无论哪一种，钱起都位列其中，有些版本甚至直言"位十才子之上"。钱起诗精工细密，娟秀迂回而又冲淡清丽、含蓄绵邈，因与郎士元齐名，号为"钱郎"；又与郎士元、刘长卿、李嘉祐并称"钱郎刘李"。但据说对此，号称"五言长城"的刘长卿十分不以为然，曾说："李嘉祐、郎士元可得与余并驱？"但对钱起甚为膺服，由此可见钱起为大历诗坛领袖可谓实至名归。中唐高仲武对钱起诗最为推崇，他在《中兴间气集》中评道："员外诗，体格新奇，理致清赡，越从登第，挺冠词林，文宗右丞，许以高格，右丞没后，员外为雄。"

钱徽是钱起的儿子，继承了父亲的诗歌基因，诗才出众，常与大诗人白居易往来酬唱。二人以竹筒贮诗，以通音问，成为一段诗坛佳话。除了文学才华之外，钱徽更以清正廉直而为人敬仰。

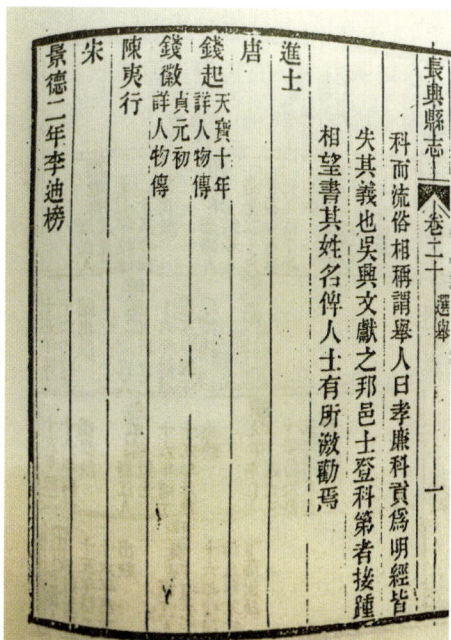

光绪《长兴县志》所载长兴最早的一对父子进士——钱起、钱徽（周凤平供图）

钱徽（755—829），字蔚章，贞元初进士擢第，从事戎幕。此后宦海沉浮，屡有升降。元和初入朝任左补阙，三迁祠部员外郎，召充翰林学士。元和六年（811），转祠部郎中、知制诰。八年，改司封郎中，赐绯鱼袋，职如故。九年，拜中书舍人，知制诰。长庆元年（821），为礼部侍郎。后贬江州刺史，又迁华州刺史、潼关防御、镇国军等使。文宗即位，征拜尚书左丞。大和元年（827）十二月，复授华州刺史。二年秋，以疾辞位，授吏部尚书致仕。但尤为难能可贵的是，钱徽无论是身居高位，还是落魄贬谪，始终谨慎厚道，重道义，立身清廉，连唐宪宗也尊称他为"长者"。

有几件载于史册的故事可见他的"长者"之风。

钱徽进士及第后曾到湖北谷城县当谋士。他的顶头上司、县令王郢豪爽好客，挥金如土，喜欢结交三教九流，经常用公款请客送礼，后来案发被革职查办。观察使樊泽负责处理此案，发现县衙僚属几乎集体沦陷，只有钱徽一文不取，清清白白。

钱徽为太子宾客时，目睹献礼贿赂成风，尤以皇家为最大受贿者。钱徽位卑不忘忧国，毅然上书，指出进献之风泛滥的严重后果，请朝廷停止纳贡，刹住这股歪风。皇帝哪里听得进这些逆耳忠言，但又不便明里辩驳，于是告诉下属，以后送来钱物不要进右银台门，以免被钱徽发觉。

元和九年（814）后，钱徽以干练的谋才进入中枢机构，参与机密事务的协商和处理，深得唐宪宗的欣赏。有次宪宗单独召见询以机密，钱徽从容地说："其他翰林学士也都是精选出来的有识之士，应该都参与机密事务，广泛讨论决断。"

元和十一年（816），钱徽出为虢州刺史。当时宣武地区的最高军事长官韩公武想结交朝廷官员，以方便自己日后提拔升迁，拿出大批银钱送给各衙门的显要们，也给钱徽20万，被钱徽拒绝。有人说，又不是手握大权者，没有必要谢绝。钱徽却正色道："取之在义不在官。"

长庆元年（821），钱徽再入朝升任礼部侍郎，专门负责科举考试，却未能料到因此陷入"牛李党争"。宰相段文昌受前刑部侍郎杨凭之托，为杨凭之子杨浑之考试说项；翰林学士李绅也去找钱徽求情，希望能够让周汉宾考中进士。尽管两位都是皇帝近臣，都得罪不起，但钱徽不为所动，秉公选录，杨浑之、周汉宾双双落第。段文昌、李绅恼怒之下，反诬钱徽"取士以私"，贬为江州刺史。有为他鸣不平的，让他将段文昌和李绅写给他的书信呈给皇上看，便可以还他以清白了。但钱徽说："不能这样。我只求无愧于心，得和失是一样的。做人要修身养性谨慎行事，怎么可以拿私人书信去为自己作证呢？"随即命子弟们将书信都烧了。

在江州，钱徽清廉正直的品性没变。地方上盛行请客送礼，地方官往往将这些费用转嫁到百姓头上，或者动用公款冲抵。江州府有牛田钱一百万，是前任刺史准备用来请客送礼的，钱徽将这笔钱放回府库，替代百姓缴纳赋税。

钱徽曾与薛正伦、魏弘简的关系很好，二人去世后，钱徽便抚养他们的遗孤直到其长大成人、谈婚论嫁。

大和三年（829），这位正直清廉的吏部尚书悄然去世，追赠尚书右仆射。

家族的辉煌在钱徽之后继续。钱徽有两个儿子，长子钱可复，次子钱可及。作为文学基因发达的家族子孙，兄弟二人都颇有诗才。如钱可复五言排律《莺出谷》一首："玉律阳和变，时禽羽翮新。载飞初出谷，一啭已惊人。拂柳宜烟暖，冲花觉露春。抟风翻翰疾，向日弄吭频。求友心何切，迁乔幸有因。华林高玉树，栖托及芳晨。"

钱可复，元和十一年（816）登进士第，后任祠部员外郎，累官至礼部郎中。出身名门，让他的人生之路看起来比别人更顺畅一些，但同样是这个"名家子"的身份，让他卷入了一场历史大事件——"甘露之变"，惨遭杀身之祸。

唐文宗是由宦官从十六王府迎出而登上九五至尊之位的，对宦官"建置天子在其掌握，威权出人主之右"的不正常现象忍无可忍，于是重用李训、郑注。但随着时局的发展，李、郑二人为争夺利益而产生的矛盾也逐渐加深。为争取主动，大和九年（835）十月，郑注要求出镇凤翔。为给自己增加一些分量，去凤翔前，郑注向文宗请求"选名家子以为宾佐"，于是，钱可复被授为检校兵部郎中、兼御史中丞，充凤翔节度副使。钱可复就这样稀里糊涂地被绑架进了一段政治恩怨中。本来，郑注精心制订了浐水之行计划，预备一举全歼宦官，以夺首功。但李训为抢占先功，竟提前行动起来。十一月二十一日，李训和唐文宗以观露为名，将宦官头目仇士良骗至禁卫军的后院欲斩杀，被仇士良发觉，双方激烈战斗，最后的结果，李训、郑注等一千余人被诛杀，而钱可复也被凤翔监军杀害。这场血溅长安的历史大事件史称"甘露之变"，这是中国历史上第二次黑暗的宦官时代的开始。此后宦官一直牢固地掌握大唐帝国的军政大权，君主的废立、生杀也掌握在其手中。

钱徽的次子钱可及，字方义，官至殿中侍御史、太子宾客。他的儿子钱珝同样延续了家族的强大文学基因。钱珝文采飞扬，以至于至今很多学者都在努力地分辨《全唐诗》中钱起的许多作品是否是钱珝所作。

钱珝，字瑞文，唐僖宗乾符六年（879）举进士，累迁尚书郎。唐昭宗乾宁二年（895），由宰相王抟举荐，擢为知制诰，又升任中书舍人。光化三年（900），王抟被贬，钱珝亦受牵连而被贬官，"斑鬓入江湖"，出为抚州（今江西省抚州市）司马。

钱珝诗清丽绮靡，散发着李商隐、杜牧诗的气息，《全唐诗》录存钱珝诗108首，单独编为一卷。其中最为著名的莫过于曹雪芹在《红楼梦》中引述的《未展芭蕉》："冷烛无烟绿蜡干，芳心犹卷怯春寒。一缄书札藏何事，会被东风暗拆看。"这首咏物诗比喻奇妙，达到了极高的水准。诗人把未展芭蕉比作娇怯含羞、情窦初开的少女，然后逐次进行拟人化、形象化的状摹，从而使未展蕉叶具备了少女的品格，"怯""藏""暗拆"等动词的巧妙措置，都增加了诗歌的情致，令人感到形象新奇迷人。

此外，钱起还有《送外甥怀素上人归乡侍奉》一诗，这使得钱起家族与这位"草圣"怀素的关系也格外引人注目。近年经过有关专家论证，怀素可能是钱起的堂侄。怀素（737—799），是中国历史上最杰出的书法家之一，与另一位草书巨擘张旭并称"张颠素狂"或"颠张醉素"。怀素的草书称为"狂草"，亦被誉为"天下第一草书"，传世作品有《自叙帖》《苦笋帖》《食鱼帖》《圣母帖》《藏真帖》《律公贴》等。李白曾赞曰："少年上人号怀素，草书天下称独步。墨池飞出北溟鱼，笔锋杀尽山中兔。"

以戒为师："南山律祖"道宣的往事

释道宣（596—667），俗姓钱，字法遍，祖籍吴兴郡长城人（今长兴县），生于京兆长安。长城县是陈朝皇族的故乡，隋代平陈后，大批南陈的名门贵族迁往关中，其中就有道宣的父母。道宣出生前，"母娠而梦月贯其怀，复梦梵僧语曰：汝所妊者即梁朝僧祐律师，祐则南齐剡溪隐岳寺僧护也。宜从出家，崇树释教云"（宋高僧传卷十四《道宣传》）。说的是：道宣的母亲姚氏在怀着道宣时梦见明

长兴天居寺内的释道宣塑像（邹黎摄）

月投怀，还有一位印度僧人对她说：你孩子的前身是梁朝僧祐律师，而僧祐的前身是南齐的僧护法师。这个三生转世的故事似乎已经注定道宣将成为垂范千古的高僧。

道宣"九岁能赋"，但并没有应试科举，走上仕途之路，反而特别爱读《搜神记》等神鬼志怪小说。十岁时，道宣从日严寺的慧頵法师受业，步入佛门。当时的日严寺是京城名寺，聚集了大量的南方义学僧，使道宣受到了良好的佛学熏陶。二十岁时，道宣从著名的律学大家智首受具足戒，从此迈入《四分律》的殿堂。其间除了四处游学，一有暇余就在终南山静修和著书。道宣大师一生著作等身，他不但是律宗的实际创始人，而且是著述最丰富的学问僧，写了大量文史类作品，后世统计道宣的著作有22部，117卷。除了律学专著之外，还包括文史作品《释迦方志》、关于佛道关系争论的记述文集《集古今佛道论衡》和护法弘法的历史文献汇编《广弘明集》，还有唐代第一部经录《大唐内典录》，以及为他所见所闻高僧作传的著作《续高僧传》和记录佛教灵异感通事迹的《集神州三宝感通录》等，著述宏富，令人叹为观止。

625年，中国历史已到了唐朝武德年间。这一年，31岁的道宣律师完成《四分律删繁补缺行事钞》，此书成为南山律宗的开山之作。之后他在二十余年里又相继写出"南山五大部"中的其他几部，并不断补充完善，最终构建了自己的四分律理论体系，使中国佛教从此拥有了属于自己的律法体系。因他常年隐居南山，故将这一体系称作"南山律"。

那么什么是戒律？戒律有什么重要性？为何传戒受戒兹事体大？戒律是在修道生活中，佛陀针对弟子所犯的过失而定的规范，是随犯随制，属随缘制戒。经律论三藏中的律藏就是整理佛陀所制戒法的典籍，亦即"戒"由律藏所诠说，律藏是"戒"的根据。"戒"和"律"两个字的含义，各有所指。简而言之，"戒"是不应当做，"律"是应当做。戒律据此而分为"止持"和"作持"，止持就是"诸恶莫作"，作持就是"众善奉行"。因此不当作而作,是犯戒;当作而不作,也是犯戒。戒律的核心精神就是"诸恶莫作,众善奉行"。作为佛教信徒,无论僧俗,第一要紧的就是受戒。第一部汉译佛经《四十二章经》中云:"佛子!离吾数千里,忆念吾戒,必得道果;在吾左右,虽常见吾,不顺吾戒,终不得道。"就是佛教导弟子们说:弟子们!你们离我几千里,只要遵守我所制的戒律,必定能证果。反过来说,在我身边,虽然时常见我,但不遵守我制的戒律,永远不可能证果。

但佛教戒律非常烦琐,从根本五戒(不杀、不盗、不邪淫、不妄语、不饮酒)到如何行、住、坐、卧、饮食等,都有明文规定。因佛陀制戒的原则是"随犯随制",每一条戒律都是针对当时僧众的某种不当行为,因而有特定的因缘和时空背景。佛陀涅槃约一百年后,印度僧团内部对于戒律就有了分歧,各个部派编写了自己的律藏经典,传入中国的有《十诵律》《四分律》《僧祇律》和《五分律》。

律藏初传中国时,被各家判定为小乘法门,道宣律师根据佛陀"以戒为师"的遗教,致力将戒律融小归大。他体察众生根机,认为《四分律》最适合中国,遂以大乘教义来解释四分律典,明其戒体,立其戒相,一统律藏,使律宗成为大乘八宗之一,避免了印度部派佛教戒律各行其是的分隔,为戒律在中国的发展奠定万世不移的根基。不只如此,由于南山律法体系是为中国佛教僧团量身定制,更贴合中国社会的传统习俗与人文关怀,因此成为佛教中国化的理论支撑和合法保障。当南山律被确立和普及后,就可以宣告印度佛教中国化已完成。

贞观十九年(645),玄奘从西域归来,用二十匹马驮回了印度的657部梵文经典。唐太宗按玄奘的要求,命房玄龄在长安的弘福寺筹建国立译场,在全国挑选优秀的翻译人才,必须是"谙解大小乘经纶为时辈所推者",最终有二十三位进入译场,其中就有值天命之年的道宣律师。当时的道宣因为"南山五大部"的问世,已得到多方认可,居佛门龙象之列。他在译场中担任首位"缀文"之职,就是将玄奘翻译出来的词句整理连缀成汉文句式的文章。道宣经手缀文的佛经有

《大菩萨藏经》《显扬圣教论》等。他在弘福寺译场工作了三年多，与玄奘相知相惜，切磋琢磨，感情深笃。玄奘往生后，道宣深表痛惜，在《续高僧传》中专门用一卷的篇幅为奘公立传，称"通言华梵妙达文筌，扬导国风开悟邪正，莫高于奘矣"，推崇他"实季代之英贤，乃佛宗之法将"。

太宗时，京城的弘福寺、大慈恩寺是皇家寺院，玄奘为上座。高宗时代，长安新建了一座皇家寺院，这就是西明寺。玄奘参与了西明寺的规划和建设，道宣被任命为该寺的上座，玄奘的弟子神泰为寺主，怀素为寺中维那。寺主管物，维那管人，上座则统领全局。西明寺同时征海内大德高僧50人、京师行业童子150人入居寺内。僧众入寺之时，朝廷诏命举行了极为盛大的仪典。这一年，道宣63岁。成为西明寺的上座，标志着道宣已成为全国佛教界领袖群伦的人物。后玄奘译场也从大慈恩寺迁入西明寺内。玄奘与道宣，两位大师先后分任皇室巨刹之上座，又在译场共事多年，惺惺相惜，光光交映，是大唐国土的祥瑞气象。

他们二人还曾携手对抗皇权，以维护佛教尊严。历朝历代对于佛教的亲和态度与敬重程度是常有起落的。隋代佛法兴盛，到了唐高祖李渊执政时，便有"道先释后"政策的出台，即道教地位在前，佛教在后。一是因为李唐王朝在取得天下之后，需要以老子李聃为先祖，光大门风，增强李唐政权的合法性；二是因为李渊有一批老臣，以太史令傅奕为代表，多次上疏言佛教之非，希望废除。唐太宗李世民登上帝位后，也维持"道先释后"的政策不变。到了高宗李治时期，爆发了"致拜君亲"事件，皇权与佛教势力进行了一次短兵相接的正面交锋。

一次，高宗颁布了《命有司议沙门等致拜君亲敕》，明确要求佛道两教的出家人要向皇室和父母行致拜之礼。一时朝野议论纷纷。僧人致拜白衣，与佛教的戒律严重相违，作为西明寺上座和闻名遐迩的律师，道宣迎来了人生最大的考验：作为佛教领袖率领京城僧众护法，维护佛教戒律尊严。道宣尽力争取皇室内戚与阁僚的同情与支持，亲自写了三道文启：一道是给高宗第六子、沛王李贤，一道给武则天的母亲、荣国夫人杨氏，这两位都是倾向于不拜俗、认同佛教观念的人，还有一道是散发给朝廷百官。他列举两晋、南北朝、隋代等有关敕令拜俗均未成功的案例，总结出凡是"诛除"佛教，"令致拜"者，俱"非休明之政"。并引用《梵网经》《涅槃经》《佛本行经》中的教诲："出家法，不礼拜国王、父母、六亲，亦不敬事鬼神"，声明僧人是按律制行事。这三道文启引经据典，以理服人，获得了很多支持。诏令下达一个月后，皇上在中台都堂召集百官大讨论。当日，道宣亲率京城各寺三百余僧众，手捧经典与文启，集体到中台都堂外请愿，诣阙申诉。后来百官的意见中赞同不拜君亲的居多，唐高宗于是后退一步，收回成命，又下了一个君可以不拜但父母却要拜的《停沙门拜君诏》。道宣等又纷纷上表，论拜亲无益，远在玉华寺忙于译经的玄奘大师也让助手上了一道《拜父母有损表》。最后朝廷收回成命，中国历史上罕见的一次僧人护法行动大获成功，道宣律师为法忘躯的大勇大智在这次事件中得到了充分体现。

风暴平定后，道宣回到幽静的终南山净业寺，一心一意完成人生最后一项使命：践行南山律，创筑关中第一座方等戒坛，依新法传戒，完成中土戒法理论与实践体系的最后构建。当时道宣已是古稀之年，自谓"旦夕蒲柳"，他知道南山律学虽然已名扬天下，但如果缺少践行，就容易沦为"只是一种学问"，因此想抓紧落实传戒之事。《关中创立戒坛图经》是道宣创筑戒坛并依新法传戒的有关文献汇编，也是道宣的最后一部著作。在这部著作中，道宣阐述了自己创筑戒坛的理论依据，并对戒坛的筑法和仪轨作了全面的陈述。他说："戒为众圣之行本，又是三法之命根……如何得知佛法久住？若中国十人，边方五人，如法受戒，是名正法久住。"这位慈悲和智慧的律宗大师晚年念兹在兹的大事，就是为天下释子"如法受戒"。在《戒坛图经》的结尾，道宣说："余七十暮年，脚疾摧朽。愿求法者，不远关山。今秋气已清，客心飞举，将事终天之别，必爽载面之期。"似乎已经预知时至、去日无多了。667年从春至夏，海内各地39位大德僧众共同见证了道宣新创大乘戒坛的首次传戒，四方清信士女也齐集终南山，随喜赞叹这空前盛况。夙愿以偿，所作已办，十月，道宣安然入寂，终年72岁，僧腊五十二，谥号"澄照"。

道宣身后，南山律流衍天下，泽被后世，还由道宣三传弟子鉴真传到了日本。今人熟悉的民国高僧弘一大师也曾"掩室山中，穷研律学"，成为南山律宗第十一代祖师。至今汉传佛教传戒受戒的仪轨仍是以道宣所创为圭臬。2017年，为纪念道宣律祖圆寂1350周年，汉传佛教三坛大戒法会在道宣律祖的祖籍地——浙江省长兴县古寿圣寺隆重举行。长兴素有"帝乡佛国"的美誉，民间有"道宣律祖"曾在长兴天居寺修行的传说，故天居寺内还设有道宣律祖研究院。在长兴，中佛协会会长特别为三坛大戒法会题词："道宣故里""以戒为师"。26个省市的330名戒子不远千里赶来受具足戒，场坛肃穆，戒德氤氲。"戒为无上菩提本"，谨遵佛陀以戒为师的本怀，体察祖师创戒倡戒的苦心，如法如律为天下释子传戒，并且在修行中精进学戒、谨严持戒，令正法绵延久住，这就是故土佛子和所有后世出家人对道宣律祖最好的纪念。

第四章

弁峰颜色好

宋元

浙江文史记忆

·

长兴卷

长兴扼宁杭要冲，为历代兵家必争之地。两宋之际，长兴更是成为屏障都城临安的军事重镇。岳飞在长兴大地上留下了抗金的遗迹，当时还涌现出了陈敏识、周淙、刘珏等长兴人在长兴以外的抗金战场上决战疆场的事迹。宋代，是富庶且优雅的时代，长兴也不例外，宋韵文化悠长。苏轼、陆游两位文坛巨擘和长兴人的友谊与交集历久弥香。长兴大地上的书香世家也层出不穷，科举精英累有建树，其中，姚孝孙、姚祐及刘谊、刘焘两对父子进士的事迹尤为引人瞩目。宋室南渡后，长兴因为紧邻京畿，便也成为都城的后花园。不少达官显贵纷纷在此置办宅院，或者迁来家族，或者申请到此为官，其中，亦有众多文化名流加入这支垂青长兴山水的大军之中，长兴一带风雅盛于一时。

苏陆当年：两宋文坛巨擘与长兴人

如果说苏轼是北宋文坛领袖的话，陆游则毫无疑问在南宋文坛上执牛耳。千年过后，苏陆二人的作品仍旧熠熠生辉。很有幸，长兴与这二位文坛巨擘都颇有渊源。

刘拯是北宋治平二年（1065）考中进士的长兴人。后来刘拯和苏轼同在杭州任职，苏轼任杭州通判，刘拯为杭州试官。公余之暇，两人喜欢一起游玩杭城风景，或是一道烹茗饮茶，这也让苏轼这位并未到过顾渚的大文豪对紫笋茶颇多赞扬，其中一首《将之湖州戏赠莘老》中就有"顾渚茶芽白于齿"这样的名句。

元丰二年（1079），刘拯以大理寺丞出任余姚知县，苏轼特作《送刘寺丞赴余姚》一首以赠：

> 中和堂后石楠树，与君对床听夜雨。
> 玉笙哀怨不逢人，但见香烟横碧缕。
> 讴吟思归出无计，坐想蟋蟀空房语。
> 明朝开锁放观潮，豪气正与潮争怒。

银山动地君不看，独爱清香生云雾。

别来聚散如宿昔，城郭空存鹤飞去。

我老人间万事休，君亦洗心从佛祖。

手香新写法界观，眼净不觑登伽女。

余姚古县亦何有，龙井白泉甘胜乳。

千金买断顾渚春，似与越人降日注。

另外，东坡先生还有一首词作《南歌子·湖州作》，据专家考证也是赠刘攽的："山雨潇潇过，溪桥浏浏清。小园幽榭枕蘋汀，门外月华如水彩舟横。苔岸霜花尽，江湖雪阵平。两山遥指海门青，回首水云何处觅孤城。"一诗一词，足见二人情谊。

其实苏东坡在湖州任知州的时间很短，只有三个月。五月刚任湖州知州，七月即由于其诗被诬告为讽刺新政，而被朝廷拘押去了长安，差点祸及性命。幸亏也做过湖州知州的章惇（死后葬长兴水口）等元老们救了他，史称"乌台诗案"。要不然极爱游山玩水的苏东坡一定会亲自来到顾渚山，为金沙泉和紫笋茶留下更多的佳句。

苏东坡不仅与刘攽是朋友，与同属刘家的刘谊、刘焘父子也友情深厚。刘谊是治平四年（1067）进士，曾经因反对王安石变法而被贬黜，曾先后在广西（元丰初任广西提举常平）、江西和朝中任职，与苏东坡等关系很不错。刘焘一度被称为苏东坡的学生，与东坡先生交情也很好，东坡先生有一首《次韵刘焘抚勾蜜渍荔支》可以作证："时新满座闻名字，别久何人记色香。叶似杨梅蒸雾雨，花如卢橘傲风霜。每怜莼菜下盐豉，肯与葡萄压酒浆。回首惊尘卷飞雪，诗情真合与君尝。"

更巧的是，苏东坡在临终之际，与之最后打交道的朋友仍然是一位长兴人——陆元光（字蒙老）。建中靖国元年（1101），被贬黜在儋州的苏东坡得到朝廷赦免，开始北返，途中在常州停留时突然身体不适，这时在他身旁陪伴的好友就是时任晋陵（今常州）县令的陆元光。

据宋人费衮《梁溪漫志》卷四所记："东坡北归至仪真得暑疾，止于毗陵顾塘桥孙氏之馆，气寖上逆不能卧。时晋陵邑大夫陆元光获侍疾卧内，辍所御懒版以献，纵横三尺，偃植以受背，公殊以为便，竟据是版而终。"意思是苏东坡因为重病，躺在床上不舒服，陆元光就以自己平时休息时常用的"懒版"相送，类似于现在的靠背，在那不久之后，苏东坡就靠在这"懒版"上离世了。

苏东坡虽然在湖州为官时间不长，但他还是为长兴留下了墨宝，太湖岸边弁山碧岩上的"清空世界"四个大字就是他写的。同时，弁山黄龙洞还留下苏东坡在任时祈晴的诗作《和孙同年卞山龙洞祷晴》："吴兴连月雨，釜甑生鱼蛙；往问卞山龙，曷不安厥家。梯空上巉绝，俯视惊豁谺；神井涌云盖，阴崖垂藓花。交流百到泉，赴谷走群蛇；不知落何处，隐隐如缲车。我来叩石户，飞鼠翻白鸦；寄语洞中龙，睡味岂不嘉。雨师少弥节，雷师亦停挝；积水得反壑，稻苗出泥沙。农夫免菜色，龙亦饱豚豭；看君拥黄绅，高卧放晚衙。"如今黄龙洞侧还有苏公祠一座。

即使在苏轼离世之后，他与长兴的渊源还在继续，并与另一位文坛大鳄陆游牵引在了一起。这牵引之人便是南宋长兴人施元之、施宿父子。

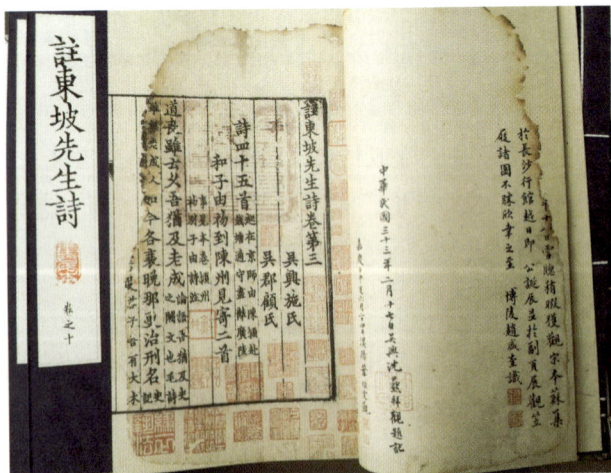

长兴施元之、施宿注刊《注东坡先生诗》（周凤平供图）

浙江文史记忆·长兴卷

施元之，字德初，南宋绍兴二十四年（1154）进士。乾道二年（1166）二月，任秘书省正字；乾道五年（1169）五月，任秘书省著作佐郎，十月用为起居舍人。他与顾禧以及儿子施宿合著有《注东坡先生诗》，史称《施顾注东坡先生诗》，被评价为"注释详尽，版刻优美"。

施、顾注苏诗由两部分组成：一是施元之、顾禧的句下注释，另一部分为施宿的题下注释。施元之、顾禧的句下注，以征引典故的出处为主要内容，较同类注本更全面、准确。施、顾注苏诗在诗歌注释学上的突破，体现在施宿的题下注，清代学者评价甚高，如顾嗣立认为该注本"尤得知人论世之学"。施宿还在《东坡先生年谱》序中提到，嘉泰二年（1202），他邀请其父施元之的莫逆之交陆游为施、顾注苏诗作序，陆游欣然从之。

施宿，字武子，宋绍熙四年（1193）进士，在嘉泰二年（1202）完成《嘉泰会稽志》，全书20卷。该书内容丰富，体例严谨，风格独具，不同流俗，被誉为宋志中难得的佳志。后来施宿在嘉定二年（1209）罢吉州知州闲居时，补其父的苏诗注，并于嘉定六年（1213）主持刊刻《注东坡先生诗》，这就是施、顾注苏诗的最早刊本，并且复撰了《东坡先生年谱》。按说陆游为之作序，当为该书的流传做出了很多的贡献。但是，施宿晚年陷入官僚集团的内部倾轧，施、顾注苏诗的传本极少，残帙不见全貌。直到清朝康熙年间，宋荦做江苏巡抚，得宋刊《施顾注苏诗》30卷残本，请邵长蘅、李必值相继为之补注，又辑得施、顾未收之东坡佚诗400余首，属冯景注之，非常匆忙地翻刻，才有了今日流行的《施顾注苏诗》。

而陆游除了和长兴人施元之、施宿交往颇深外，还与长兴人周颉这位绍兴十五年（1145）的进士，有着一生的友谊。周颉，字元吉，号适庵，从事多年教育工作，后任安陆知府、右司郎中、荆湖北路转运司判官、朝议大夫、直显谟阁、提点浙东路刑狱公事、福建路转运使、直龙图阁、福建路常平茶盐公事等职。宋孝宗乾道八年（1172），曾入四川宣抚使王炎幕府，与陆游同僚，经常一起在帷幄中商议军事。后陆游回乡闲居，周颉曾至绍兴看望叙旧，陆游的那首《和周元吉右司过弊居追怀南郑相从之作》可以为证："梁益东西六十州，大行台出北防秋。阅兵金鼓震河渭，纵猎狐兔平山丘。露布捷书天上去，军咨祭酒幄中谋。"周颉致仕后住在今长兴县城古城街一带，将居室命名为"蟠室"。陆游前来看望，并作《周元吉蟠室诗》相赠：

> 天下有广居，非阿房建章，宾饯日及月，阖辟阴与阳。山川坦然平，何者为藩墙，孔公暨瞿聃，同坐此道场。哀哉世日隘，肝胆分界疆，蠖缩战蜗角，崎岖走羊肠。周先早得道，所证非复常。小室古城隅，宛如野僧房，能容人天众，杂沓来烧香，三万二千人，各据狮子床。实际正如此，切忌错商量。须弥芥子话，今夕当举扬。

陆游对茶一直怀有深情。他出生茶乡，当过茶官，晚年又归隐茶乡，追崇陆羽的《茶经》到了爱不释手的地步，进入迷情之境，和在顾渚山著《茶经》的茶圣陆羽前后呼应，"水品茶经常在手，前身疑是竟陵翁"。在汲泉品茗之中，陆游也度过了寂寞清贫的残岁。"焚香细读斜川集，候火亲烹顾渚茶"，他还不忘亲手烹上一盏长兴的顾渚茶，伴读苏轼儿子苏过的《斜川集》，"遥遥桑苎家风在，重补茶经又一编"。陆游的咏茶诗词，实在也可算得一部《续茶经》。

斯人早已乘黄鹤而去，我们不胜唏嘘。但苏轼、陆游这二位宋朝文坛的巨擘和长兴人的友谊与交集却历久弥香，值得我们去铭记、传诵。

诗书家传：两对父子进士留佳话

　　有宋一代虽然武力孱弱，经济社会的发展却是亘古未有的发达。处于江南富庶之地的长兴因为经济繁荣，直接造就了文化事业的兴盛。由此，书香世家层出不穷，科举精英累有建树。其中姚孝孙、姚祐及刘谊、刘焘两对父子进士的事迹尤为引人瞩目。

　　姚祐，字伯受，长兴姚家桥人。姚祐的父亲姚孝孙，字光祖，本是安吉人，后迁徙至长兴安家落户，系宋仁宗皇祐五年（1053）进士。宋神宗熙宁元年（1068）初，姚孝孙献书十篇陈述时政的利害，得到神宗皇帝的嘉奖，"采著为令"。此后，姚孝孙在官场摸爬滚打，"累迁秘书丞"。当时京师出现了一次火灾，又有彗星扫过，姚孝孙便"以京师火灾慧出西方之异象疏论时政"，得到皇帝的亲自召见。宋哲宗元祐年间，姚孝孙被任为司农主簿。姚孝孙颇有诗才，与当时许多大诗人如苏辙等多有唱和之作，苏辙有《次韵姚孝孙判官见还〈岐梁唱和诗集〉》："伯氏文章岂敢知，岐梁偶有往还诗。自怜兄力能兼弟，谁肯塤终不听篪。西虢春游池百顷，南溪秋入竹千枝。恨君曾是关中吏，属和追陪失此时。"

宋神宗元丰八年（1085），姚祐科举进士及第，成为这科485名登龙门的幸运学子之一。徽宗初年，姚祐任职夔州（今重庆）路转运判官。行至京都，巧遇徽宗帝于禁苑引弓射骑，姚祐抓住机会，献上文采飞扬的《圣武临射赋》。徽宗大为高兴，就留姚祐任右正言一职，不久改任左司谏。姚祐建议朝廷设置辅郡，以扩大京畿，保障都城安全，这个建议受到朝廷采纳。后进职殿中监。六尚局官制成之后，姚祐这个殿中监的职权很大，"凡所以享上率属、察举稽违、殿最勤惰之法，皆祐裁定"。后来姚祐以父母年老需要常在身边侍奉为由，请求朝廷外放地方官，被授显谟阁待制、知江宁府（今南京）。

在知江宁府任上，姚祐办了一件震惊朝野的"张怀素案"，让他在当时的政坛声名鹊起。张怀素，北宋著名的宗教投机分子。他本是锦州的一个和尚，因妖言惑众、妨害治安，被地方官员判令还俗。和尚当不成了，他居然摇身一变，上茅山当了道士，自号落魄野人。后来，"以左术游说于士宦之门"，凭着他招摇撞骗的本事和装神弄鬼的伎俩，名气竟越来越大，甚至和朝廷的重臣，如吕惠卿、蔡京、蔡卞等人都有很深的交情。张怀素活动于苏州、真州、京城等地，后来来到和州，受到朝散郎、知和州事吴储的礼遇，一时激动，就说吴储长相极似东晋十六国时期后秦文桓帝姚兴，有帝王之相。这本是献媚之词，随口一说而已，不料吴储竟是个野心家，居然蠢蠢欲动，做起了皇帝美梦来。然后，吴储就与张怀素、弟弟承议郎吴侔等人密谋造反，准备推翻大宋王朝以自立。后来被一个叫范信中的人偷偷告密，这件事东窗事发。于是，吴氏兄弟伏诛，贬吕惠卿为祁州团练副使，枢密直学士王能甫、资政殿大学士蔡卞等受罚。此案成了在宋代牵连之广、影响之大绝无仅有的以宗教为特征的政治大案。吴储等人伏罪，但狡猾的张怀素却脚底抹油溜之大吉。于是，抓捕张怀素成为当时朝廷第一要务。徽宗大观元年（1107）五月，张怀素终于在江宁落网，知江宁府姚祐以首功受到嘉奖，复任殿中监。

大观二年（1108），即姚祐抓捕张怀素的第二年，姚祐再次外放，以直学士知郑州。后调任边防重镇秦州（今甘肃天水），任秦凤路经略安抚使。据《宋史·姚祐传》记载，在此任上，姚祐再次显示了他循吏的本色，为朝廷和百姓做了许多好事、实事。

2008年，在全国第三次文物普查中，天水市麦积区新阳镇凤凰山东岳庙发现了北宋大观三年（1109）的《闵雨碑》，有如下记述："大观己丑春，秦凤闵雨经略安抚使，姚祐，客省使兵马铃辖王钰，走马承受张颖……成纪令权均，以牲币诣乔岳祈甘泽。"因秦州连年干旱，所以引起了秦凤路最高长官姚祐的重视，率领部属官员，亲到"乔岳"祈雨。这只是姚祐秦凤路经略安抚使任上勤于政事的一件小事，此外，他还做了大量卓有成效的工作：请议选择熙州、秦州富民分了授地，征役借粮，采取劝课农桑、休养生息的措施，发展农业生产，缓解民众疾苦；调熙河弓箭射手巡逻边境，加强城池建设，备战工事，巩固边防；顺应人情怀土重迁的实际，简便更换戍卫之事，以两年为期更换，满期而愿留之乐业者，就听任选择……如此一番动作，既促进了秦凤路的经济繁荣，又加强了对熙河、泾原的控制，几年经营下来，使秦凤路一跃成为北宋边防第一重镇、强镇。由于姚祐在秦州政绩卓著，徽宗政和元年（1111），姚祐重新被任为殿中监，不久调任吏部侍郎，又"命镇蜀"，姚祐以母亲年老请辞。此后，姚祐仍官运亨通，升任工部尚书，加龙图阁学士，为大名尹，进延康殿学士，之后转任礼部尚书。姚祐最后以"提举上清宝箓宫"去世，朝廷赐特进，谥曰文禧。按照宋代谥法，"文"是文臣的最高褒扬之一，指其人道德博闻，充分肯定了姚祐的文治之功、文学成就。

刘氏家族堪称是两宋时期长兴最为人才辈出的家族了，刘拚、刘珏、刘定国、刘唐稽、刘度都是家族翘楚。而刘谊、刘焘父子的成就更是青史留名。

刘谊，字宜翁，治平四年（1067）进士，曾因反对王安石变法而被贬黜，曾先后在广西（元丰初任广西提举常平）、江西和朝中任职，与曾布、苏轼等友善。刘谊家财颇丰，在顾渚拥有紫笋茶园，主持修建了寿圣寺。

刘焘，生年约在熙宁四年（1071），卒年在绍兴元年（1131）后，字无言，号静修，刘谊次子，少年时期就很有才华，哲宗元祐初年（1086）入太学，年少自负，有"俊杰"之声名。元祐三年（1088），苏轼知贡举，对刘焘很赏识，称其文章典丽，中进士甲科。元祐六年至八年（1091—1093），刘焘为知瀛洲（今河北河间）曾布幕僚，后任定州安抚使管勾，与苏东坡同事。绍圣年间（1094—1097），刘焘因曾布举荐，任删定官。建中靖国元年（1101），任秘书省正字。崇宁元年（1102），刘焘任监察御史。政和六年（1116），刘焘为淮南东路提点刑狱。政和八年（1118）丁忧后，刘焘起复为淮南东路提点刑狱。宣和七年（1125），刘焘除秘阁修撰。靖康元年（1126），被弹劾致仕后，家居长兴。刘焘是北宋后期词人、书法家，有诗、词及书法作品传世，著有《见南山集》20卷、《饷茶帖》1卷，为行书五行。刘焘善书，尤以草书名世，晚年用笔圆熟，笔势遒劲，召修阁帖。黄庭坚云："刘焘笺题便不类今人书，使之春秋高，江东又出一羊欣、薄绍之矣。"

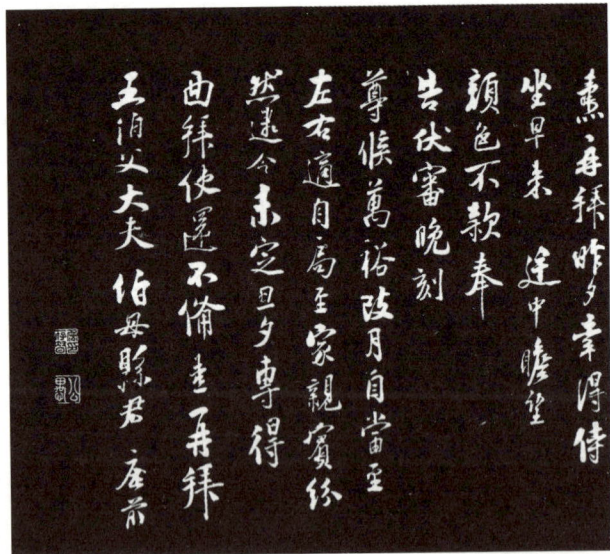

刘焘《昨夕帖》（许智勇供图）

壮怀激烈：长兴的抗金故事

说起宋朝那段风云激荡的抗金岁月，多少男儿投笔从戎，浴血沙场，奏响了一曲又一曲保家卫国、壮怀激烈的英雄壮歌。抗金名将岳飞在这块土地上的战斗往事与长兴人的抗金故事共同构建了长兴雄浑之气的底蕴。

长兴扼宁杭要冲，为历代兵家必争之地。两宋之际，长兴更是成为屏障都城临安的军事重镇。建炎三年（1129）十一月，金将完颜宗弼（兀术）率领十万大军南侵，行军路线即是从建康由溧水、广德经泗安扑向安吉独松关，再直犯临安府，迫使宋高宗逃往大海之中，被称为"搜山检海"，取得大胜。建炎四年（1130）春，金兀术回军途中，岳飞在苏浙皖边地袭扰，取得了"六战六捷"的胜利，打击了金军嚣张的气焰，在长兴境内留下诸多遗迹。

现在的小浦镇西北5000米处有一座海拔300多米的山，顶上有一片约300亩宽阔的平地，就是岳家军当年日夜操练、枕戈待旦的地方。但当时的岳飞还不是一名高级将领，手下兵员也不多。这处平地被称为岳飞场，场上还有水潭、水井、烽火台遗迹。在岳飞场东1000米处，有一座山岭叫作棋盘岭。《长兴地名志》载："棋盘岭上有一方石，岳飞曾在这里下过棋。"岳飞场附近有光耀村，原名缸窑里，有史学家考证，南宋时，烧窑鼎盛，享"南窑"之美誉。韩世忠、岳飞率兵抗击金兵时用的水具——韩瓶即由此地产。

岳飞场现状（周凤平摄）

令"岳家军"扬名天下的战役是发生在苏浙皖交界地带丘陵山区的"六战六捷"，在这场战役中，"岳家军"击退金兵，生擒金将王权，俘金军首领40余人，其战场包括长兴境内的缠岭、将军山。缠岭坐落在被誉为"长兴第一高峰"的五通山北麓，海拔340米，因岭上山道弯曲盘旋而得名。后因岳飞与金兀术大战于此，又名战岭。岭之西南麓有缠岭村，岭北麓奇堂庵前的银杏树曾拴过岳飞的战马。将军山在原白岘乡西5000米，海拔200多米，与安徽广德交界。左为白岘岭（长兴境），右为长青岭（广德境），系当时去广德的必经之路，战略地位十分重要。传岳飞驻军于此，用滚木陷阱重创金兀术所率金兵，"将军山"由此得名。

大胜金兵后，为整肃地方、提升实力，岳飞又于同年在广德、长兴、宜兴三地清剿张充等。"四战四捷"后，岳飞所部拥有精兵2万余人，成为一支抗金劲旅。

另外，据说岳飞在水口的寿圣寺也曾驻过军，煤山尚儒村发现的《王氏宗谱》也由岳飞作过序。

与岳飞在长兴大地抗金相呼应的是，在全国各地的抗金战场上，还涌现出许多长兴人运筹帷幄、决战疆场的身影，以陈敏识、周淙、刘珏为代表。

南宋建炎四年（1130），陈敏识任分宁县（今江西修水）知县。金兵铁骑到了江右，驻守的官兵望风而逃避，只有知县陈敏识坚守不屈，带领少数士兵和民众一起死守分宁城池。因为他抗金有功，南宋朝廷将分宁县升为义宁军。

周淙，字彦广，以进士起家，官至左中奉大夫。绍兴三十年（1160），朝廷命守濠梁（今安徽凤阳）、淮楚。周淙利用山川险阻，置寨自立，约来民众百姓，结保联伍，壮大安保势力，使广大百姓得保平安，在抵制金朝完颜亮部队南下时颇有功绩。隆兴北伐时，周淙尽量安置从中原而来的逃亡人员，按照人口供给他们食物，愿意继续走的人，犒以牛酒；愿意留下来的人，就分给他们房舍，让他们安定下来，这样一来百姓无不感激。

周淙后来被枢密使张浚所赏识，官进直徽猷阁，主帅维扬（今江苏扬州）。他与张浚说，"头可断，身不可去"，表示与金人战斗到底的决心。当时两淮之地饱受金兵蹂躏，百姓流离颠沛，周淙竭力招抚，劝百姓们种植桑麻，开垦屯田，安稳下来，这些举措受到孝宗的嘉勉。乾道三年（1167），进直龙图阁，出任两浙转运副使，知临安府。临安知府任上，曾主持修纂《乾道临安志》，是"临安三志"中最早的一部，共15卷，现仅存一至五卷；又向皇帝谏禁，分条上禁止十五件事，请求皇帝亲自实行节俭，以昭示四方，皇帝赞许并采纳了他的意见，下诏奖谕，赐金带。最后官至右中奉大夫，卒后封长兴县男。

刘珏，字希范，生于神宗元丰元年（1078），崇宁五年（1106）举进士第。"初游太学，为官清正，敢于直言。"宣和四年（1122），擢任监察御史，知舒州（今安徽潜山县），留为尚书主客员外郎。建炎初年（1127），历官中书舍人，之后又任太常少卿、龙图阁直学士、吏部侍郎、吏部尚书、知三省枢密院事等。靖康年间，曾以"陈十开端之戒"上呈宋钦宗，谏阻北宋末年大兴土木、滥赏花石纲等弊政。南宋初年，刘珏为防御金兵、卫护赵构南方政权汗马奔波，受到赵构的倚重。高宗在扬州时，刘珏曾提议要对金兵有所防备，维扬（今江苏扬州）城池未修，军旅缺少兵员，如有不虞，何以抗敌？后来，隆祐太后奉神主到江西，刘珏受诏为端明殿学士，权同知三省枢密院事，陪隆祐太后随行保驾，当时又上疏太后要躬履俭约。直至后来"金人攻吉州，分兵追太后，舟至太和县，卫兵皆溃，珏奉太后退保虔州（今江西赣县）"，被御史张延寿上疏论罪，刘珏自己也上疏自劾，待命落职后，提举江州太平观。直到绍兴元年（1131），皇帝才许刘珏以自便，第二年，以朝散大夫分司西京（今洛阳），死于梧州（今广西苍梧）。绍兴八年（1138），被追复为龙图阁学士。

风雅长兴：南宋文人与长兴

宋室南渡后，以临安为首都，长兴因为紧邻京畿，便成为都城的后花园。不少达官显贵纷纷在此置办宅院，或者迁来家族，或者申请到此为官。其中，亦有众多的文化名流加入这支垂青长兴山水的大军之中，长兴一带风雅盛于一时。

在长兴文物保护单位中，顾渚贡茶院遗址及摩崖石刻较早被列为全国重点文物保护单位，因顾渚紫笋茶作为贡茶最盛的时期在唐朝，其间湖州刺史必须来修贡，因此摩崖石刻多为唐代遗物。宋朝开始，紫笋虽为贡茶，但岁贡量少，朝廷贡茶主要转向福建建安，顾渚春天采茶盛况远不如前。但位于悬臼岕的一处，却是宋代著名文人汪藻留下的："龙图阁直学士前知湖州□□汪藻，新知无为军括苍□□祖，知长兴县安肃、张琮，前歙县丞汝阴孟处义，前监南岳庙吴兴刘唐稽，绍兴戊午中春来游。右承务郎汪悟、汪恪从行。"石刻在霸王潭景点"项羽脚印"南不到百米处的巨石上，为七行八分隶书，字径二寸许。时间是绍兴八年（1138）仲春，随行的有其子悟、恪。此行非为修贡，而应当是考古，因为他的身份已经是前知州，此行是与新任湖州知州

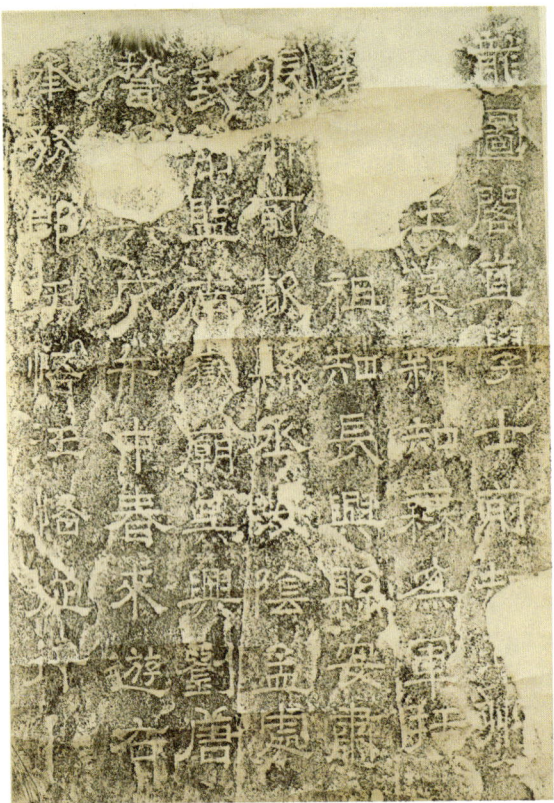

南宋龙图阁直学士前湖州知州汪藻题刻拓片（长兴县博物馆供图）

鲍延祖同行的。

汪藻是绍兴元年出知湖州的，绍兴六年（1136），汪藻奉诏修史，历经三年修成，共665卷。汪藻是两宋著名文学家，擅四六文，所作制诰有名，后人将其作品编纂成《浮溪集》32卷。据《长兴地名志》记载，汪藻曾经居住在雉城龙潭湾，在这里写书编集，所以他的作品中涉及长兴人事的不少。比如他曾经为陈武帝故居作诗一首："曾经浩劫故依然，老寿方知木有仙。直干凌空裁百尺，虚心阅世已千年。深蟠泽国兴王地，独傲天公造物权。玉树庭花非不好，只今谁占旧山川。"如今陈武帝故居已经恢复，此诗正可为其渊源增添人文色彩。

韩彦直，字子温，绥德（今陕西）人。生年约为1131年，卒年不详。他是将门之后，是民族英雄、抗金名将韩世忠与梁红玉之子，是韩世忠的长子。

受家庭的影响，少年时的韩彦直就具有强烈的忠君报国思想。他聪明能干富有才华，于绍兴十八年（1148）考中进士，随后在京城和地方上担任过各种官职。乾道二年（1166），韩彦直出任户部郎官，总领淮东军马钱粮，政绩斐然，充分显示了他的理财本事；乾道七年（1171），担任鄂州驻扎御前诸军都统制，其时他对军队训练非常严格，使得骑兵部队的战斗素质有很大的提高，所部官兵有能吃苦耐劳、出征行进如飞的良好作风，是当时军队的楷模。韩彦直富有民族气节，在淳熙初，他又受命就任遣金使，在任使节期间，他坚贞不屈，在敌人的威逼利诱面前大义凛然、视死如归。最后连金人也对他表示钦佩，期满时以礼相送，胜利地完成了外交使命。淳熙五年（1178），韩彦直在知温州的任上编撰了《永嘉橘录》，这是世界上第一部柑橘学专著，历史上可与陆羽的《茶经》媲美，具有较高的园艺学价值。晚年，韩彦直潜心学问，搜集宋以来的史事撰成《水心镜》一书，全书共167卷。此书史料价值很高，深受宋光宗和当时修国史的史臣尤袤（1127—1202）的赞赏。其去世后，皇帝赠其爵位为蕲春郡公。但韩彦直墓在长兴原二界岭乡白杨岕鲜有人知，据《长兴县志》六册载："宋蕲春郡侯韩彦直墓在平塘界白杨岗……今俗称韩王坟。"现存神道碑一通、石虎一对、石羊一对、石马一对、石翁仲一对（一文臣、一武将），均为残件，已被列为县级文物保护单位。据传，韩彦直死后，家人准备将他尸骸运送到老家陕西延安下葬，因天气炎热，恐尸体腐烂，途经长兴时看到有一块风景秀丽的"风水宝地"就决定下葬于此。后来一部分家族人员也就留在了长兴，据《咸安韩氏宗谱》记载，韩氏部分后裔迁居长兴原白岘乡水曲岕。

李心传是另一位与长兴有着深厚渊源的南宋文人。李心传，字微之，号秀岩，南宋隆州井研（今四川省乐山市井研县）人，南宋后期大史学家，代表作为《建炎以来系年要录》。宋理宗宝庆二年（1226），由右宰相崔与之推荐入朝廷。宋理宗绍定四年（1231），赐进士出身，先后任国史校勘、著作佐郎、四川制置司参议，宋理宗端平三年（1236），任工部侍郎，从三品。

李心传生活于南宋后期的多事之秋，他忧国爱民，保护良臣，希望通过自己的博学多能，来扶持摇摇欲坠的南宋皇朝。他和当时为保卫巴山蜀水，保卫南宋半壁江山，洒尽了一腔碧血的地方官员高稼是知己好友；与同朝为官的良臣高定之、高斯得是亲密战友。宋理宗淳祐二年（1242），他和高斯得共同撰修的南宋高、孝、光、宁《四朝帝纪》成书送上。当朝丞相史嵩之诬毁高斯得编写的《宁宗纪》，并妄加篡改。李心传为保证史载的真实性，特藏下了高斯得的一份稿本，在稿末端正地写上"前史官高斯得撰"。为了缓和当时社会矛盾的激化，他不畏权贵，清正敢言，在朝议时多次极力陈述他的政治主张，叙述"滥杀""重敛"的危害性，呈请宋理宗下"罪己诏"，曾一度被宋理宗采纳。因此，弄权误国的当朝丞相史嵩之视李心传为眼中钉、肉中刺，对他进行打击和排挤。最终因言获罪被罢官，贬居湖州。李心传被贬居湖州后，他将全部心思用在对南宋史料的考订上。抽空游赏湖城周边的风景，发现湖州与长兴交界处的弁山风景十分优美，山清水秀。因此，在弁山的东南山坳里营墓建宅，作为他的归宿地。他最爱弁山秀岩的景色，因而用"秀岩"作为自己的号。淳祐四年（1244），七十八岁的李心传去世后，墓葬于湖州的白雀太史湾。过继其弟李道传幼子李献可为儿子继承家业，迁居长兴至德乡上田里（今李家巷镇南的太平桥附近）。后因太平桥河港淤塞，其后代移居现李家巷。

李心传为长兴县留下了一个李家巷，且在宋理宗时官至太史，是南宋时期的大史学家，故清代同治《长兴县志》将李心传列入"寓贤"。四川省井研县《嘉庆井研县志》中云："先是心传官太史时，游吴兴，悦山水之秀，寓于郡城，后为安定书院。又相度弁峰，建宅营墓，士人称其地为太史湾，后人徙居焉。"吴兴人闵元衢在《吴兴备志》里道："李舜臣子心传、道传、性传，官太史，游吴兴，悦山水之秀，寓居郡城，后为安定书院。又相度弁峰，建宅营墓，名其湾曰太史湾，殁，以道传子献可为嗣，遂为吴兴人，后徙长兴之东山。即余姻李澄之世清之先也。"

雄峙于太湖南岸的弁山，是湖州城周边的最高峰。唐田园诗人陆龟蒙诗称："更感弁峰颜色好，晓云才散已当门。"宋嘉泰《吴兴志》："弁山峻极，非清秋爽月不见其顶。"古往今来，弁山因其秀丽的风光和深厚的人文积淀，为无数人称道。楚霸王项羽反秦起义时曾在此屯兵；唐宋以降，颜真卿、苏轼、叶梦得、周密、赵孟頫等文人大家，留下无数咏唱弁山的诗词文赋；元代大画家王蒙描绘弁（卞）山的传世之作《青卞隐居图》，乃是上海博物馆的镇馆之宝，闻名海内外。

士林隐者：茶山老人沈贞

世人皆晓张三丰，因其"隐世复度世，见人不附人"而多有传奇。后人编有《张三丰先生全集》，其中便多儒道隐士，这其中便收录有长兴沈贞。沈贞因此成为元末明初全国范围内为数不多的隐者典范。

《张三丰先生全集》卷二提到长兴沈贞，文中称道："逸士沈元吉先生贞，长兴人也。元末隐居横玉山，自号'茶山老人'。明初不仕，与黄石为徒，白云为侣，始终不出。以比招之即来、麾之即去者，其人品相越何如矣。"品评如此，自有高格。

沈贞字元吉，是长兴历史长河里隐士中的佼佼者。生卒年均不详，约元惠宗至正中前后在世。性介笃学，安贫乐道。贞博通经史，尤长于诗。至今，长兴某些地方供的土地菩萨原型还是他，而长兴充满诗意的士林村，一些从元代沿用至今的小地名如"诗家巷""满诗弄"均与沈贞相关。在夹浦，原东湖书院的遗存和皋塘寺尚未拆除之前就已种植的一丛天竺，颇有沈贞"欲话前朝寻旧迹，古碑零落对斜晖"之感。旧址依稀，梵业寺（即皋塘寺）早已没入凡尘。而横玉山寺为沈贞隐居之所在，且有碑文所记，尚存。

草创于唐代的横玉山寺，在长兴北境，可谓依山望湖，得太湖山水之灵气。旧寺山门前，有小池一方，许是沈贞笔下的"古老雨迹坑"。风调雨顺，年岁丰稔，当也是寺庙设立之初衷。过山门，入二进三进之间，中有石砌古井一方，观其形制，当在元明期间。庙宇后进，有覆莲纹柱础青石三方，乃元明风格，后人设香炉插香拜之，以告慰古寺先贤。横玉山又名观音山，乃得名于沈贞碑文。沈贞《重建横玉山庙记》：

> 然一乡六都之田，较之邻壤得稔而充其敛积者盖尠。有善地理者曰：彼乡横山，形类石鼠，是其窃食于亩，田益耗、民益贫，岁之输纳益困。前元大德间，东平杜朴巡逻于皋塘，因民情欲立祠于上，妥神而镇禳之……岁屡大熟，官无负租，民有余粟。

立祠妥神之后，百姓有了"年岁歉收"到"岁稔丰熟"的转变。但好景不长，元末的战乱，使得民生再度凋敝。沈贞笔下的横玉山重修，已是明初洪武十一年（1378），至洪武己未（1379）方才建成，终得"家给以裕，官赋以足，德及生民"的期望。沈贞在面对民生民情之时，其情真切如此。至于民定心安，写诗歌以横玉山，其一曰："横玉山高十二层，高高上与青天平。愿携仙人九节杖，拄到古老雨迹坑。洞龙挟雨树头响，山鸟呼风坞脚鸣。须臾大震空谷应，疑是孙登长啸声。"其二曰："春兴浓时春酒醒，杨花飞雪满春城。长街买胜少年事，瘦马独吟游子情。客有可人同此处，地无灵迹且闲行。题诗自是牵愁事，莫为搜枯太瘦生。"得民之亲，得世之平，结山水林泉之洒脱，诗人隐于尘世矣。

下得山来，奔士林，找寻"士林庵"——沈贞隐居又一林泉之所。"士林庵"的找寻颇不容易，这倒十分契合了小庵之"隐"。庵内供奉的就是沈贞，戏曲服饰扮相，"美玉质""长髯须"，不同于金刚怒目，也不见森严恐怖，是位平和的俊美社神。沈贞菩萨，管理着附近十三个半村，爱民如子，亦受百姓爱戴。当时沈贞居住此处，可谓是诗歌的风雅之地，不逊于唐宋时代诗人的聚集，现在求诗巷、杨家巷、施诗巷、满诗弄的"三巷一弄"，就是个证明。清代长兴县令鲍钤有诗"茶山老人士林居，白波青嶂非逃虚。求诗巷古半烟筱，曾伴先生旧

《士林庵记》碑拓片（长兴县博物馆藏）

著书。"

在长兴县博物馆里，在文物拓片中，有明代《士林庵记》碑文拓片，纪念者为隐士沈贞也，撰碑者为乡贤沈祯也。同姓同名（仅偏旁不同）而同音者，一位元末明初、一位明末，又为本家，真缘分所至也！后人沈祯于崇祯四年（1631）镌碑而述其先祖沈贞："明初有茶山沈氏者，实隐于此。余盖其裔也。终日抱隐曰士林……结一小园，额之曰士林，实茶山社也……崇祯四年（1631）岁次辛未，邑人沈祯撰。"

碑虽漫漶，但斑驳中，已道尽纸短情长。

沈贞《士林山水记》，记载这"士林"因"唐宋迄元，居多文人，得名"。"余因避乱居此，得穷山水佳胜……予虽不及古人，将随境指物，咸有歌咏。且曰：人以时美，境以人胜"。山水因人而美，隐士诗人沈贞，成就了山水，山水亦成就了诗人。

明代劳钺《湖州府志》记载："沈贞，字元吉，长兴茶山人，号茶山老人，不乐仕，虽在畎亩，手不释卷。一日，县令欲辟之，先使人觇其意，元吉知之，避匿不出。宅旁有一井，冬夏原泉涌流不止，溉田数百亩，元吉往来吟咏其上。有茶山稿十二卷，行于世。"明顾应祥《长兴县志》也有相关记载："沈贞字元吉，元末隐居横玉山中，号茶山老人，性介笃学，博通经史，尤长于诗。安贫乐道，特立独行，当元季扰攘艰难，迁徙以全性命，然胸次泰然，所著有《茶山集》五十卷传于世。"顾应祥《长兴县志》条目之后，还曾著录沈贞传奇独特的食物供给一则："家畜一猫，日捕山禽供馔。客至，投篮井中，即得鱼以供杯酌。"其隐士生活，交游朋友，已近神仙之感。

清代朱彝尊在《明诗综》中，记载沈贞"集五十卷，惜不传，从陈编中搜得乐神曲一十三首，不无冗长且多阙文，因汰其六，稍为删易补缀，颇觉奇古"。清人郑元庆的《湖录》中记载沈贞"晚号茶山老人，踵门问字者，日不暇给，卒葬五云山，著有茶山集五十卷"。《续修四库全书》收录的《茶山老人遗集》，共二卷。上卷为诗，60首，包括乐神曲13章、诗47首；下卷为文，共6篇。诸如《湖上》：远水晴山湖上村，柳花飞雪拥柴门。鱼吹浪沫翻萍叶，鸟浴堤沙糁草根。独老一区扬子宅，谁争三里谢公墩。青吟冷馆无聊赖，皓首空招楚客魂。

在诗中，有隐逸、安于现实、寄托山水、感怀世态，不需悲天悯人。回首处，自有后人清香一炷。历史的印痕，无关歌舞升平，于无声处，但有袅袅一余音，便也值得。

第五章

洛下歌白傳

明代

浙 江 文 史 记 忆 · 长 兴 卷

宋元迢递，有明光灿。元朝至正十七年（1357）二月，耿炳文拿下江浙门户长兴后，朱元璋大喜，将其升格为长安州，此后，耿炳文守城十年，被封为"长兴侯"。明朝276年间，钟灵毓秀、人杰地灵的长兴曾出过49名进士，韦商臣、顾应祥、徐中行等长兴人活跃在明中期的历史舞台上。明代鼎嘉桥臧家一门出了七位进士，其中臧懋循后来弃官纂元曲，文化事业文化产业同步推进，成为一代戏曲大家，也成了中国最早一代具有代表性的私人出版商。而刘麟、黄光升、归有光等人风云际会于长兴的山水大地之上。归有光与吴承恩共治长兴留下佳话，圣井铭梦鼎堂联袂撰书碑刻至今完好。明末的长兴，与大环境一样动荡不安，一些有思想、有文化、有血性、有担当的官员在长兴这片大地上主政，影响最大的当属熊明遇。1602年，仅23岁的他任长兴知县，七年里，兴利除害，政绩突出，却因得罪了地方土豪，留下了许多恶意丑化他的故事。

开国勋业：耿炳文守长十年

    中国数千年的历史长河中，帝王们对分封皇室贵胄或功臣勋将，不仅授以官职，往往还赐以爵号，"公侯伯子男"，无论实封还是虚授，都昭示着皇恩浩荡。历代封爵，又以爵称前冠以地名为最常见，如梁王、鲁公、南阳侯、永定伯等。数千年来，以"长兴"冠以爵名的，耿炳文是最为人所熟知的。

    耿炳文是明朝的开国元勋，自幼随父亲耿君用帮助凤阳老乡朱元璋打天下。朱元璋登上皇帝宝座后，耿炳文被封为"长兴侯"。耿炳文被封"长兴侯"是实至名归，因为他和长兴有不解之缘，一世功名也是在长兴成就的。后来耿炳文的儿子娶了朱元璋的长孙女，即太子朱标的长女，成为皇亲国戚，荣耀一时。

    耿炳文的父亲耿君用以军功升到管军总管一职，与后来的耿炳文一样是朱元璋的二十四将之一，只是在驰援宜兴时战殁。在虎将邓愈克取广德后，耿炳文继承父职，受命攻取长兴。此时耿炳文只有23岁，标准的青年才俊。当时的长兴虽然只是一座小城，但战略地位十分重要。因为长兴位于太湖西南方向，是重要的登陆口。大凡在太湖登陆西岸者，必经长兴。有驻军在此防御，水师想要上岸作战的企图，可以用"难于上青天"来形容。耿炳文此战，不仅要夺取长兴这个对张士诚集团来说非常重要的军事据点，对朱元璋来说，更是扼杀张士诚从太湖西岸登陆意图的最有效的战略举措。

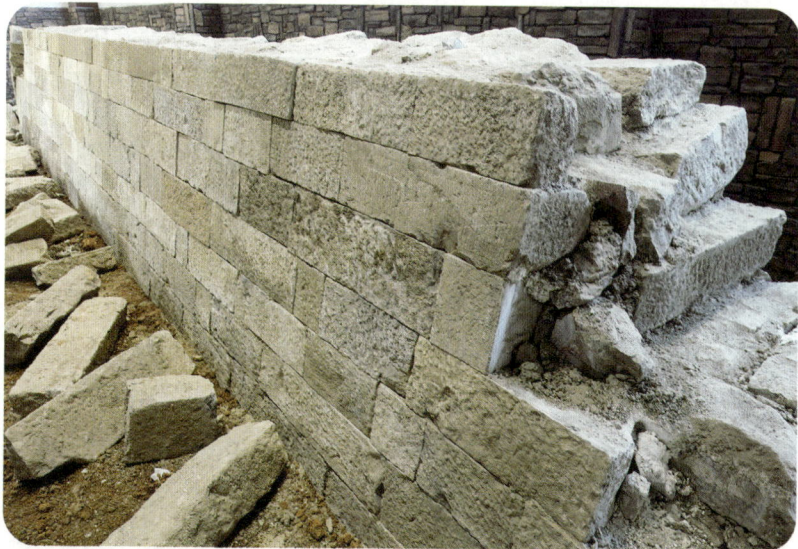

长兴明代古城墙（梁奕建摄）

《明史纪事本末·太祖平吴》有载："（至正）十七年春二月丙午，命耿炳文等率兵取长兴，张士诚将赵打虎以兵三千迎战，败之，追至城西门，打虎走湖州。戊申，遂克长兴，擒其守将李福安、答失蛮等，获战船三百余艘。"关于这一场攻坚战，大明《英烈传》第二十三回、第二十四回有精彩的描述：

> 却说耿炳文承太祖钧旨，去攻长兴。守将却是士诚骁将赵打虎，单使一条铁棍约五十来斤，在那马上，使得天花乱坠，百步之内，人没有敢近得他。闻得炳文领兵来攻，他便点选铁甲军三千，出来迎战。恰好炳文也披挂上马……两马相交，斗了一百余合，自从辰牌直杀到未刻……炳文飞跳上马，横戈直撞，杀入阵

来。那打虎负痛在车子上，只教奔到湖州去罢……炳文鸣金收军进城，安慰了士民。恰有水军守将答失蛮等，都领义兵及本部五百余人，至阶前纳降……

耿炳文拿下江浙门户长兴后，朱元璋"大喜，改长安州，立永兴翼元帅府，以炳文为总兵都元帅守之"。接下来，耿炳文就开始了长达十年之久的长兴保卫战。这是耿炳文人生中最伟大的事迹，也是朱元璋在其后能够专注与陈友谅争战天下的一个重要保证。

耿炳文守城十年的辉煌战绩还要得益于一位谋士的帮助，这个人就是温祥卿。

温祥卿，山西人，此时居住在长兴。耿炳文占据长兴后，按照朱元璋的指示，寻找当地的能人志士。听闻温祥卿足智多谋，马上聘请其为幕僚。温祥卿到底有什么能耐，史书泛泛而谈，没有详细的记载。不过后来，洪武开国后，他曾任职兵部尚书——这是在朱元璋废除丞相制度后任命的，兵部尚书为六卿之一。就凭此，可知此人绝非酸腐秀才。

耿、温二人协同合作，制订实施了周密的防御计划。此后张士诚手下大将潘元明、严再兴、吕真、徐义等一再率兵来犯，都被耿炳文反击退去。

真正的考验在至正二十一年（1361）冬十月来临了。这一次，张士诚派司徒李伯升率兵十万，分水、陆两路向长安州杀来。张士诚是以"毕其功于一役"的决心来取长兴的，不仅军队数十倍于长兴守军，统帅更是当年与张士诚在泰州白驹场起事的18人之一的李伯升。李伯升身经百战，多谋善断，一向为张氏兄弟所倚重。当时，耿炳文城内只有守兵7000人，根本不是来犯之敌的对手，形势十分危急。军情奏报到朱元璋处，朱元璋连忙命陈德、华高、费聚前来增援。却不料李伯升来了一个釜底抽薪，趁夜偷袭了援军的营寨，几员大将纷纷溃散。如此一来，耿炳文也就断了依靠外援的念想，抱着与城共存亡的决心坚守拒敌。守城战进行得十分激烈，史书记载：伯升悉兵围之，"结九寨为楼车，下瞰城中，运土石填濠隍，放火船烧水关，攻城益急"。弹丸之地竟然阻挡了十万大军的前进道路，素来善战的李伯升一定是恼羞成怒，气急败坏了，便使出了各种手段，以碾碎城池为快。但耿炳文不愧是守城第一名将，不论敌方攻击怎样猛烈，他都能采用不同的方式将其一一化解。战斗持续一月有余，后来，朱元璋的第一猛将常遇春亲率大军增援，李伯升弃营逃跑，耿炳文乘胜"追斩五千余人"。

第二年，朱元璋改永兴翼元帅府为永兴卫亲军指挥使司，任耿炳文为指挥使。不久，张士诚派其弟张士信督帅大军来争长兴。耿炳文迎战，两败张士信，并俘敌帅宋兴祖。《明史·耿炳文传》记载："长兴为士诚必争地，炳文拒守凡十年，以寡御众，大小数十战，战无不胜。""耿炳文守长兴，而吴人不得肆其志。缔造之基，其力为多。"

朱元璋率大军在鄱阳湖大败陈友谅后，回师征讨张士诚。耿炳文所部攻克湖州，围困平江（今江苏苏州）。平定吴地后，耿炳文升任大都督府佥事。

此后，耿炳文随征虏大将军徐达征讨中原，攻克山东沂、峄等州，攻下汴梁，侍从朱元璋北巡。随常遇春攻占大同，攻克晋、冀。随徐达征讨陕西，打败元军将领李思齐、张思道。

洪武三年（1370），耿炳文"守长兴，功最高，太祖榜列功臣，以炳文附大将军达为一等"，"封长兴侯，食禄千五百石，予世券"。耿炳文据守长兴十年，对长兴还有一项巨大贡献，那就是他筑就了长兴县城——雉城旧城墙。此墙直到20世纪50年代才被拆除，县城的规模一直延续到20世纪80年代，基本还是元末明初的格局。如今护城河的模样基本依旧，北门桥附近城墙弄的名称还保留着。近几年重新筑起的仿古长兴城墙，就仿制在耿炳文所修明代城墙的位置。

嘉隆之会：明代中期长兴的文人

    明朝276年间，钟灵毓秀、地灵人杰的长兴出过49位进士，韦商臣、顾应祥、徐中行等长兴人活跃在明中期的历史舞台上，而刘麟、黄光升、归有光、吴承恩等人物又风云际会于长兴的山水大地之上。这一时期，"长兴"是时代舞台上一个耀眼的名词。

    顾应祥，字惟贤，号箬溪，其高祖顾寿一至祖父顾克升世居苏州浒墅镇。其父恬静翁顾昶，于成化年间"挟扁仓术，行游湖间"，行医至湖州，娶乌程名家杨茂公的女儿为妻（顾应祥的母亲杨淑人），先定居乌程，又"悦长兴山水"而居长兴。成化十九年（1483）九月二十五日，"杨淑人梦有龙首而麇身者降其室，神指曰：'麟也！'"故为顾应祥取小名"梦麟"。弘治十八年（1505），顾应祥23岁，高中进士。嘉靖朝权相严嵩与顾应祥具有同年之谊，后来严嵩为顾应祥父亲写《赠通议大夫南京兵部右侍郎顾翁神道碑》，文中"恬静，以见志精岐黄之业，志在济人，不责其报""尚书雅重精练，固廊庙器"的论述，对顾昶、顾应祥父子进行了高度的赞扬。

    顾应祥的仕途，从辖轩使者起步。正德三年（1508）任饶州府推官，任上有带一人一马成功解救县令的传奇，事平升任锦衣卫，后任广东按察佥事兼岭东道。锦衣卫经历上，以礼法自严、钩染不得；广东佥事任上，正德十二年（1517）葡萄牙人来到广东，献给顾应祥一门火炮，始有中国仿制佛郎机炮之渊源，又任上，跟随王阳明讨寇，顾应祥出奇兵而获胜。正德十四年（1519）擢升江西副使分巡南昌道，夙夜经画，内则综理簿领，外则均平徭役，招集流亡，民始庆更生。嘉靖六年（1527）由陕西苑马寺卿迁山东右参政，连擢按察使右布政，按察任上，疏慎谪戍、戒酷刑、杜株累、严军政四事，上悦其言，拜都察院右副都御史，巡抚云南。公极意经略，华夷无不感悦。其母杨淑人丧，不候代奔还，被罢黜官职。等到守丧服除，与尚书蒋公瑶、刘清惠公麟及诸名公结社菰城岘山。吏部都察院数为上言，报可之后，再抚云南。后迁南京兵部侍郎，因严嵩持国秉，"分宜公嗛之"，顾应祥调任南京刑部尚书。居官二年，又遭弹劾，被迫退休，时年71岁。如是为官44年。

嘉靖四十四年（1565）九月七日，顾应祥离世，嘉靖皇帝命吏部议赠，赠给"太子少保"之誉，葬在家乡长兴。文坛领袖、刑部同事王世贞（后亦官至刑部尚书）为其写就《资政大夫南京刑部尚书赠太子少保箬溪顾公墓志铭》；文坛"后七子"之一徐中行（后官至江西布政使）写《祭司寇顾箬翁文》《明故资善大夫南京刑部尚书赠太子少保箬溪顾公行状》；有"神龙天马"之誉的文人俞允文写《明故刑部尚书诔》……若以盖棺定论而言，顾应祥的"名"当得远播。

给顾应祥冠以政治家、文学家、理学家、数学家、法学家、天文学家，皆无可厚非，其重理论、亲实践，研究领域全面开花，可谓是明代中晚期综合性人才的翘楚代表。今从其著作，即可窥其非凡的才华和绝世独立的一生。

《奏疏摘稿》《僧害》乃其政治思想倾向所见；《测圆海镜分类释术》《测复算术》《弧矢算术》《勾股算术》见证其在数学上的造诣；《读易愚得》《尚书纂言》见证其经学的见解；《南诏事略》是其巡抚云

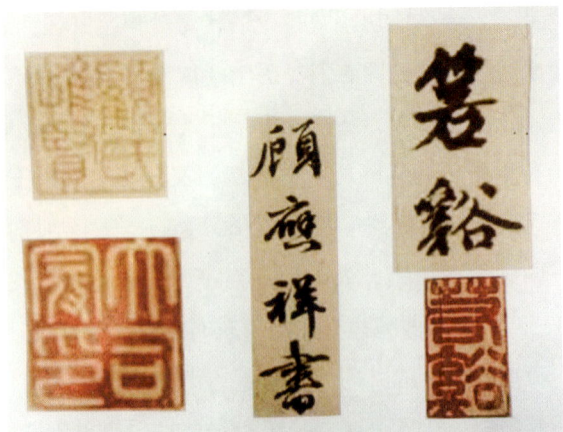

顾应祥印章（长兴县历史文化研究会供图）

南见闻；《授时历法》乃其天文学成就；《人代纪要》乃以编年纪事；《重修问刑条例》《律解疑辩》见其法律上的钻研；《传习录疑》《致良知说》《惜阴录》乃游走于其师王阳明心学与程朱理学间的智慧；《崇雅堂集》《崇雅堂乐府》《归田诗选》乃其诗文造诣；《唐诗类抄》《明文集要》乃其整理归类历代诗文辑要；《围棋势选》《牌谱》可见其对棋牌之涉足；嘉靖《长兴县志》乃其对乡邦文献编纂之功……

顾应祥的墓葬早年被破坏，墓志一合，仅墓志盖清晰（缺一角），现存长兴县博物馆，石上数行小字："岁乙丑策士……盖成进士二十七载，而始以中丞抚滇，中废又十五载，而以故官起历两京大司寇，以年至归箬溪山中又十余年……"

据1649年《长兴县志》记载，县衙正前方为南大街，街上尚书牌坊仅存有二座。其一即为长兴鸿桥人顾应祥所建的"两京八座坊"（即"两京尚书坊"），"八座"为尚书的别称，"两京"即北京、南京。顺治长兴县志图版及康熙县志图版均载明了"宫保坊"的图案及位置。时至今日，已建成的东鱼坊历史文化街区，其中复建的两座牌坊，即与顾应祥相关，也算是对有明一代长兴这位顾尚书的一种敬意吧。

和顾应祥同为湖州"岘山逸老社"成员之一的长兴人韦商臣，嘉靖二年（1523）进士，授大理评事，以直言敢言闻名。商臣以"大礼"

初定，廷臣下吏贬谪者无虚日，乃上疏谏言，却被皇帝责为沽名卖直。嘉靖四年（1525），韦商臣被贬谪到靖江任县丞。到靖江后，韦商臣没有意志消沉，而是实实在在做了一些事，比如修学宫、重建烈女祠等。他重新编定了"靖江八景"，并将赤乌碑列入其中，名为"马沙遗碣"。新"靖江八景"出台后，得到了大学士华察、江南巡按御史尚维持、南京鸿胪寺卿刘乾、南京太仆寺少卿何棐等一大批政坛名流的题咏。韦商臣在靖江登孤山时，留下一首《登孤山寺》诗："孤山忽自拥平沙，下界犹连十万家。天压海门烟雾渺，风抟山寺竹松斜。渔灯明灭缘遥岛，鲛室参差带落霞。绝顶夜深衣袂冷，愁看北斗是京华。"后来韦商臣辗转为官，均不顺遂，以考察落职居家几十年，直到终老。

徐中行，（1517—1578），字子与，号龙湾，长得帅气，酒量大，诗文才气非凡。嘉靖二十九年（1550）中进士，初授刑部主事，历员外郎中，出为汀州知府，改知汝宁。后谪长芦盐运判官，迁端州同知、山东佥事、云南参议、福建副使、参政等职，累官至江西布政使。在京的时候，徐中行与王世贞、李攀龙、谢榛、宗臣等人集聚，结成"文必秦汉，诗必盛唐"的复古文学流派，延请画工而作《六士图》，以张声势。但他们都与当时的权臣严嵩不合，受到排挤。

徐中行主要著有《天目山堂集》20卷、《青萝馆诗》6卷流传于世。死后葬在长兴雉城东的河泊所（位于今雉城街道钮店湾村），文友王世贞为他撰写了墓志铭。徐中行居乡期间，非但与任长兴县丞的吴承恩关系良好，还曾邀请"后七子"中的文友来长游历。"后七子"的李攀龙留下了一首歌咏长兴美景的《晓发画溪诗》："扁舟窈窕若耶西，丛竹交加罨画溪。两岸好山啼杜宇，一湾新水隔棠梨。残红逐雨春香细，斜月窥人树影低。因忆子猷遥入望，采芝何处倚青藜。"

明朝中期的长兴不仅本地文人辈出、文事昌盛，而且来此地为官的亦不乏文人雅士。黄光升于嘉靖八年（1529）中进士，首任长兴县令，"贤声蔚著"。人称"震川先生"的明代著名散文家归有光是江苏昆山人，《西游记》作者吴承恩是江苏淮安人，归、吴这两位明代名家曾经在长兴共事过。县博物馆收藏的《圣井铭并叙》和《梦鼎堂记》碑是仅存于世的二人合作的结晶。史载，两位文人一直"相亲"，携手治县，真乃千古佳话。

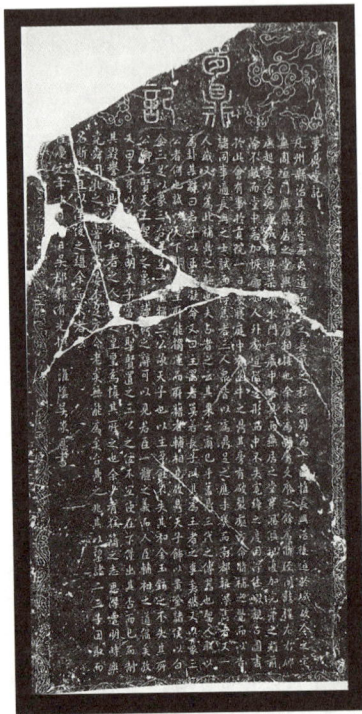

归有光撰、吴承恩书《梦鼎堂记》（长兴县博物馆藏）

归有光撰、吴承恩书《圣井铭并叙》（长兴县博物馆藏）

明嘉靖四十五年（1566），《西游记》作者吴承恩来长兴任县丞，时年约66岁，之后不久，知县归有光到任。归、吴二人密切合作，关心民瘼，一个"发愤以修先王之道"，一个"悠悠负夙心，作吏向风尘"，二人均以爱护小民为心，不以逢迎长官为意，同心协力改革时弊，革新县政。吴承恩主管征赋粮马之事，为改变赋收不均，颁布《长兴县编审告示》，规定按田户大小分摊粮役负担。于是，小民感恩戴德，大族咬牙切齿，"黄童白叟，歌咏于田野；朱履紫绶，谗构于朝廷"。

隆庆元年冬与二年春（1567—1568），归有光进京朝觐穆宗，上司派署印官暂代知县职。时值春征，署印官收受贿赂，与被拘役的大户李田等串通一气，改变归有光、吴承恩所定征收方案。人心思乱，社会不安。吴承恩秉性刚直，对于向贫苦百姓催征税粮之事，采取抵制态度，因此春粮难以征集。县中大户与恶吏沈良能乘机发难，向上司告发，最终署印官因贪赃枉法被捕归案，而主管征收税粮的吴承恩亦受牵连，锒铛入狱。幸亏吴承恩的挚友徐中行得知此事后，伸张正义，为吴鸣不平，才使其获得释放。

　　徐、吴二人交谊甚深，相传徐中行曾为吴承恩酝酿《西游记》打开了广阔思路。徐中行在任河南汝宁知府期间，遍游当地胜景。他结识吴承恩之后，听说吴承恩在写作一部奇书，名曰《西游记》，十分赞赏。徐中行多次向吴承恩讲述汝宁府境内的嵖岈山景色，特别向吴承恩讲述了自己数次登临嵖岈山的感受，并吟咏了自己的诗作《嵖岈仙踪》："嵖岈山上觅仙踪，石猴屹立半空中。圣僧讲经训愚顽，正果得道始大成。"吴承恩听了徐中行的讲述，尤其是听说唐僧曾多次到嵖岈山讲经，并教化石猴成为徒弟的故事后，很是心驰神往。徐中行便推荐道："写《西游记》不可不走万里路，行万里路不可不到嵖岈山，那真是个风景绝妙的好去处啊！"受徐中行的推荐，吴承恩由扬州抵南京，乘船溯江而上到达武汉，再由京汉故道骑驴至汝宁府地，终于在嘉靖四十三年（1564）秋天，登上了嵖岈山。面前这天造地设、惟妙惟肖的石猴形象如同黄钟大吕撞开了他酝酿创作《西游记》的艺术闸门。

　　吴承恩在长兴任上虽仅一年多，但留下《长兴作》《春晓邑斋作》《田园即事》《长兴》等九首诗和碑文，特别是在衙门大堂前立一"诫石"，上镌"尔俸尔禄民脂民膏，下民易虐上天难欺"16个隶书大字，残碑至今尚存。

元曲集成：臧懋循与"一门九进士"

明朝自明世宗嘉靖皇帝深居宫中20余年不上朝开始，就显现出吏治混乱、外侵内患的局面了。明朝末年政治混乱的种子也就此悄悄种下。但是在这段时期，文事还是很繁盛的，仅长兴人臧懋循主编的《元曲选》就对后世产生了深远的影响，为传承中华文化做出了巨大的贡献。

臧懋循于明嘉靖二十九年（1550）生于长兴，字晋叔，号顾渚山人，是明代的戏曲大家，以编著《元曲选》而闻名。他天资聪颖，3岁能诵，7岁通晓"五经"，被时人称为奇才。孝丰名人吴维岳（1514—1569）喜其才，将弟吴维京之女嫁给他。臧懋循的父亲臧继芳曾两任知府，于1568年离世。臧懋循秉承父亲遗志，继续求取功名，于万历元年（1573）参加乡试中举，万历八年（1580）以第三甲第八十八名赐同进士出身。历任荆州府学教授、夷陵知县、南京国子监博士，博闻强识，涉猎历代高才逸韵。由于为人不拘小节，于万历十三年（1585）受到弹劾被罢官，年仅36岁。返归乡里后赋诗言志，留下了歌咏家乡风光的诗句。臧懋循热爱家乡，万历二十四年（1596）与族

鼎嘉桥（李士杰摄）

人合捐资金重修鼎嘉桥，如今桥和桥志铭（石刻）尚保存完好。后移居南京，万历二十七年（1599）作《己亥书事》一诗，指责朝廷贪得无厌，税监四出。万历二十九年（1601），与曹学佺、陈邦瞻等名士结集金陵诗社，相互唱和，并辑有《金陵社集》8卷。诗作关心时事，清新可取，在明代文坛上颇有声誉。万历三十年（1602）再次举家返乡。臧懋循在南京为官时，与王世贞、汤显祖关系很好；寓居乡里时，与湖州友人吴稼登、吴梦旸、茅维诗词唱和，并称"吴兴四子"。

臧懋循的主要成就还是在出版业上。他在1602年返乡后，因见家乡一带文化发达、戏曲盛行，遂萌发编印杂剧愿望，于是利用名门贵族和姻亲、师友、同年关系，到处搜集散佚的元曲、诗词文稿。远道访书，在河南朗陵（今确山县）、湖广麻城（今属湖北省）等地，广寻杂剧抄本；在家乡创办印刷工场名"雕虫馆"，自选、自编、自刻，亲自主持书籍的发行，成为中国最早一代具有代表性的私人出版商。编纂出版有《玉茗堂四梦》（汤显祖著）、《校正古本荆钗记》、《改定昙花

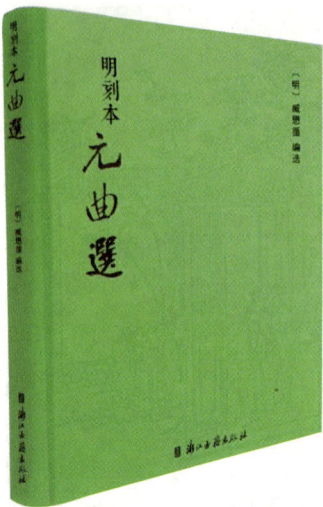

臧懋循编《元曲选》（长兴县臧懋循纪念馆供图）

记》、《六博碎金》8卷、《左逸词》24卷、《金陵社集》8卷、《左诗所》56卷、《唐诗所》47卷、《元曲选》100卷、《棋势》10卷、《校刻兵垣四编》和弹词《仙游录》《梦游录》等，总字数达300余万字，堪称卷帙浩繁，在雕版印刷的时代殊为不易。另著有《文选补注》《负苞堂集》《负苞堂稿》《负苞堂诗选》等。

让臧懋循青史留名的伟大著作是他主编的《元曲选》100卷。受家乡戏曲盛行的深刻影响，他对戏曲颇具独到的鉴赏能力。究其一生，尤其着迷于元代杂剧，曾自述"吾家藏杂剧多秘本"。在其家藏的基础上，又利用与徐阶、申时行、王锡爵等人的姻亲、师友关系，不惜代价广收散佚的元曲；晚年利用送幼孙到河南确山娶亲之机，在河南、湖北等地遍寻各种元曲版本，在湖北麻城刘承禧处，一次借得200来种杂剧抄本。历时30年的搜罗、筛选、改编，终于在万历四十三年（1615）刊行《元曲选》100卷，为传承中华文化做出了巨大的贡献。

臧懋循于万历四十八年（1620）亡故，与夫人吴氏同葬于安吉梅溪。之后，其子臧尔炳以其藏书馆"负苞堂"为名，将其诗文编为《负苞堂集》26卷。

臧懋循家族的鼎新臧氏，始祖为鲁国臧伯僖；晋代时，其先祖由山东诸城迁居无锡；南宋宝祐年间（1253—1258），臧谟迁长兴。明初，臧仲和始迁鼎嘉桥，成为鼎新臧氏一世祖；二世祖臧思聪的子孙开始成为科举世家。臧氏一门从明朝至清朝先后出了九位进士。

臧琼，字文瑞，号澹庵。天顺三年（1459）己卯举人，成化五年（1469）己丑进士，授南京工科给事中，官至刑部郎中、河南参政。臧琼生性耿直，成化六年（1470）曾上书明宪宗，劝其停建西川佛阁，为宪宗皇帝采纳。后来，臧琼因得罪朝廷高官，辞职返乡。臧琼是臧懋循高祖臧瓛（臧思聪二子）的三弟，即臧懋循的高叔祖。臧琼妻王氏为进士王瑄（雉城大西街王氏二世祖）之女。

臧应奎（1490—1524），字贤徵，号损斋，臧维长子，曾受业于湛若水（明代著名哲学家、教育家）。正德十一年（1516）丙子举人，十二年（1517）丁丑进士，授南京车驾主事。为母守孝三年后出任礼部主事，隆庆年间（1567）追赠光禄少卿、奉议大夫。臧应奎的人生是一出悲剧，他出任礼部主事后不久，即卷入嘉靖皇帝与众大臣之间的“大礼议事件”，被锦衣卫逮捕后没几天就被廷杖而死。臧应奎是臧懋循的伯祖，即臧懋循祖父臧应璧的长兄。臧应奎有二子一女，女嫁孝丰望族吴维岳。吴维岳是嘉靖十七年（1538）进士，官至右佥都御史，被时人称赞为有识才之能，还是臧懋循岳父的兄长。

臧继芳（1516—1568），字原实，号尧山。嘉靖十九年（1540）庚子举人，三十二年（1553）癸丑进士，历任工部都水司郎中、松江知府、郧阳知府、河南按察司副使等职。臧继芳政绩斐然，他于1561—1564年间出任松江知府，“时值大水，饥殍相藉，继芳特奏乞免粮税；又于夏秋煮粥，全活者众”。他为官清廉，在河南钧州身亡后，史载其“无一廛一亩之积，梓回之日，行李萧然”。他的墓志铭由曾任内阁首辅的徐阶（其孙徐元旸与继芳孙女定亲）撰写。臧继芳系臧应璧（臧瓛家族次房）长子、臧应奎之侄，他娶吕山石泉吴氏（本县明代另一支望族）为妻，第三子即臧懋循。

臧懋循是臧继芳第三子，娶孝丰吴维京之女。大哥臧懋德，长女适监生姚光宙（进士姚一元孙，姚绍科子），三女适贡生丁瑨（进士丁元荐子）；二哥臧懋衡，礼部儒士。臧懋循共有七子：臧尔焕，娶姚氏，同邑进士姚一元孙女、姚绍宪之女；臧尔焜，娶钱氏，山东巡抚归安钱士完女；臧尔炳，出版《负苞堂集》；臧尔炲；臧尔灿；臧尔熠；臧尔炉。女二：长女适华亭同知徐元旸；次女适乌程监生张汝谦。

臧懋中，字用甫，号静涵。万历二十六年（1598）戊戌进士，先后任江西金溪、江苏盐城县令，官至广西按察佥事。臧懋中家是臧氏一门科举最盛者，其父臧继华，隆庆元年（1567）丁卯举人；二子臧煚如、臧照如，妹夫同邑丁元荐（著名的东林党人，官至尚宝司少卿）都是进士。

臧煚如，字日昇，号孟渚，又号存涵，臧懋中长子。万历四十年（1612）壬子举人，四十四年（1616）丙辰进士，授行人司行人。

臧照如（1579—1633），字明远，号正庵，别号醒涵。与兄臧煚如同榜进士。官至南京吏部文选司郎中，晚年在画溪之滨筑别墅梅花庄（今隶雉城五峰村）定居。刘宗周所撰《奉政大夫南京吏部文选清吏司郎中醒涵臧公暨配诰封安人吴氏合葬墓志铭》云："臧为长兴望族。其先徙自无锡，自公而上逮始迁者凡十七世，而近世七叶相仍皆显于科第。公之考静涵公历官广西佥事，公又与其伯并举南宫，一时以为盛事。"

臧眉锡，字介子，号喟亭，臧岸仲子。康熙五年（1666）丙午举人，六年（1667）丁未进士，历任河南鲁山知县、山东曹县知县、内阁中书，福建道及江南道监察御史。臧眉锡曾刊行《晦庵先生文集》（即朱子全集）。原配丁瑜（1645—1667）是一位才女，工诗词，著有《皆绿轩诗集》，其诗也收录于叶恭绰所编的《全清词》中。臧眉锡是臧懋中弟弟臧懋和的曾孙，即臧懋循的曾侄孙。臧眉锡四女婿戴兆佳，郎溪人，康熙四十五年（1706）进士，任天台知县。

臧荣青，字藜阁，号理谷。乾隆二十一年（1756）丙子举人，二十二年（1757）进士，官至湖南岳常澧道兵备道，署湖南按察使司按察使。臧荣青属臧氏首位进士臧琼的直系后人，与臧懋循为同宗族人，乃晋叔的远房六世孙。

2015年，臧懋循的家乡夹浦镇丁新村启动了臧懋循纪念馆的建设；2022年5月，该纪念馆被公布为"浙江省首批乡村博物馆"。

天目青萝：诗人徐中行

　　"登临多物色，陶冶赖诗篇"。诗歌作为中国文学的最高形式，一直以来都是传统士大夫心中极重要的一种表达方式，它维系着民族精神与斯文统绪的传衍，是"神理共契""万代永耽"的文学瑰宝。长兴籍的古代贤达中历来不乏能诗者，但真正能在中国诗歌史上分一席者只有两人：唐代"大历十才子"之首的钱起和明代"后七子"之一的徐中行。钱起于诗史之地位久有论定，无须赘言。而徐中行作为嘉、万年间的诗坛泰斗，其诗歌曾风行天下近百年，影响之大，一时莫比。但自晚明以来，在反复古浪潮的连番掊击下，其人其诗又日渐淡出了人们的视域，以致今人对其当年主盟诗坛、影响风从的辉煌成就已不甚了然了。事实上，徐中行及"七子派"诗歌的凋零，正是传统士大夫精神没落的一个重要象征。徐中行的文学世界，体现了那段"拂衣违俗""引领风雅"的岁月，也展现了他"才高一世""秀越时伦"的时光。

化剑丰城余紫气：徐中行的家世与生平

徐中行（1517—1578），字子与，号龙湾，一号天目山人，湖州长兴人。徐家先世原为凤阳人，据李炤《明故通奉大夫江西左布政使徐公行状》记载："（中行）高祖进五公，洪武初，诏徙淮西豪杰于江南，于是遂家长兴，为长兴徐氏。"进五公之子，即中行曾祖亨六（《嘉靖庚戌科进士登科录》作亨禄）；祖父徐礼，号农隐，自徙长兴以来，徐家数世皆隐居不仕。

父徐柬（1475—1558），字敬之，号东皋，农隐公第五子。少贫，依姑母钱氏居，尽读钱氏家藏古书，好为文辞，构草堂于苕水之东。又下帷授诸生经于里中，"诸生执经候门者，履常满矣"。为人尚侠义，好急人之难，以"儒侠"之名显于乡间。晚年以中行考绩，赠承德郎、刑部山东司主事。生平详见宗臣《东皋徐公墓志铭》。母许氏（1488—1565），处士许琼之女，长兴许氏也是凤阳移民家庭。少慧，雅擅绘画与女工，时人比为管夫人。博学知书，亲授中行章句，日夜伴读，后以子贵累封安人。生平详见李攀龙《太安人许氏墓志铭》、王世贞《徐母许太夫人传》。中行有兄二人，长中孚，早卒，娶高氏，一子咏；次中和，娶殷氏、钱氏，贫甚。姊妹二人，一适姜氏，一适杨氏。

夫人杨氏，为刑部尚书顾应祥外甥女，累封安人。原生一子，小字梦仙，早殇。于是抚兄子咏为嗣子，后来考虑到徐咏为嫡长房的独子，不能出继支子，遂令徐咏归本支，而以咏第三子徐承孝为中行嗣孙。二女，长适候选经历周文政，次适太学生蔡鼎铉。

徐中行，正德十二年（1517）八月二十日生于长兴，自幼家境贫寒，但他警颖夙慧，髫龀之年便能遍读六经百子秦汉以下书，十岁即善举子业，又能通声律吟咏之学。十六岁试于县学，县令黄光升（后累官刑部尚书，赠太子少保，谥恭肃）深奇其才，许为国器。寻补诸生，教谕谢明德（后官潮州通判）待以殊礼。嘉靖十九年（1540），24岁的徐中行中浙江乡试第30名举人，不久又得以进游南京太学。此后他"籍籍公车间",三上春闱而不第。

嘉靖二十九年（1550）二月，徐中行在京参加会试，以《易经》举第126名贡士。三月，殿试成二甲第52名进士。同榜进士贤达云集，如后来同为复古运动核心的宗臣、梁有誉、吴国伦、张佳胤、魏裳、余曰德、高岱等，还有名臣吕调阳、丘橓、徐学谟、潘季驯等人，可谓集一时人才之盛。

同年七月，妻舅顾应祥出任刑部尚书，顾深为推许刑部的两位僚属李攀龙、王世贞所作的诗文，以为"正始之音"，并介绍给徐中行，徐"遂与缔交"。不久徐也到刑部任主事，从此三人开始了20余年的文学交游。

嘉靖三十二年（1553），兵部员外郎杨继盛上疏弹劾严嵩，被杖下狱，中行不顾危险，"时时橐饘食之"。三十四年（1555），杨继盛被杀于西市，中行与王世贞、吴国伦等经理其丧事，丧归又"解橐而追赙之"。不久，吏部尚书李默为赵文华构陷下狱，中行谳狱，拟以轻典，再次得罪严嵩。

嘉靖三十六年（1557），他以刑部郎中出为福建汀州知府。抵任之初，粤寇萧五来犯，中行以保护百姓为先，不久即克平寇乱。在任均田赋，又选八邑优秀生员，教以文艺。明年十月，父徐柬卒，中行闻丧跣足奔归。四十年（1561），服除，入京谒选，次年春补河南汝宁知府。在任建何景明祠，重修天中书院，修《汝宁府志》。

嘉靖四十二年（1563），癸亥大计，中行以飞言得罪，罢知府，于是返回故乡长兴。两年后复起为长芦转运判官，不久量移江西瑞州同知。未及赴任，闻母丧奔归。明年春，因徐阶、胡松力荐，就其家起为山东按察佥事，以服丧未任。隆庆二年（1568），服阙，谒选得补湖广按察佥事，分管武昌道。在任处置积案，赈济饥民，又重修了黄鹤楼。

隆庆四年（1570）八月，擢云南布政司左参议。六年（1572）十一月，升福建按察副使，分巡福宁道。万历二年（1574）六月，转本省右参政。三年十月，升本省按察使。五年正月，迁江西右布政使。六年八月，进为本省左布政使。十月十三日，得暴疾卒于官，年六十二，归葬于家乡长兴雉城城东之河泊所。"龙湾北岸骨堪栖，漠漠愁云片片飞"，徐中行身后族系凋零，如今徐墓的遗迹也早已消散在历史的尘纷中了。

谁是当时共济人：徐中行与"七子派"的复古运动

徐中行卒后，挚友王世贞来长兴凭吊，作追忆感悼之诗二首，其一云："屈指流年醉里论，清溪如旧泪痕新。也知不乏追随客，谁是当时共济人？"回忆起20多年前，他们几个志同道合的"共济人"一起不顾流俗，以满怀热忱扛起复兴文化的大纛，成就了一段改变历史进程的不朽事业。

中国诗文肇源于五经，经历千余年的发展，造极于两汉、三唐。入宋以后，由于学术形态和政治环境的变化，尤其是科举罢诗赋后，文学格局发生了巨大的变化，特别是诗歌，一改汉、唐固有的兴象传统，转以枯涩为主，虽也有苏、黄、杨、陆等几位重量级的大家，但整体日益呈现出衰势。明代文学，承宋、元而来，《明史·文苑传序》述其源流甚的。

明初，文学之士承元代虞集、柳贯、黄溍、吴莱之后，师友讲贯，学有本原。宋濂、王祎、方孝孺以文雄，高启、杨基、张羽、徐贲、刘基、袁凯以诗著。其他胜代遗逸，风流标映，不可指数，盖蔚然称盛已。永、宣以还，作者递兴，皆冲融演迤，不事钩棘，而气体渐弱。弘、正之间，李东阳出入宋、元，溯流唐代，擅声馆阁。而李梦阳、何景明倡言复古，"文自西京，诗自中唐而下，一切吐弃，操觚谈艺之士翕然宗之"。

宋以来文学的颓势至弘治、正德年间臻于极致，物极而反，李梦阳、何景明等郎署官员以复古相号召，试图振兴诗文的汉唐传统，由此"明之诗文，于斯一变"。但可惜的是，李、何等人的复古活动缺乏明确而统一的核心宗旨和学术组织，加之二人都去世较早，所以其思想没有得到很好的贯彻和传播。尤其是嘉靖八年（1529）李梦阳去世后，此派影响渐为"文宗欧、曾，诗仿初唐"的唐宋派所夺。直到20多年后，李攀龙、王世贞、徐中行等人异军突起，才彻底改变了这一现状。

嘉靖二十九年（1550），徐中行考中进士，其妻舅顾应祥时任刑部尚书，向徐中行介绍了他的两位下属李攀龙、王世贞，说："郎所业足自鸣，必欲舍而趣古者，则毋若曹郎李攀龙。""（世贞）虽少，亦其次也。"三人从此缔交。很巧的是，不久之后，徐中行与宗臣、梁有誉、魏裳、余曰德等人先后被分配到刑部任职，都加入刑部诗社之中，刑部人才之盛，一时有"外翰林"之誉。

约在嘉靖三十年（1551）以后，逐渐形成了以李攀龙为核心，有着明确统一学术宗旨且极具向心力的复古群体。他们力倡"文主秦、汉，诗规盛唐""文自西京，诗自中唐而下，一切吐弃"的学术主张，积极追寻汉、唐精神，号召复兴诗歌的兴象传统。此论一出，旋即风动天下，影响之远长达百余年之久。

这次复古群体的核心成员虽有"七子""六子""五子"等不同说法，但无论何种说法，徐中行都稳居其中。事实上，这些人当中，谢榛很早就被削名驱逐出社，梁有誉、宗臣皆因去世较早而影响有限，吴国伦于年辈上则属于后进，所以贯彻始终的真正核心只有李攀龙、王世贞、徐中行三人，难怪李攀龙后来会把三人的关系喻作"鼎足三分"。

嘉靖三十二年（1553），李攀龙离京出为顺德知府，此后京师诗坛便由王世贞、徐中行主盟，而王世贞又长年谳狱在外。三十五年（1556），王世贞也出京任山东按察副使，兵备青州，京师宗盟就只剩下徐中行了。次年，中行也离京赴任汀州知府，而复古派的其他重要成员这时候也大都出任各地地方官了，自此复古派的重心开始由京师推向全国。由此可见，在复古派的发展过程中，徐中行主盟京师诗坛的时间最久，对复古运动的发展壮大起到了至关重要的作用。

约在嘉靖四十二年（1563）前后，复古派思想已在全国有了压倒性的影响，"操觚谈艺之士翕然宗之"，"其徒之推服者，以谓上追虞、姒，下薄汉、唐"，"声华意气，笼盖海内。一时士大夫及山人、词客、衲子、羽流，莫不奔走门下"，"而循声赞颂者，迄今（按：指清初）百年，尚未衰止"，其影响之盛大且远，可以想见。

弘、正以来，经过两次复古运动，文坛宗盟的地位长期为二李、何、王等郎署官员所掌握，这引起了原来主持文柄的翰林士人的不满，他们试图重新夺回文柄。万历二十六年（1598），以袁宗道为首的翰林文士，在北京西郊崇国寺发起"蒲桃社"，吟诗撰文，拉开了抨击复古思想的帷幕，即世所谓的"公安派"。虽然公安派和后来的竟陵派都曾提出过与复古派完全不同的诗学理论，在社会上也产生了不同程度的影响，但究其所至，似乎都不足以动摇复古派的核心地位。

入清以后，由于积极抗清的陈子龙等人以及大量的遗民诗人都是复古派的继承者和拥护者，而这种以汉唐精神为追求的文艺思想正是清廷所忌，因此经过长时间的分化，清廷最终以官方的姿态对复古派，尤其是"后七子"的诗学进行全面的批判，将其定性为"模拟剽窃"而基本予以否定，最终使这个追寻汉唐气象的文学流派退出了中国主流文学的舞台。然而吊诡的是，"后七子"的诗学不行于清朝，却在日本生根发芽。德川时期的著名学者荻生徂徕以"后七子"思想为基础，开创出江户时期最有影响的学派之一"萱园学派"，并与其弟子服部南郭等先后主盟文坛达数十年之久。

近现代以来，以西方文艺思想为基础确立起来的文学史观，舍本逐末，专尚新奇，更是对明代主流诗学整体持否定态度。后人又耳食因袭，对复古派之精神高标不复能知，可为浩叹！正如笔者开篇所言，徐中行及"复古派"诗歌的凋零，正是传统士大夫精神没落的象征。

散入诸侯犹主盟：徐中行的诗歌世界

认识李攀龙，是徐中行一生名山事业的转折点。据王世贞回忆，徐中行认识李攀龙时"有游大人名"，在当时诗坛已有很大影响力，但他"一旦见于鳞而悦之"，果断地焚毁了自己之前所有的诗稿，"尽弃其学而学焉"。这种见贤思齐、舍己从人的行为，为常人所不能，其胸襟之博大、执道之坚笃，正是他后来成功的基础所在。

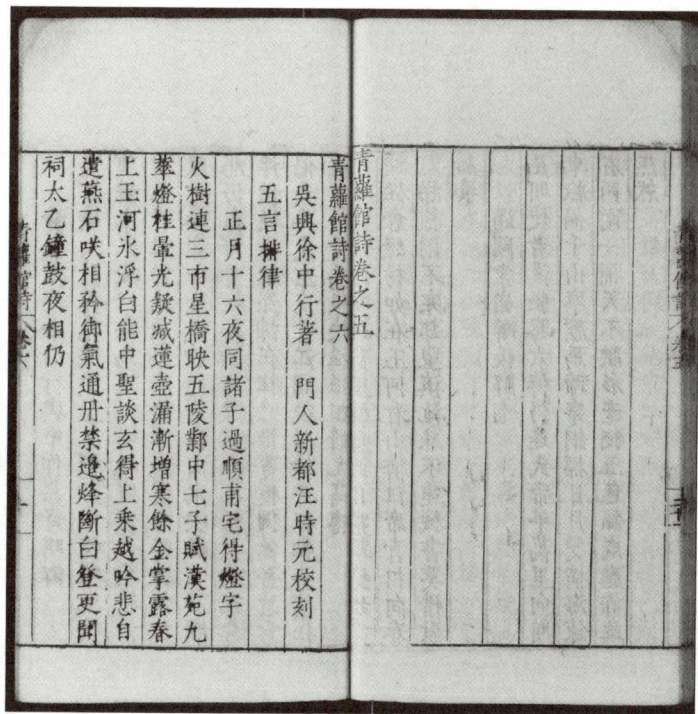

徐中行《青萝馆诗》明刻本（周凤平供图）

徐中行的成就主要在诗歌方面，他在世时曾刻《青萝馆诗》6卷，卒后门人郭造卿又编其诗文为《天目先生集》21卷，将《青萝馆诗》基本收入其中了。另外俞宪《盛明百家诗》里有《徐龙湾集》《续徐龙湾集》各一卷，其中有部分诗篇为文集本所未收，去其重复，目前可见到的徐中行存世诗歌大约有640余首。这些诗歌各体兼备，内容丰富，包括纪游、咏怀、交游、节令等，可以说是徐中行一生理想追求、人生际遇和情感历程的真实体现。

徐中行力主复古，倡导"诗非开元而上，文非东西京而上毋述"的文学思想，他为诗"左准右绳，靡所不合"，在明代中后期具有很高的声名。李攀龙曾盛赞其诗："中多不可易之联，不可得之语，宠光吾党，铿锵异代。"王世贞则谓："公于诗，格高而调逸，近体宏丽悲壮，读之神耸。"后世如李雯云："子与秀爽精明，如骅骝登道，更无塞步。"袁文曰："子与如空宕翠竹，楚楚幽致。"俞宪在《盛名百家诗》中也称："今观其诗，奇思勃兴，新句时出，真可匹休往哲。"

徐中行对李攀龙极为崇敬，他认为"自汉而下千五百余年，擅不朽之业，以明当日之盛，孰如于鳞者"，"寂寞汉魏后，乃复梴斯人……玄夜升海日，昭灼开迷津。众星何历历，周环随北辰"，甚至将李比作他和他这个时代的长夜明灯、中天北极，自称"平生知己自君尽，别后何人写胸臆"。李攀龙平时睥睨古今，傲兀不群，独对中行青眼有加，"于鳞之峻洁寡合，而独好子与，莫逆终身，要各以至相友"，"于鳞每见，则推毂子与，流传方国，脍炙士林，假以岁年，超诣化境，可俟英雄于异世也"。可以说徐中行的成名与李攀龙的奖掖是分不开的。虽然二人平时是以平辈论交的，彼此也以知己相待，但从诗学源流上来看，我们不妨将中行看作是李的诗学继承者，正如陈子龙所说："子与虽规摹古哲，而手追心慕，常在济南（按：指李攀龙）。"因此二人在诗歌的艺术表现上有着高度的一致性。

徐中行诗歌诸体皆工，与李攀龙一样，尤擅于七律。他的七律气象宏大，格调高华，有明一代，罕有能及者。明人詹景凤曾说："予观其七律，庄整凝厚，体严调高，色苍而气雄峻，恐元美而下有难遽及之者。"清代的陈田则谓："子与七律爽健，于鳞称其'风云一日卧龙来'大自气格，要不如'北上萧关太白高''建业心青法署高'为雄骏也。"而胡应麟的"闳大雄整，卓然名家"、查慎行的"风雅之归""雍容浩博", 可为定评。

中行的七律以盛唐李颀的高华、杜甫的沉雄为本, 兼取中唐刘长卿、刘禹锡等人的清通畅达, 气韵直逼唐人, 如隆庆元年 (1567), 李攀龙复出任浙江按察司副使时, 中行作《喜于麟起家浙宪》志喜, 其一云:

> 青门祖帐故贤哉, 丹诏新从海岱开。
> 阊阖万年真主出, 风云一日卧龙来。
> 中兴堪借文章色, 汉柱曾题侍从才。
> 最幸探奇司马后, 逢君重上禹王台。

这首诗气象宏大, 律对警切, 李攀龙赞赏其"大自气格", 要为确论。尤其是颔联"阊阖万年真主出, 风云一日卧龙来", 大有王维《和贾舍人早朝大明宫之作》"九天阊阖开宫殿, 万国衣冠拜冕旒"的阔大境象。再如写给王世贞的《京口小饮江楼怀元美》, 则在怀古的同时表现出了诗人对时局的担忧:

> 新亭杯酒暂留欢, 故国山川乱后看。
> 飞檄大江愁王气, 谈兵幕府笑儒冠。
> 天回睥睨孤舟出, 潮起鱼龙六月寒。
> 漂泊正思王粲赋, 浮云何处望长安。

中行途经京口, 饮酒江楼, 面对滚滚大江, 感怀六朝兴亡。怀古而又不忘感今, 颔联表达了他对当时国家战事频仍、军情紧急的忧虑, 后四句则反映了诗人渴望为国效力, 却又报国无门的无奈。此诗诗法出自杜甫、刘禹锡, 寓悲凉之气于沉雄之中, 用典精切, 体现了他"庄整凝厚, 体严调高"的艺术风貌。中行外任地方官, 宦辙多在闽峤、洱海间, 故所作异域感怀之诗尤见功力, 如《夏日送鄱阳罗大参汝符自滇南先期入贺万寿》云：

五月南荒瘴疠偏，双旌冒暑入朝天。

楼船迥自三江下，玉帛翻当万国先。

近侍已赓玄鸟颂，殊方堪奏白狼篇。

谁怜徼外孤臣在，遥逐滇云到日边。

此诗为中行任云南布政司左参议时送同僚入京贺寿而作，诗人感怀身世，悬念家国，首联描摹了云南的生活环境，真切生动，颈联又以近侍达官和边疆孤臣作对比，微含讽谏之意，体现了温柔敦厚的诗家气质，而最后以逐云日边收束，既切题旨，又能感慨系之，兴象万千，真正体现了复古派诗歌追求盛唐气象的艺术追求。

除了七律之外，徐中行的其他各体诗歌也都各有特色：他的五古渊源于曹植、谢灵运，意韵高古，风标清秀；七古出于李白，高朗爽健，气势奔腾；五律主要源自杜甫、王维，圆转浑成；七绝以王昌龄为本，元气淋漓；排律则取法沈佺期、宋之问，称有明一代作手。

当然，徐中行的诗歌也有其不足之处，若与李攀龙相比，其高华闳大与之约略相当，但婉转精微处多有不及，这就是胡应麟所说的"惜少沉深之致"。尤其是结尾收束处，往往比较轻率，导致末句经常有振作不起的感觉，这或许与他豁达不拘小节的性格有关。白璧微瑕，整体而言这些是无伤中行诗歌的大雅的。

嘉靖三十三年（1554），徐中行妻舅顾应祥致仕归里。四年后，中行奔父丧返乡，家居三载，其间顾、徐二公诗酒酬唱，极长兴人文一时之盛。中行曾作《冬日大司寇顾箬翁招宴大雅堂赋诗见示辄此奉和》一诗，以盛唐之元音，歌颂了这位国之名臣颐养家山的怡然自得，同时也表达了自己对回归这座心灵家园的深切渴望。最后将此诗附志文末，权作本篇的尾声：

中朝谁似顾长康，好客频开绿野堂。

节后黄花仍烂漫，老来白雪更飞扬。

早闻沧海烽烟尽，转觉青山日月长。

从此定盟丛桂社，经秋已制芰荷裳。

姚一元撰、徐中行书、臧继芳篆"长兴县新置学田记"碑（长兴县博物馆藏）

鼎革悲歌：明末的长兴人物

明朝末年，社会矛盾日益激化，宦官当道、内忧外患，加快了朝廷灭亡的速度。当时江南的士大夫忧国忧民，和当权者政见分歧很大。其中最著名的当数东林党了，东林党是明朝末年以江南士大夫为主的官僚政治集团。"东林党"之"党"，是朋党而不是近代政党。

万历三十二年（1604），顾宪成等人修复宋代杨时讲学的东林书院，与高攀龙、钱一本等在此讲学。东林讲学之际，正值明末社会矛盾日趋激化之时。东林人士讽议朝政、评论官吏，他们要求廉正奉公，振兴吏治，开放言路，革除朝野积弊，反对权贵贪赃枉法。这些针砭时弊的主张得到当时社会的广泛认同与支持，同时也遭到宦官及其依附势力的激烈反对。两者之间的政见分歧最终演变成明末激烈的党争局面。反对派将在东林书院讲学及与之有关系或支持、同情讲学的朝野人士笼统称为"东林党"。

万历十四年（1586）进士、官至尚宝司少卿的长兴人丁元荐就是东林党人。应丁元荐之请定居长兴20余年的江苏常熟人缪希雍，是著名的中医，著《本草经疏》《本草单方》等书。他除了为民众诊病外，也积极参与东林书院的学术思想讨论，深受东林党人活跃的学术思想影响。缪希雍因为和丁元荐、李攀龙、钱谦益等人的密切交流，从而获得了较为开放、活跃的思维状态，这也使得他从更多角度思考医学，最终在中医理论发展上建树丰硕，尤其为后来新兴的温病理论发展做出了贡献。

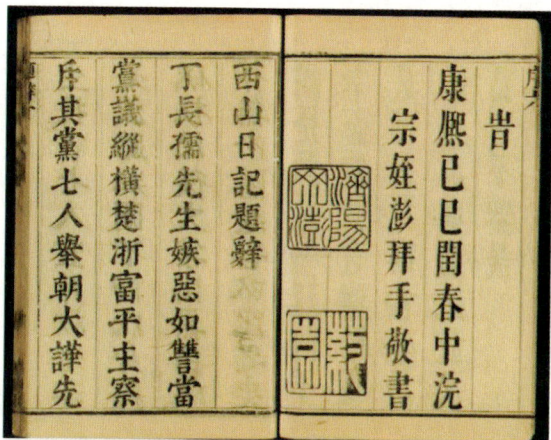

丁元荐《西山日记》清再版题词（张超供图）

另外，明末将领、被阉党称为"地囚星旱地忽律"的游士任，也是著名的东林党人。其曾任长兴知县、广西道御史。在天启年间受登莱巡抚袁可立提携，为招兵御史，参与辽战。因陶郎先案牵连，为阉党李春烨所劾。

明朝末年还有一些有思想、有文化、有血性、有担当的官员在长兴这片土地上主政。不管是在长兴还是改任他处，他们对当地都有很大的贡献，同时在个人的成就上也是星光熠熠。较为突出者有熊明遇、吴钟峦等人。

熊明遇是明朝末年的名宦，在长兴任知县时间较久，对长兴的影响较之历史上的任何一位知县（县令）都要突出，至今长兴还流传着许多他的故事，民间文学《熊知县的故事》被列入浙江省非物质文化遗产名录。

熊明遇（1579—1649），字良孺，号坛石（一作澹若），江西进贤人。明万历二十九年（1601）进士，次年任长兴知县，时年仅23岁。到任即与"三老"（掌教化之官）商议，筹米、募丁，疏浚内外河道。水利既通，食货纷集，又订漕规，革除旧弊，县境大治。接着筑金莲塔，修飞仙桥。

熊明遇治理长兴七年，兴利除害，使境内"外户不闭，湖波不警"。当时长兴号称"盗薮"（强盗聚集的地方），素为难治之县。熊明遇初莅任时，年仅20余岁，下车之日，衙门里老豪胥的子弟说："小青年好对付！"明遇镇静自若，不为所动。继而翻阅故狱牒，皆与杀人要案有牵连，经询问"三老"，竟咋舌不敢言。后探知要犯姓名，因发市井恶少，劝之改过从善，不计前罪，恶少辈皆感悔，便发纵追捕，无不尽力。先擒其为首者，其次惩办贿赂功曹专事诬告者。太湖边霞城豪人李回丹，聚族近千人，以渔猎为生，亦喜攻剽抢劫，得知要犯张某被诛后，甚为惶恐。明遇乘月夜轻舟径往其处，命李集众百余人，劝告无妄动，言明如能将功赎罪，不计前罪，并各给号牌，使之能捕鱼捕盗，从此太湖宁静。

熊明遇在公务之余，还写下《罗岕茶疏》《箬下酒疏》《长兴沟洫桥梁记》《盗贼课》《金莲塔铭》《松水居序》等文，特别是"茶疏""酒疏"两文，阐述名茶、名酒的特色、制作、品饮、保管，有很大的研究价值。其中，《罗岕茶疏》对罗岕茶的生长地理环境、采集方式作了详细介绍，并将罗岕茶与阳羡茶的地理位置不同、罗岕茶与其他茶叶的采摘季节不同进行了论证阐述，还把罗岕茶与当时各种名茶作比较，从色、味、气几个方面来描述罗岕茶的妙处，同时用四章节对罗岕茶用水、贮茶、煮茶、提香等方面进行了分析，见解均颇为独到。史料记载明代长兴进贡的罗岕茶为"江南一枝独秀"，《罗岕茶疏》也为后人恢复制作罗岕茶提供了依据。

在这里不得不提他的另一本刻印于天启年间的著作《绿雪楼集》，其中有一篇目为"则草"，记录了熊明遇用当时西方科学知识来分析天象、地理等自然现象。明思宗崇祯年间（1628—1644），熊明遇对其进行修订，并把书名《则草》改为《格致草》。清顺治五年（1648），熊明遇避战乱徙居福建潭阳，因见《大统旧历》《西洋新法历书》及《万年历通书》，遂对《格致草》初刻本进行最后修订。由于明清之际社会动荡和战乱的关系，《格致草》一书流传不广。《格致草》可说是最早以非教徒身份研究西学的专门著作。由于《格致草》论西方天文历算之学是格致之一种，加上熊明遇个人在遗民中的声望，使它在明清鼎革之时受到积极鼓吹实用之学的遗民的高度推崇。

而吴钟峦，是明朝一位不折不扣的爱国人物，字峻伯，号霞舟，学者称其为霞舟先生，系南直隶常州府武进县人。少年时候，喜欢读《坛经》，又好讲黄老长生之术。后来在东林书院听了顾宪成的讲学，叹曰："保身养性，取之儒学就可以了，不必远求佛教和道教。"于是拜入东林党门墙，为东林重要人物李应升座师，而与东林诸公高攀龙、缪昌期相善。

崇祯四年（1631），吴钟峦举拔贡第一，当时东林党大佬周廷儒为首辅大学士，打算破格提拔他，任用其为高官，但被吴钟峦推辞了。按照贡生的常例，他被选为光州教谕。后来凭借自己的本事，连科及第，选授为长兴知县。当时社会上流行"经世致用"的学说，而吴钟峦却说："不明于生死，必不能忠孝。不能忠孝，虽有经济之才，何益哉？"他在任上体恤百姓，以清敏著称。崇祯十一年（1638），吴钟峦曾主持修《长兴县志》，据清《长兴县志》（张志）《统例》记载："县志始于宋太平兴国初，张韬礼摄令时编集……崇祯十一年知县吴钟峦、属文学姚光佑七修县志，草未卒业，而吴钟峦去任，姚光佑不久也去世，事遂湮废……"崇祯十二年（1639），吴钟峦因谪任绍兴照磨而没有修完县志，实为一大憾事。崇祯十五年（1642），任桂林府推官。

崇祯十七年（1644），李自成攻陷北京，崇祯皇帝自缢于煤山。吴钟峦之后被管理洛阳地域事务的南明福王朱由崧（1607—1646）提拔为礼部主事。顺治三年（1646，鲁监国元年），鲁王朱以海（1618—1662）起兵绍兴，号监国。吴钟峦随鲁王朱以海在普陀山上借住了两三个月，他在普陀山上诗兴大发，作《寓白华庵生辰》诗："蓬莱飘渺几人探，欲问长生有贝函。最上大根堪付法，是中深处且抽簪。巢由遁世山之北，管葛匡时斗以南。海外余年殊自愧，可容永日作优昙。"

鲁王朱以海监国至闽后，拜吴钟峦为通政使，升礼部尚书。顺治六年（1649，鲁监国四年）九月，张名振、阮进、王朝先合谋以舟师护送鲁王朱以海移驻舟山。鲁监国在舟山站住了脚，重新整顿朝政，吴钟峦继续担任礼部尚书。从这时起到顺治八年（1651，鲁监国六年），舟山群岛成为鲁王朱以海领导下浙东抗清武装活动的中心。吴钟峦往来普陀山，组织抗清斗争，牵制了东南地区大量清军，为郑成功部在福建沿海的扩展创造了有利条件。

清顺治八年（1651），清兵到了宁波，钟峦慷慨谓人曰："昔仲达死珰祸，吾以诸生不得死。君尝死贼难，吾以远臣不得从死。今其时矣！""见危临难，大义所在，惟有一死。"于是，急忙从普陀山赶到定海。舟山战役激战半月，清军围城突破明军防御。吴钟峦在昌国卫之孔庙右庑设高座，积薪其下。城破后，他抱着孔子的神位登座危坐，临死时赋诗一首，其中两句为："只因同志催程急，故遗临行火浣衣。"并言："吾老矣，不及此时寻一块干净土，即一旦疾病死，其何以见先帝、谢诸君子于地下哉！"举火自焚而卒，终年75岁。乾隆四十年（1775），赐谥"忠烈"。

吴钟峦治学严谨，专心于濂洛，尤精于《易》，著述甚丰，主要有《霞舟易笺》《十愿斋易说》《文史》《梁园佳话》《稚山丛谈》《岁寒集》《十愿斋遗集》《稚山先生残集》《十愿斋全集》等。

第六章

青山未了青

清代

浙

江

文

史

记

忆

·

长

兴

卷

与明代一样，清代的长兴，也出了诸多进士，也有多位知县才华横溢。清代的长兴，国士有双，长兴探花茆荐馨，年轻时科举之途历经坎坷，屡次江南乡试，均铩羽而归，改顺天乡试后才进士及第；晚清的钱江，国士之路充满了传奇色彩和扑朔迷离之感。典型的江南书香门第大西街王氏家族，在清中晚期，更是臻于辉煌，为长兴璀璨的历史文化星空增添了几许光辉。晚清时期的艺坛之上，活跃着长兴人张度、王毓辰等。晚清时期是中国最为灾难深重的时代，长兴也未能幸免。随着太平天国内讧和清军的反扑，太平天国江河日下，长兴保卫战打响，血流成河、尸横遍野。战后的长兴十室九空，不足3万的人口与1400多平方千米土地不相匹配，掀起了长兴近代史上一场规模空前的移民潮。长兴，开始铸就包容大气、和而不同的光辉魅力。

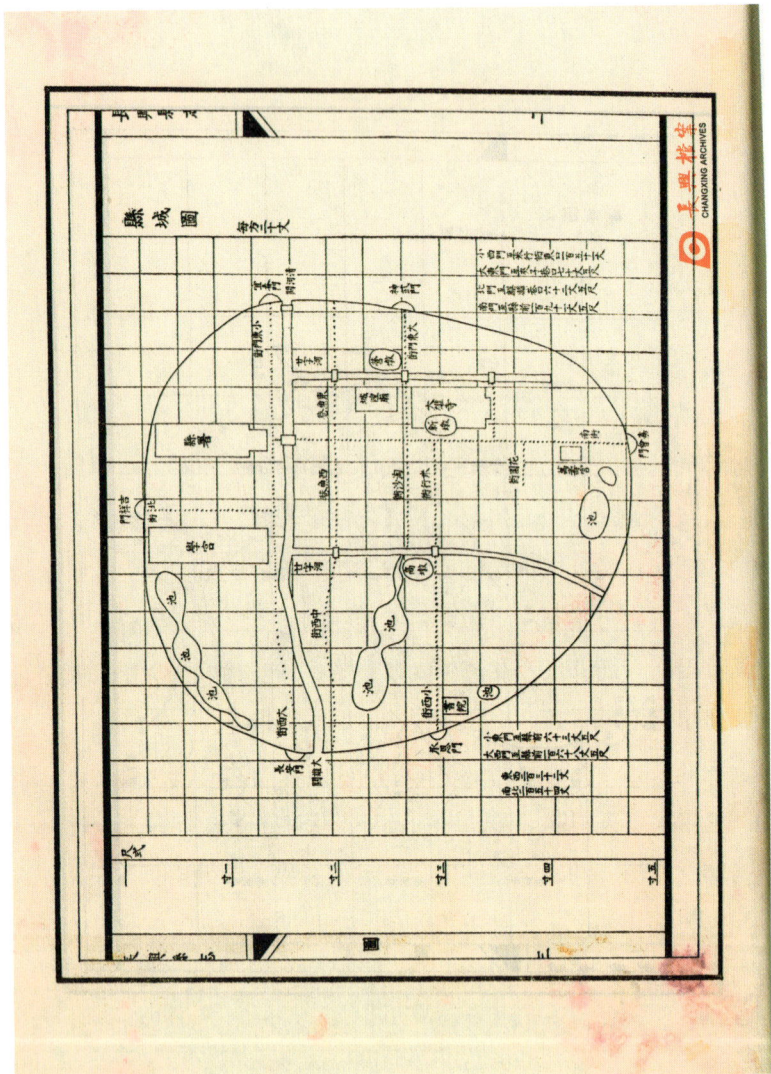

清同治十三年（1874）长兴县城图（长兴县档案馆供图）

国士有双：探花茆荐馨与奇人钱江

所谓国士，大抵是那些以天下为己任的人。长兴的土地上从来都不缺少这样的人。到了清代，尤以清初的探花郎茆荐馨与清末的一代奇士钱江最可应此称号。

茆荐馨，字楚畹，号一峰，祖籍长兴，寄籍宣城。宋室南迁后，茆氏的一支由北方迁居长兴，随后繁衍生息，渐成大族。明朝中期，茆荐馨的五世祖茆华堂开始移居安徽宣城，并在宣城落户，耕读传家。茆荐馨的祖父茆允芳也是个读书人，且勤于著述，颇有声名，但由于明朝末年宦官当权，官场派系林立，相互倾轧，他纵有满腹才学也"久困棘闱"，并未取得什么功名。茆荐馨的父亲茆遇知总算是在风雨飘摇的晚明混得了一个从七品的溆浦县丞，还一度担任了新田县的代理县令（摄新田令）。据载，茆遇知颇有政声，很受百姓和上司的好评。茆家到茆荐馨时，在安徽宣城已经繁衍数代，但茆荐馨从未忘记自己的祖籍长兴，在科考中也一直署长兴籍。

1645年，此时已经是大明覆亡、大清入主中原的顺治二年了，17岁的少年才俊茆荐馨补入弟子员。此后，他像大多数的读书人一样，

長興縣志　卷二十　選舉

茆荐馨籍宣城人探花長興

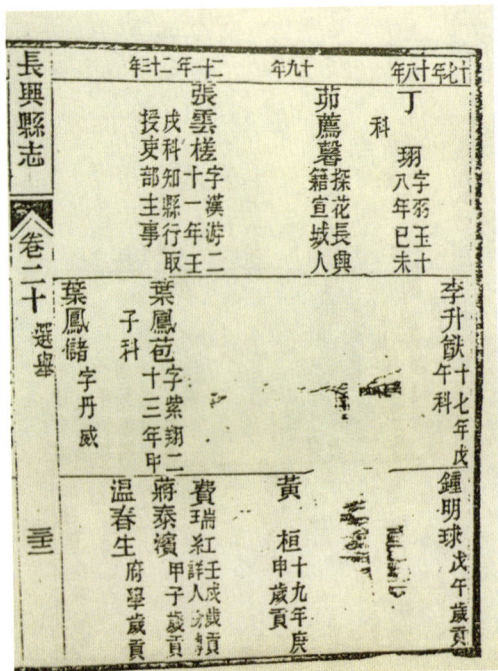

康熙十八年（1679）探花茆荐馨（周凤平供图）

积极地参加新王朝的科举考试，希望能博取功名，光宗耀祖。

科举时代有一句话，叫作"三十老明经，五十少进士"，说的是在那个时代读书人要取得功名的艰难。饶是茆荐馨这般天纵英才，在科举之途上也是历经坎坷。茆荐馨在取得参加乡试的资格后，屡次参加江南乡试，但与他的祖父一样，每次都是铩羽而归，这不禁让他有些灰心丧气。好在其间有几位名震文坛的人物给予了他积极的鼓励，他才没有就此放弃。

其中一位就是清初著名诗人、词人、戏曲家吴绮。吴绮于康熙初年担任湖州太守，因多风力、尚风节、饶风雅，而被称为"三风太守"。他主政湖州期间，十分留意人才，大力吸纳才士，自然留意到了当时贫寒落魄的茆荐馨。吴绮十分欣赏茆的文章才华，常给予他鼓励，并积极为他引荐名流。吴绮这位文坛领袖的肯定和爱护对茆荐馨的影响是深远的，他一生都没有忘记先生在他"祸患"之时的帮助，"茆且死，曰：恨无以报先生也"。另一位就是顺治十二年（1655）的进士，当时任国子祭酒、后出任内阁大学士的宋德宜。宋德宜看过茆荐馨的文章后大为惊奇，起先担心并非他亲自撰写，便几次出题考察，"累试全是最佳"，于是对他倍加赞赏，认为他是"当朝国士"，并鼓励他："我生平不妄给人许愿，以你的才能必得高第。"得到了吴绮和宋德宜这两位重量级人物的赞许和肯定，茆荐馨重新激起了发奋学习的信心。同时，他明白，读万卷书，还需行万里路，于是，他离开江南，纵游齐、宋、燕、赵之间，遍访名士，切磋学问。

康熙十一年（1672），已经44岁的茆荐馨改就北闱，参加顺天乡试，终于中试，取得第四名的好成绩。乍看第四名并非如何的"惊艳"，但若你知道前三名都是哪些人，就明白这第四名的"含金量"十足。此科顺天乡试，第一名韩菼、第二名王鸿绪分别是第二年（康熙十二年癸丑科）殿试的状元和榜眼，第三名翁叔元是康熙十五年丙辰科的探花。更令人称奇的是，主考官蔡启僔（浙江德清人）、徐乾学（江苏昆山人）也是康熙九年庚戌科的状元和探花，当时刚被授予修撰、编修之职务就担任了顺天乡试的主考。这一次平常的乡试考场中，竟汇聚了前后三鼎甲六人，用群英聚会来说毫不为过，这也成了科举史上的一段传奇。

顺天乡试后第七年的康熙十八年（1679）己未科，已经51岁的茆荐馨终于通过了南宫会试，在殿试中再接再厉，廷对御赐一甲第三人进士及第。此时的茆荐馨心中洋溢着浓浓的幸福，一遍遍地吟咏着"探花时节日偏长，恬淡春风称意忙"的美妙。

茆荐馨一生为人孝友廉洁，以诚待人。他不仅是个大孝子，父亲生病时总能亲奉汤匙，衣不解带地侍候左右，而且对待朋友也是至诚至性。所以，无论长幼，对他总是充满敬意。他在翰林院当值的时候，同僚们都愿意与他交谈，上至文章政事、古今得失，下至市井传闻、坊间闲语，茆荐馨不仅认真倾听，而且总是诚恳地说出自己的理解与见识，同事之间关系十分融洽，以至于很多人因为离职或丁忧回家后，因不能与茆荐馨倾谈而十分不适，时常想念他。

茆荐馨为人正直，为官清廉。有一则轶闻流传甚广，说有一天夜里茆荐馨做了一个梦，梦中有个富人夜来馈送百金，请开脱死罪。茆荐馨正色拒绝说："有国法在，我怎么敢令被害者衔恨地下？"如果说这则轶闻多少还显得有些附会牵强的话，那么茆荐馨"出仕十来年，家中无余财"则明白无误地反映了他廉洁的品性。在那个"三年清知府，十万雪花银"的封建时代，出仕十多年的茆荐馨"帷幕不周全，炊烟常间断，出门从不具车舆"，堂堂的朝廷官员，竟然寒碜到房屋的窗帘都安不上，出门靠步行，甚至有时吃了上顿没下顿，这还不能说明他的清正廉洁吗？对于生活的艰难，茆荐馨从来都是安之若素，他以诸葛孔明"非淡泊无以明志，非宁静无以致远"的名句作为自己的座右铭，并在墙壁上大字书写"淡泊明志，宁静致远"，借以表明自己恪守清贫、悄然自立的高贵秉性。

长兴钟灵毓秀，在茆荐馨之后的晚清时期，另一位"国士"钱江屹立于时代潮头，只是，他的"国士"生涯更加充满了传奇色彩和扑朔迷离之感。

钱江，字沛然，又字东平，号晓峰，约嘉庆五年（1800）出生于长兴县城政和桥。钱氏为长兴望族，钱江六世祖为清康熙年间山东巡抚钱珏，父曾任东河主簿。

钱江自幼颖悟不群，12岁时能操笔成文立就600言，被邑人称为"奇人"。在科举制度脱颖而出率并不高的情况下，少年钱江很理智地选择了走"异路"。巫术和兵法是他在少年时的主要修习方向，"喜涉猎卜筮术数之学，尤好兵家言，而旁究地理。于天下扼塞险要之处反复致意"。他出生在康乾盛世的后期，但想必已经识得了非"经邦济世"的有用之学不足以"客行万里半天下"的道理。这恐怕也是他自小不愿意习帖括之学，"不乐应童子试"，而遍读奇书，"好谈经世之学"且"最好兵家言，于孙吴之书，皆能洞其底蕴"的原因之一。如此"偏科"的钱江自然考不上任何功名，于是还是由家中捐了一个

"监生"，总算是以不伦不类、不堂不正的身份挤进了士绅行列。不过，捐来的这个监生身份，倒也为他后来壮游天下"以豪侠自命"、与各地名流雅士"杯酒谈兵"提供了必要的资格。"慨然有澄清天下之志"的钱江，同时以其不堂不正的身份和实实在在的武学根基，以及他不居人下的口才、文才和随机应变的策士急才，踏上他的传奇人生路。

钱江"游学天下"辗转至广东，在这里，他以满腔赤诚积极地投入到岭南的抗英斗争中去。来广东之初，眼见烟毒贻害、英夷汹汹，钱江便常与爱国志士何大庚、卞江殷等议论禁烟、抗英之事。他认为贩卖鸦片"伤民命奚止数百万众，耗及财岂仅数千万金"，危害极大。道光二十年（1840）一月，林则徐任两广总督，雷厉风行开展禁烟斗争，钱江积极支持林则徐，并从苏朗荛的手中借得银两兴办团练，深得林的器重。

道光二十二年（1842），清政府与英国签订丧权辱国的《南京条约》，消息传至广州，群情激愤。钱江与何大庚、卞江殷草拟了《全粤义士义民公檄》和《防夷章程》，并于是年10月23日将公檄贴在明伦堂。公檄愤怒声讨英国侵略者"凶残之性，甚于虎狼，贪黩之心，不殊蛇豕"，"掠我土地，戕我文武，淫我妇女，掠我资财"的罪恶，揭露清政府投降派"不顾国仇民怨，遽行割地输金"的行径，指出割让香港、开放广州等口岸是"开门揖盗，启户进狼"，提出反对南京"城下之盟"，号召全省百姓起来进行抗英斗争。公檄受到广州市民的热烈响应。12月2日，钱江等在明伦堂集会，有数千市民前来参加，要求当局举办团练，抗击英国侵略。12月6日，清广东督抚张贴告示，禁止百姓举行抗英活动。同日，钱江等人两次在明伦堂集会，商议抗英斗争。次日，他率众焚烧英洋馆、住所。1843年3月，钱江等人准备再聚明伦堂联名向道光帝奏请，终于引起广东当局震动，两广总督命知县梁星源查拿。钱江毫无畏惧，挺身而出，手持名帖直闯巡抚衙门，"自称明伦堂揭帖，系伊唱首"！由此，钱江以一力担当，被以"虚张声势"罪，革去监生，发遣新疆种地当差。

钱江已经在广东积起巨大声望，还没有到发配地，"新疆诸人固已闻其名矣"。到了新疆，人们"亟钦叹，礼为上宾"，"自将军以下皆折节与交"。

此时林则徐已先被遣戍到新疆。钱江到新疆后，便于1845年2月11日自迪化州派专人赍书到昌吉县欢迎林则徐。林则徐此时正在北疆绥来、呼图壁等地办理开垦，准备赴南疆。他对钱江在广东的抗英事迹和坎坷的遭遇深表赞扬和同情，因而在是日的日记上写道："钱在广东领乡勇，欲与夷战，当局罪之，发遣伊犁。"两天后，林则徐特在迪化州寓所邀请钱江等人共饭。钱江对林则徐极为崇敬，在林则徐赴南疆查勘垦地、从迪化州出发时，特地陪送了一百多里地，一路同饭同宿，"执弟子礼甚谨"。道光二十六年（1846），林则徐被起用，署陕甘总督，"奏请钱江赐环，诏允之，因随带入关"，以钱江为幕客。道光二十八年（1848），林则徐奉命移督云贵，钱江与之分手，出游京都。在京师，钱江继续以他对时局的不凡见解，游走于达官显贵之门，"出其纵横捭阖之说，遂名动公卿间"，以至于庆亲王奕劻等都待他为座上宾。

钱江的最后一站在扬州。

咸丰三年（1853），琦善奉旨为钦差大臣，督理江北军务，清廷授副都御使雷以减为刑部右侍郎，前往江北大营为琦善帮办军务。但扬州久围不克，士兵索饷，雷正焦头烂额，无计可施。这一日忽闻有一名士到访，来献"安邦之策"。来人即钱江。钱江所献之策即"厘捐法"，他口若悬河："点铁成金并非难事。尔于各处设关置卡，从商人生意中一两银子抽他一厘钱。在商贾目中，千中抽一，不关痛痒，并可转嫁买主。而我则涓滴之水，汇集成河，可养十万百万之精兵。兵精粮足，洪杨焉有不灭之理？如是，功在大人，利在国家。"雷听后大喜，在扬州东泰州附近的仙女庙等镇的水陆要道劝捐助饷，对行商、坐贾视其买卖之数，每百文捐纳一文或二三文。规定米每担捐钱50文，豆类每担30文，鸡鸭每担80文，半年时间"汇捐至两万贯"。同时，钱江为清军江北大营募勇3000人。于是江北大营粮台殷实，兵勇倍增。各省相继仿效这一课捐办法，从此"厘金"在全国逐步推广。此举将清王朝从财政枯竭的边缘拯救回来，可算得上是晚清"中兴"的第一良策。

读书人，尤其是有奇才的读书人，性多耿介且固执，这一点在钱江身上显得尤为突出。他总是执着于自己的意见，而不懂得圆滑妥协。于是，在以后为雷筹募的时间里，二人多有争执，每一次钱江都不因对方是主官而稍有退让，总是梗着脖子坚持"真理"，于是二人的嫌隙越来越大。另外，像钱江这样的人，更是不懂得腐败官场的生存之道，因此引发了许多排挤与疑忌，这都为他日后的悲剧种下了祸根。

关于钱江的最终结局，同样是众说纷纭，至今难有定论。一说1863年6月的某一日，钱江终于在一次争执中彻底触怒了雷，加之另一幕客从中挑唆怂恿，雷将钱江以"跋扈恣肆，乱陈图谶，蓄意谋逆"的罪状杀害，并上报朝廷。据说后来朝廷为钱江平反说是错杀，并用黄金铸一金头下葬，且钱江共有72座坟墓，36座在杭州临安，另36座在雉城西朱砂岭一带。还有一种说法是钱江并未遭戮，而是连夜出逃，落发为僧，并言之凿凿地说他法名"小颠和尚"，在广济县（今湖北省武穴市）广收弟子，其中以饶汉祥、郭泰祺、刘文岛等最负盛名。这大约算得上和建文帝或李自成的最后结局一样，令人产生无限想象了。后一种说法显然有"英雄不死"的美好愿望与寄托，同时也为钱江的传奇人生再添了传奇色彩。

瓜瓞绵绵：大西街王氏六百年

对于研究长兴乡邦文化者而言，大西街王氏是个绕不过去的家族。这个家族自明初从安徽滁州迁徙而来、定居繁衍，六百年间，贤达辈出，以清正传家、诗书继世，是典型的江南书香门第。尤其在清中晚期，更是臻于辉煌。当时大西街的两侧及不远处的中西街分布着王氏家族的各个支脉，如嘉寿堂、锦寿堂、仁寿堂、世寿堂等，因此长兴素有"北半城王家"之说。这个家族及家族子弟的努力为长兴璀璨的历史文化星空增添了几许光辉。

1357年，朱元璋手下大将耿炳文攻占长兴，这个战神级的人物在此屯兵筑城，一守就是十年，另一位元末枭雄张士诚手下的名将在他面前一败再败。耿炳文后封长兴侯。耿炳文手下有一员幕宾，便是长兴大西街王氏的始祖王彦诚，因"佐耿炳文守城有功，遂家焉"（载《同治长兴县志》）。

王彦诚晚年得子，取名王瑄。王瑄，字廷璧，堪称大西街王氏的奠基之人。永乐六年（1408年）中举人，十三年（1415）中进士，"夙工书，行、草俱胜，年近古稀犹能灯下作蝇头小楷，神明不衰，时人谓能仅见云"。或许是长兴的山水滋养了他的正直品性，又或者是出身寒微的读书人多知民间的疾苦，王瑄在历任兵部主事、刑部郎中、湖广副使、按察使等职时，廉洁爱民，多有惠政，史载："已值岁祲，赈恤流亡，修复昆山常熟水利，民甚德之。""击搏豪强，谳狱平反良多。"有一则事例尤其能说明他深受人爱戴。王瑄任兵部主事时，有一次监牢中有人越狱，但数十个重刑犯坚持不走，他们说："我们之所以不冒险越狱，是因为我们相信王郎中一定会秉公处理，查明案情。"王瑄晚年称病还乡，依然秉持着高尚的为官节操帮助乡里，"杜门不至州邑。里中有遗骼，舍山为冢，令僧徒瘗之"。王瑄死后，葬长兴县城外西北郊的菱山。

父母的榜样作用是最好的教科书。王瑄勤勉笃学、当官为民的品行对两个儿子的成长起到了很好的潜移默化的作用。长子王俣和次子王僖都学有所成。王俣，字大用，景泰七年（1456）丙子举人，成化二年（1466）丙戌进士，任南京兵部主事。王僖，字太和，成化四年（1468）戊子举人，任句容知县。王瑄之女，嫁给了长兴望族臧家的第一位进士臧琼。

王俣这一脉经过较为平淡的三代，至他的曾孙王应宗，复又兴旺起来。王应宗教子有方，两个儿子王继贤、王继廉先后高中进士，带来了大西街王家的又一个鼎盛期。王继贤，字弓若，号笠云。明万历甲午（1594）举人，辛丑（1601）进士。工书善画，尤善画人物，有"不让陈洪绶"之誉，著有《笠泽堂集》。历任武昌、晋江、蒙城县令，清慎自持，不附权贵。迁南刑部主事，多所平反，后为扬州知府。死后入长兴本邑乡贤祠，晋江、蒙城两邑名宦祠。王继廉，字矜古，号铭韬，明万历己酉（1609）乡试经魁，天启壬戌（1622）进士。初任松江推官，擢升为刑科给事中。后因秉公执法得罪了权贵而致左迁外任，试中州，晋广东盐道，"摘伏剔弊，商蠹无敢法者"，累官至福建布政使右参政。

王继贤、王继廉兄弟的成功给大西街王家带来了新的荣耀，王家遂联袂在大西街上盖起了两座进士宅第，一座在今金陵路东，一座紧挨县学宫西墙，前临大西街（今县前西街），后靠城墙脚下，前后进深不下百米。宅第门前有旗杆石，宅内有多进房屋，还有花园、池塘。此后的数百年间，这两家的后人一直在这两座宅第里生息，长兴大西街王家也由此得名，而这两座宅邸至清代分别演变为嘉寿堂与锦寿堂。

王继贤的次子王道明为明贡生，考授鸿胪寺丞。后改授滁州知州，曾参赞史可法幕，擢兵部职方司郎中，诰授奉直大夫。由董其昌撰文并书的《长兴县熊侯生祠碑记》就由王道明题跋。王继廉的第二个孙子王祚振是清顺治丁酉（1657）举人，辛丑（1661）进士，先后在礼部及刑部为官。曾孙王贻毅，字武绳，号耕云，雍正二年（1724）甲辰岁贡生，著有《四书易解》《饮绿楼诗稿》。

世上几百年旧家，无非积德；天下第一件好事，还是读书。忠厚传家、诗书继世的大西街王氏，在经历了清初短暂的平凡以后，在清朝中叶随着锦寿堂王德元在嘉庆癸酉（1813）中举而再度振起。王德元，原名敬所，字作斋，"工制艺，妙笔清思，出人意表。有才识，喜奖励后学，执经问业者，恒满坐"。曾任青田县教谕。王德元之于家族的功绩不仅仅在于他的成就，更在于"课子有法，后嗣皆绩学有声"，使家族终因学问和科举而实现中兴。相传王德元的长子王书勋、次子王书瑞幼时和别的孩子一样，并不喜欢整天苦读，为了教育他们，王德元专门请人编了两个能容下一个人的竹笼子，声言要是他们不好好读书，就把他们装进竹笼子，浸在家门前的箬溪河水中以示惩戒。由此可见家教之严。就是在这样的家庭教育环境下，王书勋、王书瑞在他们13岁、14岁时就中了秀才，并先后在道光二十五年（1845）和三十年（1850）考取进士。

王书勋（1812—?），字蔗生，号小沂，曾任安徽天长知县。咸丰二年（1852）安庆、南京被太平军攻占后，家乡长兴兵荒马乱，因家中老母需人照料而辞职回家。同治三年（1864）左宗棠收复湖州，被任命办湖郡善后事宜。后执掌湖州爱山书院。

王书瑞，字云史，中进士后授工部硝磺库主事。1860年，英法联军占领天津，进逼北京。咸丰帝从圆明园仓皇逃往承德避暑山庄。在此国家危难时刻，王书瑞不计个人安危，毅然坚守岗位，总办全国军需给养事务，事后叙功行赏时官加二级，累迁为营缮司郎中。后任御史，分赴各地督察。同治二年（1863），王书瑞因母丧回长兴守孝，当时的浙江巡抚左宗棠得知这一情况后，就下文让王书瑞负责处理长兴战乱后的善后事宜，并主讲箬溪书院。由于战乱的影响，战前有30多万人口的长兴在战争中人口锐减至不到3万人，土地荒芜，百业凋敝。有鉴于此，王书瑞给浙江省抚台写信，请求免除同治四年（1865）长兴县向京城供应漕粮及物资，并请求给予援助。他还直接给皇帝上疏，请求减免长兴的赋税。同治五年（1866），授江南道监察御史，后迁刑部掌印给事中。在此后的十余年谏垣生涯中，王书瑞条陈国是，用心尽力。如疏陈太湖水利、论劾织造白丝浮收等，皆言人所难言。晚年更在"杨乃武与小白菜"案中不媚权贵，为民请命，秉公直谏而为后世所知。

"杨乃武与小白菜"一案经浙江官府四审几乎已做成铁案，但好在此时上海《申报》登载了杨乃武妻子及姐姐的申诉材料，可谓一起冤案震惊宫廷内外、大江南北。在此重要时刻，王书瑞向皇太后、皇帝送上奏折，主题为"问官复审重案意存瞻徇，请派大员查办"，说："谕旨饬交抚臣杨昌浚同臬司亲提讯奏。臣近闻该抚委员复审后，葛毕氏及钱宝生等俱已供出实情。虽累用严刑逼供，而葛毕氏仍坚称误信人言，因仇误攀，实与杨乃武无干。"这是先点出审理的问题。"该委员等明知事有冤抑，只以回护同官，碍难从实办理，不承审此案，现俱设法脱身，以致日久未能昭雪"。又称："该问官自揣情虚，——冀杨乃武等或有一事故，便可含糊了结。"指出问题症结所在。下面又明确提出下一步审理的建议："并恳天恩，先饬浙江抚臣杨昌浚，严饬承审之员，将杨乃武、葛毕氏案内要证妥为看管，——倘有监毙等情，即治该员等以应得之罪。"王书瑞的上述奏折有理有据，建议切中要害，皇太后即日谕旨各方。随后经过浙籍京官的持续努力，终由刑部提审此案。刑部经过审查卷宗，讯问犯人，调查证人，开棺验尸，最后确认葛品连为因病而终，并非中毒致死。一起历时三年多的冤案，终于水落石出，真相大白。

良好的家风是引导家族前进的精神力量。王书瑞"清廉刚正，不媚权贵，志济苍生"，其子孙虽然未未显达，但书香绵延依旧不衰，正直品性数代传承。长子王世芬（1832—1889），字诵之，一作补之，号桂青，咸丰十一年（1861）拔贡，以画自娱，数十年不辍。善画梅，画风工致秀逸，肌骨俱爽，得金俊明之神韵。四子王世孚曾任长兴县县学学官。孙王旭晨曾任民国初年的长兴县劝学所所长、长兴县教育局局长。曾孙王念洙曾任湖州师范附小校长、长兴县教育科科长。晚清到民国初的100多年间，这个世系的几代人都在为培育桑梓后生而努力。

大西街王家的另一支嘉寿堂专心绘事，丹青传承。仅王沅一家，就先后走出了王沅、王毓辰、王毓奎、王承吉、王承田、王羽仪四代六位丹青翘楚，领一时风骚。在后面的篇章中将做专文详述。

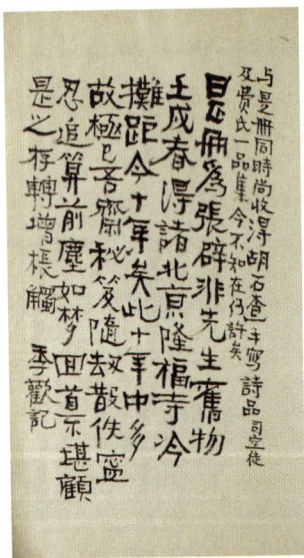

王修在其藏明刻本《宝颜堂祕笈》上题跋，此书曾由乡人张度收藏（周凤平供图）

大西街王氏的仁寿堂则是家族的后起之秀。仁寿堂在长兴城内中西街的老家有一座三层楼的藏书楼，这是当年长兴城的地标性建筑。"三层楼王家"由此闻名遐迩。其代表人物即被称为"浙西三名士"之一的王修。因仁寿堂的兴盛主要在民国时期，故此节只作简略提及。

1937年11月25日，长兴沦陷于日军的铁蹄之下。县城连烧七天七夜，王家在长兴城内经营了近600年的诸多家业，包括嘉寿堂、仁寿堂、世寿堂、小雅堂等悉数被付之一炬。大西街王家传统的聚族而居形式也逐渐转变为在祖国的大江南北扩散发展。

水墨天成：晚清长兴书画名家

　　所谓"一部中国书画史，半部在湖州"，与湖州同受天目余脉荫蔽和太湖之水润泽的长兴，书画篆刻艺术同样源远流长，名家精品代有所出，艺术传统绵延不绝。尤其是晚清时期，因为国事纷扰、战乱频仍，张度、王毓辰、王毓奎、严诵三这些长兴人的金石书画嗜好际会了时代风云，个人才艺契合了社会风尚，天纵其才，才尽其用，他们用手中的湖笔与刻刀蕴成了一幅幅生气氤氲的作品，展示了千年中华文化的精神气度，既成就了自己，也成就了艺术。

　　在晚清时期的艺坛之上，向有"南吴北张"之说，岁月的沙漏流逝着无声的时光，历史的长卷记载着永久的辉煌。经过时光的磨砺，吴昌硕因其艺术成就而在中国书画史的坐标上鲜明地刻上了名字，而张度长久以来湮没不彰。这不得不令人感到一些遗憾。

　　但，在一代大师黄宾虹的视野里，这位晚清的金石篆刻名家并没有因为"湮没不彰"而被忽略了成就。《黄宾虹文集》中屡屡提到张度的名字，并把他视为"道咸画学中兴"的代表画家，与何绍基、包世臣、赵之谦、翁同龢这些书画史上大名鼎鼎的人物并列。黄宾虹尤其

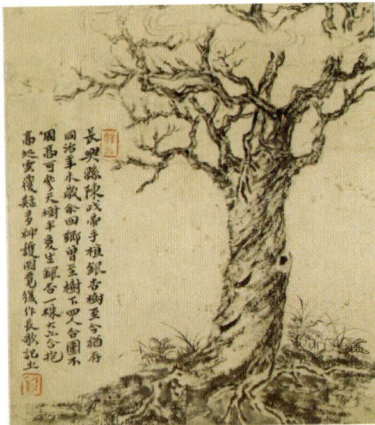

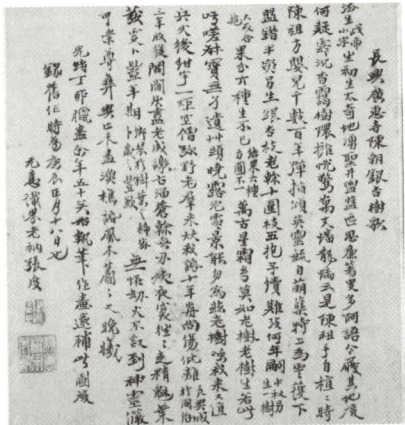

张度作品（沈月伟供图）

推崇张度"以金石入书法，又以书法之笔法入画法"。

张度（约1830—1904），字吉人，号叔宪，又号辟非，晚号辟非老人、抱蜀老人、松隐先生，自署无意识老衲，长兴夹浦奕阜村人，曾官至清兵部主事、湖南候补知府、刑部郎中等职。张家是长兴望族，张度的祖父在京为官数十年，张度也随居京中。张度自幼勤学不倦，少年即精于鉴别古今书画，精小篆，工书画。这样一位才华卓绝的少

张度《溪山无尽图》（局部）（长兴县博物馆藏）

年却在科举之路上行进得十分艰难，数次科考不第。所幸的是，张度并没有太过执着于功名之路，反而是潜心于金石书画的钻研，并乐此不疲。

张度的书法初学汉碑等碑帖，继获汉《梁鸿孟光之墓碑》《抱蜀碑》，临习不已，书艺益精，尤工八分，笔姿恣横。所书《公方碑》，淳朴而华茂，拙朴而多变，自成一家。大量汉魏碑刻的临写让张度的书法金石气十足。

对于绘画，张度算是一个迟到的大师。据说他"年逾五旬，始从事绘画"。山水笔意沉着，设色古厚，所作人物有汉画像意。晚年他在北京任职期间，京畿仕宦之家，竞相求取其书画，以获者为荣。张度的绘画涉笔即古，特出俗流，除了源于他对金石书画的长期收藏研究外，主要得益于他深湛的书学功底。此即黄宾虹所谓"古人善书者必善画，以画之墨法通于书法"，"用笔之法，书画既是同源，最高层当以金石文字为根据"。

晚年张度，对故里一往情深。光绪十一年（1885），他捐资扩建箬溪书院，建房屋80余间，有大小书厅、讲厅、大操场、荷花池等，庭

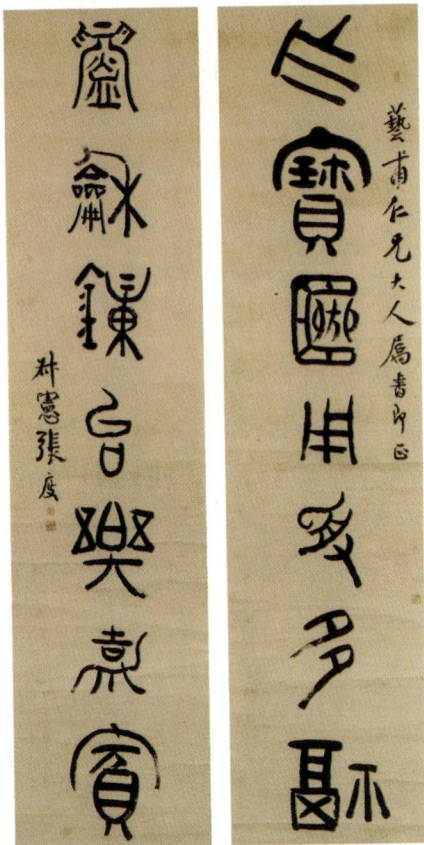

张度钟鼎文七言对联（长兴县博物馆藏）

楼处处，树木葱葱。那时，张度的书法得之不易，但每有长兴之亲戚乡邻索讨，他一般都会欣然提笔。

王毓辰是与张度一样负有丹青盛名的晚清长兴书画名家，二人还有姻亲之谊。王毓辰的出色不仅在于个人的艺术成就，还在于以家族丹青传承的形式崛起于晚清的中国书画界。这个赫赫有名的长兴大西街王氏嘉寿堂，在100余年间接连涌现了王沅、王毓辰、王毓奎、王承田、王承吉、王承湛、王羽仪等书画名家，丹青风雅，绵延不绝。

王毓辰的父亲王沅是清嘉庆、道光年间人，名深，字亦山，号竹卿。"善书画，仿宋人笔"，尤其以擅长绘画绿竹翠鸟而名扬当时画坛。在家庭的熏陶和父辈的悉心栽培之下，王毓辰、王毓奎兄弟青出于蓝。王毓辰（？—1890），字伴青，号振轩。同治六年（1867）举人，官景山官学教习。但蝇营狗苟的官场显然并非王毓辰的心仪之地，做了几年了无趣味的官吏之后，王毓辰选择归里讲学，主讲箬溪书院。教授之余，便潜心书画，史载他"工书画、金石，花卉、人物靡不精妙，最长山水，以倪瓒、王蒙、查士标诸大家为宗"。苏州留园的五峰仙馆中尚留有他的题字。

王毓奎，字少竹，号聚轩。咸丰初以国子监生援例得府经历。他

"工书画，山水磊落，颇有奇致"。

尽管经历清末时事的更迭后，嘉寿堂王氏子弟不得不四处流离，但家族的丹青血脉仍然在平静地流动着。王毓辰的子侄辈及孙辈都继续着这个丹青世家的辉煌。王毓辰长子王承吉（1882—1944），字蔼人，清宣统元年（1909）己酉拔贡，入国子监，供职户部。民国初任北洋政府土木司主事。后任职长江水利委员会，负责编辑长江水利沿革史。再后在敌侨管理收容所（第一次世界大战后设）工作，获北洋政府奖章。1927年，在北京博物馆工作。王承吉幼受庭训，爱好书画，尤其对书法用力甚勤，擅长行楷，颇负时誉。晚年收藏不少碑帖和300余件名人书札，皆亲手编写目录，装裱成册。中华人民共和国成立初期，其子女将所获名人书札全部捐献给国家。王毓辰次子王承田（1885—1955），字砚农，号半耕、髯翁，民国初就读于上海艺专，并入西泠印社。1947年发起成立"箬苏书画社"，并任首任会长。王承吉的儿子王羽仪，高中毕业考入南洋大学堂，攻读铁路机械。1928年赴美国普渡大学进修，获硕士学位。王羽仪自幼爱好国画，曾从王梦白学习写意花鸟，兼习写意山水、人物。早年所作花鸟信笺，曾被荣宝斋以木刻印行，并为鲁迅、郑振铎合编的《北平笺谱》所选用。1937年曾游历长江三峡及西南各地，始作山水画，偶以写意笔法作风俗画，代表作为《旧京风俗百图》。

晚清时期既是中国最为灾难深重的时代，同时也是孕育希望的年月，在时代变革的激流中，无数敏锐的要"救中国"的有识之士在汲汲于吸纳西方的科技文明之时，又自发地传承着中华传统文化中的精华，如书画艺术。长兴人严麐即是如此。

严麐（1885—1926），名玉麟，字诵三，亦署颂珊，1885年出生于长兴县雉城镇仓前街一户商人家庭中。自幼投塾师徐紫敖门下，勤奋好学。清光绪三十一年（1905），严麐20岁时考取了光绪乙巳科秀才。也就在同一年，全国废除了科举制度，推行学校教育。严麐敏悟，感到自己新兴科学知识不足，仅凭秀才身份难以施展才能，便毅然只身负笈赴沪，学习外语和化工。当时中国新式工业还很落后，甚至连肥皂也不能自制。严鏖在沪孜孜攻读外文、化工书籍，领会了制造肥皂的原料配方，被上海乐方肥皂厂聘为工程师，为该厂创制了优质名牌腰圆形兰花肥皂。因为品质上乘，价格低廉，成为当时江浙一带市场上的紧俏商品。

在工程领域的成就并不能掩盖严鏖在书画艺术上的成就。严鏖幼读私塾，精勤不怠，打下了良好的诗书画功底。来到上海后，更是遇见了后来成为海上画派领袖的吴昌硕先生，长相探讨，受益匪浅。二人虽相差41岁，但因为同为湖州乡党，并且志趣相投，遂成忘年之交。有传每逢周末，严鏖便去吴寓，与吴昌硕推敲绘事、探讨技法、交流心得，此后其对书画愈钻愈精。严鏖之画，以徐渭、恽寿平为学习主体，兼及石涛、李鱓诸大名家画派风格，广收博采，融会贯通，同时吸收西洋画注意受光面的特点，因而他画的花卉或翎毛，都能光彩夺目、栩栩如生。他尤擅长写意花卉，兼工虫鱼。笔法劲健，设色清新，气派豪放，具有清逸冷峻、潇洒不俗的风格。他的书法，则取法汉隶、北魏，加以融化，自成一体，别有风趣。吴昌硕对严鏖很是推重，亲自为其订定书画润格，每尺十元，这在当时润格中属高档级次。他的印也多为吴昌硕所刻。甚至有人推测，吴的画作许多都由严代笔。无论事实是否如此，严鏖不仅与吴昌硕交情深厚，而且画风接近，画作水平已达"几可乱真"的境界，则是不争的事实。

艺术的基因往往会得到良好的传承。严鏖之后，他的嗣子（其三弟立三之子）严济勋也精于绘事，曾任长兴箬溪书画社社长。严济勋，号梅翁（1920—1994），早年曾到上海拜谒吴昌硕关门弟子王个簃，与吴昌硕长子吴东迈多有交谊，以擅画梅著称。

江山风雨：太平天国运动在长兴

  长兴地处苏浙皖咽喉之地，这就注定了它必将承受兵燹战乱之苦。在风起云涌的太平天国运动里，长兴自然也不能幸免。那一场场浴血搏杀、冲锋陷阵留在了长兴这片土地的深刻记忆里。在那些风雨如晦的年月里，这座吴地江南城市经历了前所未有的阵痛，血雨腥风在历史的风吼里肆意蔓延。1860—1864年，太平军六占长兴，忠王李秀成、英王陈玉成、堵王黄文金、辅王杨辅清、襄王刘官芳以及郭松林、王永胜、刘士奇、李朝斌等风云战将，都在这片土地上留下了战斗的足迹。

  1860年的春天之前，太平天国运动的浪潮已席卷了大半个中国，但长兴似乎还能置身事外，只是从那些外地归来的人们口中探听到一些"长毛造反"的信息，但最多也就是茶馆闲聊中的一些谈资而已，没有人相信风浪会瞬间来到。人们一如既往地日出而作，日入而息。

  此时的长兴官民一定不知道，为解天京被清军江南大营之围，一个"围魏救赵"的经典作战方案正在天国的最高军事会议上被讨论着。干王洪仁玕明确了此次战役的指导思想："此时京围难以力攻，必向湖杭虚处，力攻其背，彼必返救湖杭，俟其撤兵远去，即行返旆自救，必获捷报也。"在这次会议上，军事地图上浓重地圈出了"长兴"二字，因为这是由安徽进入浙江，进而攻取杭湖的关键之地。

3月3日，太平军李秀成部在安吉梅溪大败驰援长兴的清总兵李定泰部之后，乘胜攻占泗安镇，大破清参将周天孚部，周天孚败退湖州。5日，太平军再败清军于虹星桥，斩清都司李培基。清军丢盔弃甲，太平军势如破竹，忠王李秀成、侍王李世贤会师长兴城，长兴第一次脱离清王朝的控制。

4月1日，长兴数万地方武装进攻长兴，被太平军击退。

虽然李世贤部于4月5日就退出了长兴，但长兴从此不再安宁。6月7日，辅王杨辅清自江苏宜兴再占长兴。14日，退出。

7月7日，英王陈玉成自苏州绕太湖西岸，经江苏宜兴三占长兴。

11月2日，李秀成部水师炮船自江苏宜兴占领夹浦。同日，襄王刘官芳由余杭攻入，第四次占领长兴城。

1861年2月14日，亦即咸丰十一年（1861）的大年初五，新年的鞭炮与枪炮齐鸣，湖州地方武装赵景贤部攻陷长兴。李世贤部由长兴城向泗安撤退。

5月13日，辅王杨辅清卷土再来，其部蓝以道第五次占领长兴，6月16日退出。

10月27日，襄王刘官芳由宜兴入浙，第六次占领长兴城，其部水师统领胡光奎率炮船300余艘自太湖占夹浦。此后一直到1864年6月27日太平天国长兴保卫战失利，这位曾在金坛大败戈登洋枪队的襄王一直是长兴的最高军政首长。

在两年零八个月的时间里，刘官芳在长兴勉励经营，长兴百姓总算是安稳下来。他禁赌禁烟，张榜招贤，长兴社会为之一新。同时，刘官芳在长兴县全面推行乡官制度。按太平天国制度，县设监军一人，管理地方民务，由人民公举本地人产生。基层分别设军帅、师帅、旅帅、卒长、两司马、伍长等官，以料理基层民事，也都由本地人充任。乡官制度的推行不仅加强了太平天国的基层政权建设，而且为军队的军需供应提供了保障。另外，他还十分注重扶持工商业发展，在鸿桥（今洪桥）设立买卖街。胡长龄在《俭德斋随笔》中曾有记载："其实民贼贸易，都在鸿桥，始则傍岸结茅，继则砍桑为屋"。新开的店铺很多，客商往来亦众，鸿桥附近的几个小镇，"虽亦有小市面，不若鸿桥之辐辏也"。由此，长兴商业繁荣，夹浦关卡，来往客商络绎，有时一夜停船200余只，日收税银数千两。

平静的时日总是显得短暂，随着太平天国的内讧和清军的反扑，太平天国江河日下，大片的土地和城池纷纷陷落。1864年6月6日，长兴保卫战打响。此时艰苦卓绝的湖州保卫战已经持续了将近两个月，血流成河，尸横遍野。

清青铜炮（太平天国运动时期"湖州保卫战"湖防局赵景贤监制的铜炮）（长兴县博物馆藏）

6月6日，江苏总兵李朝斌率领太湖水师从洞庭西山攻陷长兴夹浦，开始进犯长兴，夹浦守将列王江某战死。14日，淮军提督郭松林、刘士奇又陷长兴上莘桥、跨塘桥，与总兵杨鼎勋、王永胜分三路进逼长兴城。太平军在襄王刘官芳的指挥下，奋力反击，终将悍敌击退。但长兴兵单，只能求援。20日，湖州守将堵王黄文金亲率2万太平军由东南路来援，直达长兴城下。与此同时，黄文金又令其弟昭王黄文英自广德、泗安率四五万太平军由西南路来援。一时之间，长兴竟围聚了近10万大军，双方在鸿桥、跨塘桥、磨盘山等地连日大战，咆哮呼喊声、鼓角声在长兴大地彻夜不停。

几个回合的厮杀之后，胜利的天平逐渐地倾向于清军一方。25日黎明时分，清将王永胜率水师由夹浦绕至新塘口，包抄太平军的后路；郭松林率清军在五里桥阻击湖州来援的太平军。纵然太平军英勇奋战，但无奈腹背受敌，鸿桥、跨塘桥沿河傍山的营垒被摧毁殆尽，将士阵亡数千。广德、泗安来援之太平军同样受到清将刘士奇的阻击，阵亡近万。26日，长兴城被清军围得水泄不通，正当清军准备架浮桥攻城的危急时刻，堵王黄文金遣大军来援，但又遭清军分路阻击。27日黎明，清将郭松林、李朝斌及佩雷的洋枪队猛攻长兴城，北城墙被轰塌十多丈。守将襄王刘官芳毫不畏惧，亲率将士奔赴缺口，迎头痛击冲进来的敌人，并将燃烧的火药桶向敌人掷去。这场血战之后，尽管太平军毙清军参将向大鹏、游击周金才等，清军"死于城下者尸积成堆"，但已经无力回天。此时，随着淮军提督郭松林率宋德鸿首先攀城而入，南门、东门、西门都已出现了清军。太平军四面受敌，已无路可退。是日中午12点，长兴失守。

幸存的万余太平军从西门杀出一条血路冲出长兴城，一路向西准备经泗安入安徽再图后起。当年太平军第一次进长兴的首胜之地在泗安，而这次，这座千年古镇成为万余太平军的墓地。黄昏时分，人疲马乏的太平军到达泗安，但此时通往安徽的唯一通道顺兴桥已经被清军占领，以逸待劳的清军正张开大网准备给太平军以最后一击。一方要做困兽之斗，一方要全歼敌军，这场战斗直打得昏天黑地，整整一个夜晚，枪炮声把整个泗安似乎都要炸裂了，火光把整个泗安照得如同白昼。直到第二天的黎明时分，响彻了一夜的喊杀声才在泗安的各个角落逐渐平息。此时，泗安塘灌满了红浆，红浆激起的红浪，泼红了两岸所有的树和草丛。那场惨绝人寰的战斗，以太平军的万人坑和清军胜利的旗帜飘扬而告终。

历史的车轮总要滚滚向前，并不因战争的血流成河而戛然而止。

战后的长兴，太平军的统治已经灰飞烟灭，大清的长辫子还要留上一些时日。但长兴的百姓遭受了巨大的伤痛，战前的37万人口或死亡或外迁，十室九空的长兴成了一座名副其实的孤城，不足3万的人口显然与1400多平方千米的土地不相匹配。于是，清政府一面鼓励外逃到长江以北至黄河流域一带的长兴土著返乡，另一面则谕令各主要垦荒省区迅速"招集流亡，垦辟田亩"，长兴近代史上一场规模空前的移民浪潮掀起，河南、安徽、湖北、浙江宁绍台温等地区的百姓陆续迁徙而来，并绵延百年。据民国年间的调查数据，长兴县人口构成"以河南籍为最多，占百分之四十以上，本地籍占百分之四十弱，余均台、绍、温、金、湘、皖、江北等籍"，并逐渐形成"本地人住城镇，安庆人住高山，平阳人住丘陵，河南人住田畈，苏北人住港滩"的格局。

南北交融：长兴的"移民文化"

移民是长兴历史上引人注目的现象，深刻地影响了其历史文化，孕育了具有长兴特色的地域文化。

长兴背山面湖，地势雄峻，襟带三省"门户"，历史上是兵家必争之地。特别是动乱较为频繁的宋、元、明、清时期，由于兵燹火不断，人丁骤增骤减。同时，长兴有山有水有平原的地理环境，给前来移民的劳动者，提供了诸多选择余地。政府多次移民、民间自由流动，使长兴成了"移民县"。长兴早期较大规模的移民与晋室东渡、宋室南渡相伴，通常以家族为单位，不仅带来了中原的技术与文化，还强化了家族文化的色彩，一些移民家族的成员甚至影响了中国历史。元末明初，朱家王朝为削减元末统治者的残余势力，把京畿内的蒙古皇族移居太湖边，赐"钦"姓，后来"钦"姓一族繁衍成长兴的名门望族；太平天国战争后，长兴人口锐减，河南、安徽等地大规模移民长兴；还有就是新中国成立后新安江水库建设、长广煤矿招工、三峡工程建设时也有一批移民来到长兴。

晋室东渡建都建康（今南京）时，大批士族豪门也迁至南京及其外围地区，长兴的一些大家族如陈家、王家等就是这些由北而南下的代表。晋室东渡时，陈家祖先、太尉陈伯珍渡过长江，定居曲河（今江苏丹阳县）。其孙陈达担任长城（今长兴）的地方官，全家遂定居今长兴下箬里。梁武帝天监二年（503），陈达后代陈霸先诞生。太平二年（557），陈霸先在建康建立陈朝，此后陈姓就成为望族（明万历年间又一支陈姓分支由浙江海宁迁来长兴槐坎六都村）。王姓的发展则源于晋朝的王导辅佐元帝渡江后，在江南繁衍成为王氏大姓，长兴也有其中的一部分。晋朝，长兴有潘姓定居，故族人自称晋潘，分支多在今林城、白阜、东埠、大芥口一带。韩姓，祖籍山西太原，于西晋太康年间（281—289）始迁来今长兴白岘水曲芥，其分支散布于今吴芥口、仰峰芥、青岘岭、吕山胥仓桥及花墙里一带。

两宋时期特别是宋室南渡建都临安（今杭州）后，湖州成了"陪都""后花园"，相应的，长兴也有一些北人南迁而定居。据《长兴县志》载：宋高宗南渡后，赐姓为钦。其族人由福建迁入长兴横山小沉渎等地。《长兴县地名志》记载：明初，皇帝钦命元代皇族迁太湖长兴，赐姓钦。一户京畿蒙古皇族变成钦姓人家落户在此，后发展成钦家浜村。宋太宗雍熙四年（987），一批胡姓人氏来长兴县定居。宋时，一支徐姓由江东（今吴县）迁入今长兴县煤山尚儒村。南宋初年，有一支杨姓随同宋室南迁，定居长兴。南宋太师李舜臣，退隐后不回成都，族人定居上田村，发展成了今日的李家巷。据悉，川浙李家如今已联谱联宗。长兴的胡姓，始于宋太宗雍熙四年（987）来长兴定居者。长兴的望族臧姓，先祖臧谟在宋宝祐年间（1253—1258）官知徐、兖两州事，值兵乱致仕后，为长兴山水吸引，遂迁居到今夹浦，其所住的村子因此得名臧家村。长兴的朱姓，源于宋朝理学家朱熹的孙子朱钰为长城令，后在长兴定居下来。在白溪建有朱家祠堂，近年有韩国朱氏前来归宗认祖。明代文人、朱家后裔朱升，在朱家祠堂的白溪村建有白溪画庄。杨姓出自姬姓，东汉时，开始播迁长江北。唐末，为避中原之乱，渡江南迁，部分族人定居长兴。南宋初，又有一支杨姓随同宋室南迁，在长兴定居。故长兴的杨姓始出一祖而非同支。如今在长兴杨姓后人集聚的地方，有以他们姓氏而得名的杨家坽、杨家桥、杨家村等。长兴的孙姓，第一支在唐末由河南陈留地方的孙姓举族南迁而来。到元朝时，又一支孙姓来长兴定居。

元末明初，长兴是军事重地之一。朱元璋的将领耿炳文取得胜利占领长兴后，修建了县城。其后，有部分移民在不同的年代陆续迁来。明初，一位叫"李君祥"的人入赘今长兴大午山，其子孙后分布于今长桥下泗，虹星桥下全（下前）、山里，蠡塘徐庄等地。明永乐时期，著名文学家、思想家方孝孺因拒绝为起兵"靖难"而夺取了皇位的燕王朱棣草拟即位诏书，遭灭十族（九族加门生），遇难者达873人。但方家并未因此"断根"，据湖州书法家方兴国介绍，其祖居长兴县和平镇方家庄，大都也是方孝孺的后裔。当年闻悉方孝孺被杀，方孝孺的若干后人逃到和平山区，落户后，村名也因方家人集聚而得，并有家谱可以佐证。明成化年间（1465—1487），洪桥顾家第五世孙顾昶，挟扁仓术至苕霅，悦其时长兴的清丽山水，始迁居长兴顾家潭，繁衍子孙。明代刑部尚书、著名文人顾应祥为其后代。随着家族人丁的兴旺，后来顾家人四处分居在今二都仙洞、画溪桥、南街刘清惠公牌坊、顾家田畈村、县城大东门白云桥、南门黄塓桥、光阳桥、钮店桥、拦皇坽、周家桥、竹桥村、芦家荡等16处。元朝至正年间，范忠（字道安，号玉峰）为湖州路总管拜武烈将军，因家安置在弁山之西，遂"置义田以合族，立义学以训后"。该地方后来因为范姓"子孙聚衍称范湾"。

太平天国运动波及16省，一度占领城镇600多座。苏、浙、皖三省为主战场，而长兴处于三省交界地区，是太平军和清军往来三省的必经之地，因而成为双方争夺的重点地区之一。所受创伤之巨，人口死亡及流徙之多，在长兴历史上是从未有过的。根据长兴地方史志记载，长兴在嘉靖元年（1522），有30296户、53142人；嘉庆八年（1803）全县有95494户，人口360064人。有专家推算，按这样的人口繁衍速度，咸丰元年（1851）长兴人口约有47万。但经过了太平天国运动以及之后频繁发生的蝗灾、饥馑和瘟疫，长兴遭受了巨大的灾难。清官员吴煦在《致窦蔗泉函》内描述："弥望荆榛，赤地千里，各处屋宇人民不过十留一二。"咸丰年间（1851—1861），长兴是太平军与清军重要争夺地区，人口锐减，到同治六年（1867），长兴县人口10512户、21969人，为汉朝以来人口数量最低点。

太平天国运动后的移民潮，在浙北长兴等地持续了半个世纪。移民长兴最早始于清乾隆年间，在太平天国后形成了高潮，迁入者约占当地总人口的70%。

其迁移的过程分为招垦和自行迁入两个阶段，本地区因此逐渐形成了土客杂处的格局。同时还有少量人口外迁或在长兴县区域内部迁移，也有与太平军作战胜利后的部分湘军、淮军官兵留在了长兴。

辛亥革命以后，长兴的移民故事继续上演。地方史志记载：1923年秋冬，长兴煤矿从北方诸省及湖北招来矿工500余人；1932—1937年，宁益银团办矿时又招收外籍矿工3615人。

1968年底，因建新安江水库，长兴接收本省建德县移民1557户、8106人，分布于原管埭、天平、畎桥、包桥、二界岭、长潮、泗安、林城、和平、长城、便民桥、观音桥、蠡塘、虹星桥、长桥、城郊、后漾17个乡镇的145个村，以管埭、畎桥、包桥乡居多。到1972年，实际定居的移民为7298人。

1970—1973年，浙江省发生第二次"夺煤大会战"，长广煤矿公司招收了温州、金华、宁波、绍兴等地职工10087人。1984年、1985年，长广煤矿公司从外县农村迁入职工家属4528户，共14383人。

1986年、1987年，长广煤矿公司井下工人的农村户口家属中，有1494人从外地迁入长兴，转为城镇户口。

2000年前后，为了响应国家号召，支持三峡工程建设，先后有三批143户共611位三峡移民迁入长兴县小浦等10个乡镇。

我们再来看看长兴移民的地域分布。

太平天国运动结束后，被裁撤的湘淮兵勇捷足先登长兴。此后，各地移民蜂拥而来。移民主要来自河南、湖北、湖南、安徽，苏北及浙江省东南部地区的温州、台州、绍兴、金华等地。到同治十一年（1872），长兴人口突然增加到35593户、79588人。除了部分战时逃亡人员战后返乡外，移民的进入是人口突然增加的主要因素。到光绪六年（1880），长兴县的移民数量已经超过土著。有人曾对长兴移民的分布特点做了一个歌谣般的总结："本地人住城镇，安庆人住高山，平阳人住丘陵，河南人住田畈，苏北人住港滩。"

从移民类型看：既有官宦、裁撤的湘兵淮兵、遣散和逃藏的太平军战士，也有商人、手工业者、艺人及前来垦荒的农民，其中以垦荒的农民最多。朱镇《长兴志拾遗》卷下《风俗》记载：长兴"自粤匪乱后，客民垦荒，豫楚最多，温台次之。农忙作散工者，夏来冬去，又数千人"。

从移民来源地看：长兴移民以河南人最多，而河南人中尤以罗山、光山为最多。

河南移民主要分布在三个地区：西南部的今仙山、管埭、长潮、天平、林城等区域；南部的今吴山、和平、便民桥等区域；中南部的今包桥、长桥、虹星桥、观音桥、里塘、港口等区域。河南移民在县内分布相对集中，如以小溪口为中心，方圆十里的几十个自然村的居民，大部分是太平天国运动失败后，从河南光山、罗山一带移民而来的垦荒者。

温州、台州移民主要分布在县内的今和平、水口、白阜、太傅、长潮、仙山、二界岭、白岘等区域，其中以太傅最为集中，附近13个行政村中有10个村为温州平阳移民的集居区。

苏北移民因多从事水产业，所以大的河港两岸就成为他们的主要活动地区。他们主要分布在长兴东北部太湖沿岸、长兴港、泗安塘、港口龙溪港、吕山港等所在乡镇区域。

安徽移民主要分布在今泗安、管埭、林城、水口、长潮、仙山、煤山等区域。他们在人口上不占优势，但来源广泛，除皖南的徽州府外，皖中、皖北的安庆、庐山、凤阳、和州、滁州5府州的12县均有移民迁居长兴，尤以桐城、怀宁、合肥、巢县等县为多。

湖北、湖南移民人数相对较少，主要从事水产业，分布在县城城郊的大桥头、雉城皇家湾等地。

移民对长兴的影响颇为深远。几个历史时期的大规模移民，给长兴带来了生产技术、经济和社会的发展，也带来了物种的交流、生产力的提高（开垦荒地）和商贸的繁盛。

商周、春秋时期，因为吴、越、楚在长兴的频繁战事，不同国度的人口移动、互迁、驻留。在战争的刺激下，铸铜业兴起，在印纹硬陶初步发展的基础上，生产出大量的青铜兵器和生产工具，由此形成了极具长兴特色的青铜文化。迄今从长兴地下出土了云雷纹青铜铙和"C"形纹青铜簋等604件青铜器（其中青铜兵器109件）。

战国时期，移民加之本地人的共同努力，使长兴制铁工业发展起来。其制铁工艺相当精湛，这从多年来长兴港、太湖水域出土的方折凹口銎宽体式铁犁、长方口銎铁锄、凹形铁臿等铁制农具上均可以看出来。铁质农具的广泛使用，大大提高了长兴先民农耕生产的效率，为秦汉时期的发展奠定了基础。

西晋末年"永嘉之乱"以后，黄河流域战乱纷起，东晋和南朝时期，中原人口纷纷南迁。长兴境内劳动力因此增加，一些先进的生产技术被引入，促进了生产力的发展。不同文化背景的规模人口移入，促进了经济、文化的交流和社会的快速发展。特别是农桑渔牧业，在两汉时期、东吴时期原有的基础上获得了长足的发展。矿冶、烧窑、酿酒等手工业作坊愈加兴旺。特别是到六朝时期，长兴的"移民子弟"陈霸先成为一代帝王，长兴更成了东南望郡。其时的长兴，农产品已是南北兼备，诸品杂陈，城镇相继出现并日趋繁荣，佛教文化在县境内十分兴盛。《陈书·宣帝纪》载，包括长兴在内的太湖一带"良畴美柘，畦畎相望，连宇高甍，阡陌如绣"。大量中原人的南迁，使华夏文化与吴越文化相互渗透、融合，促进了长兴文化教育事业的发展。偏安江东的东晋朝廷，比较注重发展地域经济，许多名门望族之士来到长兴为官，也推进了多方面的发展。

唐宋时期，移民的拥入，带来了经济社会的进一步发展，其时长兴有了"望县"之称。唐代，农业生产是一年一熟连年耕作制，此时成为提高产量的重要时期；到两宋时期，长兴境内普遍盛行稻麦二熟复种农作制，茶叶、采石、酿酒、陶瓷等产业在长兴持续发展，特别是茶叶和制瓷业。唐大历五年（770），水口顾渚紫笋茶被列为官贡茶叶，其后"外来者"陆羽隐居苕溪之滨，足迹遍踏"万山诸谷"，在湖州著就了旷世之作《茶经》。宋嘉泰《吴兴志》记载：长兴每年除向朝廷贡赋黄糙米、粳稻、绢丝、绵外，还上贡紫笋茶、金沙泉。此外，一批又一批"外来者""半移民""移民"如颜真卿、皎然、白居易、杜牧、陆龟蒙、皮日休、刘禹锡、袁高、杨汉公、张文规、陆游、王十朋、苏轼等纷至沓来，留下大量诗文与风雅故事、题词等，成就了长兴茶文化的辉煌，丰富了中华文化宝库。

明清以后，陆续有移民移入，对本地生产方式和城镇经济也带来较大影响。各地自然条件千差万别，形成了不同的各具特色的社会经济模式。移民不仅带来了丰富的物产，如白芏、甘薯、苞谷、兰靛等，还带来了物产的交流、生产力的提高（开垦荒地）、商贸的繁盛。明代中后期，长兴已有挖煤、炼灰、制砖、印刷业的文字记载，皆属于手工操作。荒地的开垦，带来了新的物种和技术的交流。特别是太平天国之后的100多年间，随着土客居民集聚一村一镇，彼此交游、通婚、生产活动上的联系也日益紧密，无论是客民还是土民，生产、生活的方式和习俗的沿袭，都没有尽然原汁原味，往往"你中有我，我中有你"，走向了某种"共同体"，"十里不同风"在今日很难找到典型的例证。

清末规模空前的移民浪潮后，在风土人情上，不同移民群体的风俗习惯在河南人、平阳人、安庆人、建德人、本地人之间，在时间的积淀中，相互影响：河南人的过年过节等习俗、客气豪爽的待人接物方式影响了本地人；本地人的勤俭、崇尚读书、善谋等也间接影响了移民。而温州平阳人擅长经营、做生意，则活跃了经济。

不同地区带来的文化互相交流、融合，影响、调整了彼此的思想和生活观念，使长兴文化呈现出一种雄健、开放的地域特质。民间文化上，河南的舞龙、舞狮、旱船在吸收南方元素后，使今天的长兴百叶龙舞出走向世界的风光；移民的望族、本地自然山水和地域文化的滋养，使文人纷呈（陈霸先家族的书法和作诗才能，徐家、臧家、吴家的诗人辈出）、书画群体涌现（王姓书画世家）；东晋等时期北方士族如陈家等的迁入、经受因地理区位导致的战争频仍之"洗礼"、战后"胆子大"的外地人拥入，使长兴的"武文化""体育文化"发展良好。历史上相当数量的武举人，原南京军区、原成都军区里的多位长兴籍军官，多位长兴籍奥运选手等体育人才，林城等地"武术之乡"的称号等皆是这种文化结出的硕果。

走在今日熙熙攘攘的长兴街头，你会发现一个奇特的现象：一群人聚在一起，七嘴八舌，但说话口音完全不同，有的说长兴本地方言，有的说着河南话，还

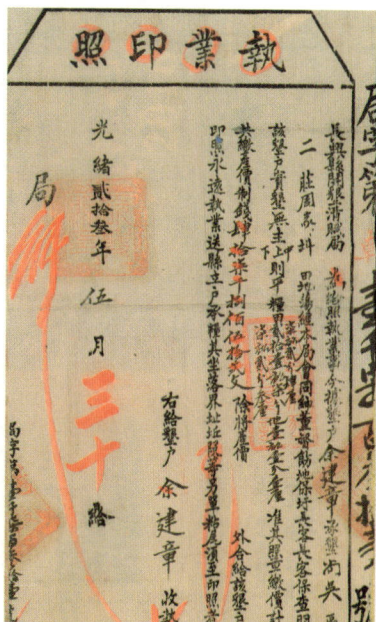

1897年浙江省长兴县开垦清赋局发给河南省罗山县籍移民余建章垦荒的执业印照（长兴县档案馆藏）

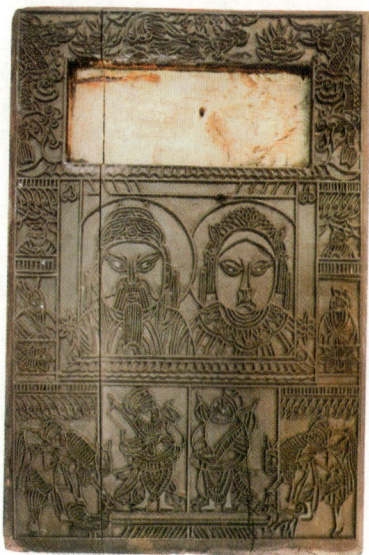

民国泗安徐家年画木雕版（长兴县文化馆藏）

有的说着苏北话、安庆话、闽南语，尽管如此，彼此交流却似无障碍。到了春节，你若在长兴的乡村走上一遭，同样会大开眼界：早上到邻居家里拜个年，主人会奉上很具长兴特色的甜茶、熏豆茶、绿茶"三道茶"；然后到乡村大舞台看民间文艺表演，河南特色的旱船、长兴特色的滩簧戏会轮番上阵，让你忍不住鼓掌喝彩；中午则可以喝上几杯温州平阳人的闽南红曲酒……这便是长兴，一座包容大气、具有和而不同的光辉魅力的移民城市！

第七章

风云大变革

民国

浙

江

文

史

记

忆

·

长

兴

卷

时光飞奔到了中华民国时期。作为江南蕴藏煤炭资源较为丰富的地区，长兴煤矿在1912—1937年间得以迅速发展，并一度成为长兴最有影响的一张名片，但在民族灾难面前，长兴煤矿也无法逃脱厄运，终成一曲民族工业衰亡的悲歌。1937年8月13日淞沪会战爆发后，日军开始扑向湖州。11月24日，湖州沦陷，日军沿湖长公路进犯长兴，至29日，长兴全境失守，日军烧杀抢掠，罪行累累。长兴人民建立地方武装，保家卫国。1943年秋，新四军六师十六旅进驻长兴仰峰岕。1945年2月5日，新四军在温塘村集结，苏浙军区成立大会在此举行。在长兴这片红色沃土上，英勇的新四军战士和长兴儿女，开展了如火如荼的抗日战争。军爱民、民拥军，杀强盗、斗日寇，烽火连天的岁月里，传颂着一个个可歌可泣的悲壮故事。清末，废科举、兴学校，长兴也开始成立学堂。中华民国建立后，长兴教育顺应时代潮流，培养了大批优秀人才。

民国"长兴县政府印"（长兴县档案馆藏）

民族工业：长兴煤矿

中国是世界上最早开采、利用煤炭的国家之一。作为江南蕴藏煤炭资源较为丰富的地区，长兴的煤炭开采，至迟在明代中期就留下了记载。煤炭被大量且广泛地用作工业生产的燃料，是从18世纪末的第一次工业革命使用蒸汽机开始的，并逐渐成为人类生产生活的主要能源，推动了工业和人类文明的大踏步发展。19世纪中叶以后，西风东渐，洋务运动兴起，民族工业起步，对煤炭的需求日增。长兴煤矿在1912—1937年间得以迅速发展，并一度成为长兴最有影响的一张名片，但在民族灾难面前，它最终仍无法逃脱厄运，终成一曲令人扼腕的悲歌。

长兴煤矿土法开采之前世极为悠长

长兴煤山镇与安徽省广德市的毗邻地带，是一处神奇的地方，如今群山连绵，峰峦叠翠，很难想象2.5亿年前竟是一片海洋。

一百年前，煤山镇的稻堆山与青塘山之间的山体，因开挖石矿而裸露的宕面上，层次分明、纹理清晰如同"千层饼"般层层叠叠的剖面间，不断出现鹦鹉螺、鱼形和各式各样的贝壳类化石，悄然引起了远方那些深邃目光的关注。众多中外地质学家不远万里来到葆青村，在那岩层上不停地敲打、凿眼、取样研究，经过几代科学家的研究，这片称作"长兴灰岩"的煤山剖面，最终被确定为记录地层古生代与中生代，同时又是二叠系与三叠系之间的"金钉子"。

那些曾经生活于二叠纪时代浅海地域郁郁葱葱的古生物，经过二叠纪末三叠纪初的第三次地球生物大灭绝，终归于沉寂，在沧海桑田的演变中，神奇地演变为大地深处沉积岩中的煤层。

地处长兴西北隅的这片山区，数千年来一直人烟荒莽，以致在地方志书中很少出现其记录，成书于明嘉靖年间（1522—1566）的《长兴县志》，才开始有县西平辽乡（注：古地名，主要范围即今煤山镇）产煤的记载，但具体于何时开挖已经无法考证。晚明时期，江南出现资本主义萌芽，万历三十年（1602）任长兴知县的名宦熊明遇在其书《盗贼课》中记录："长兴山中有炭矿，可容数百人采凿，矿长亦名豪也"，他口中的"炭矿"自然就是早期的煤矿了。由于古法采煤又脏又累，为示重罚，他还将部分犯罪人员送入炭矿，让他们帮助矿头挖煤，可见规模不小。

清初，西北山区的煤炭得以继续开采，清代《长兴县志》云：

> 长邑煤窑在合溪南北两山。宕户出赀呈报开采，其无关碍城池龙脉及民间坟墓等处，听从民便。以地主为宕户，官地官山则以领帖输税之人为宕户。此天地之利，由来已久，上以输国课，下以济民用者也。

古法采煤采用竖井法，由于白岘千井湾一带地下富藏优质烟煤，明末清初的煤井越挖越多，以致有了"千井"之称。古法采煤的危险性也很大，在县志中亦有体现：

煤井深有百余丈，远至二三里，开挖者数十人、百余人不等。往往有掘向深邃处，忽泉水涌出；抑或支木不坚，从上坍下；又有工人不谨，

广兴煤矿新矿1号井口旧址（长兴县博物馆供图）

燃油失火延烧等弊……人命轻如草菅，莫此为甚。

因此，清代的县衙也采取了一定的安全管理措施，比如开矿前要呈报批准，对挖矿的深度、木头支架的坚固程度以及矿工的穿着、矿灯标准作出规定并公告。清乾隆九年（1744），知县谭肇基立碑在所谓县境龙脉所在的风水宝地——合溪乡二都南皋山、乌山冲，禁止开采煤炭。

西北山区的煤炭开采经历清初的兴盛期后，不知何因，自乾隆之后便日益衰竭起来，但嘉庆及太平天国时仍有间歇性开采，千井湾的老煤井中曾经出土过太平天国时期的带钉鞋底、棉衣、竹签和头巾等遗物。太平天国运动后，受县内人口锐减的影响，虽有同治年间南浔富商周庆云欲投资之举，但开采煤炭终究是停顿了下来。

清末，钟仰贻开启了民族工业之先声

采煤活动虽停顿了下来，但长兴煤炭的蕴藏量丰富及其价值已为县人所了解。到了近代，鸦片战争轰开了国门，一系列丧权辱国协约的签订使得中国进入半殖民地半封建社会，而洋务运动"实业救国"的思想也深深地烙印在上海开埠后江南一带士绅的头脑中。长兴的富绅钟仰贻就是其中的一位。

钟仰贻，1878年生于雉城东鱼巷，其家庭从明代开始便是县城内的仕族世家。其祖父钟麟是清道光二十九年（1849）拔贡、咸丰十一年（1861）顺天副贡，曾赴京任内阁中书；祖母是明清著名书画家、刑部郎中张度之姊；父亲钟荪（1847—1930）于光绪元年（1875）中举，任过黄岩县教谕。钟仰贻出生于这样的书香门第，自然走上攻读功名之路，年纪轻轻便成了近在家门口的县学廪生。

钟仰贻的少年时代是在宗法社会剧变、山河风雨飘摇的年代中度过的，年少的他耳闻目睹了中国在甲午战争、八国联军战争中的惨败，深感科举仕宦之路改变不了现状，便摒弃家族崇儒为官的传统理念，投身于发展民族工商业的实业救国之路。他的好友温锦荪给予了鼎力支持。温家与钟家是世交，温锦荪的父亲温以燠曾任长兴县主簿多年，与钟荪结为至交。温家父子后迁移到郡城湖州，由经办盐务起家，开钱庄、办典当，经济实力强劲，成为湖州数一数二的富商。温家兴办工商业的经验给予了钟仰贻办实业的启迪。

钟仰贻投身发展民族工商业是从创办长兴煤矿开始的。其时，以上海为龙头的长三角地带，近代工业得到发展，对于作为工业及电力支撑动力的煤炭原料的需求是与日俱增，而江南地区恰是缺煤地域。信息灵通又具备一定工商资本的钟仰贻从中捕捉到了商机。1901年，年仅24岁的钟仰贻来到西北山区，在当地大园里徐伟农和光耀里朱定三的支持下，在山中不断地寻找矿藏，但因没有专业人才和仪器设备的支持而未能如愿。此举招致了一些人的非议和冷嘲热讽。

初生牛犊不怕虎的钟仰贻并未放弃，他于1901年秋从上海请来一位德国工程师帮助勘探。他们翻山越岭，满山遍野地寻老窿、找古井，东探西挖，细查矿藏，次年夏终于在稻堆山东侧的四亩墩发现了储量丰富的煤层。钟仰贻当即与徐、朱等人筹集银圆6000大洋，组建了筹备处，具文报杭州藩司衙门转详清廷户部核准，于同年冬领到了开矿执照。他们立即成立了长兴煤矿公司，又着手筹集资金购买矿区地皮，建造起简易工棚，雇用当地农民五六十人用土法掘井。当煤井深入地下见到煤层后，资金很快告罄，他们又变卖户下良田增资续采，功夫不负有心人，终于采得丰富煤层，成为长兴近代工矿业的先驱。

长兴煤矿限于资本实力，在提升、排水、通风等主要生产环节仍囿于土法开采，没有采用机械动力，设备简陋，效率低下；由于地处深山，运输也极为不便，所采之煤要用畜力、竹筏运至合溪码头才能装船外销。组矿、采煤成功的喜悦很快被现实困难替代，土法产煤无法克服的成本大、产量少的矛盾，使公司入不敷出、亏蚀不支，公司不得不于1903年关闭。但在当时煤矿主要为外国资本控制的局面下，长兴煤矿是继清代第一批官办15家煤矿之后，最早有工商资本进入的江南地区私营煤矿之一，且成为民国时期长兴煤矿的先声，领一时风气之先。

江南煤业之巨擘应运而生

决定走兴办实业之路的钟仰贻，刚刚步入正途就遇到重大挫折，非但"人生第一桶金"没有如愿实现，还面临骑虎难下的困境。他对此进行了深刻的反思：从设备来看，土法开采成本过高，难以为继；从人才来看，无论是生产技术还是行政管理都要求较高，德国工程师的离去更导致困难重重；从资金投入来看，需求巨大并非本地资本能够解决。所以，办矿仅凭一厢情愿的热情难以支撑下去，但是钟仰贻仍认定市场需求及矿藏供给这两端的基础牢固，只要资本实力充足，一切问题就能迎刃而解，煤矿开采仍大有希望。为此，始终心存不甘的他将眼光投向外地，奔波于江南各城市之间，不遗余力地吆喝，终于在1911年与上海商人刘长荫、刘万青谈起了合作意向。

刘长荫是宁波人，在上海法商立兴洋行充任买办，名下有"立兴""立茂""立大"三艘轮船，均以煤炭作为动力燃料，由此认识到煤矿的投资价值。富商刘万青则是湖北黄陂人，与原籍黄陂的刘长荫因是同室同宗而结为莫逆之交。两人经过考察后，合议筹措纹银100万两，以接手钟仰贻的旧矿，并于1912年组建了新的长兴煤矿公司。除刘长荫、刘万青两人外，参与投资的还有王占元、卢永祥、夏超、张载阳、俞丹屏等政商界名流，甚至还动员了同样是黄陂人的民国副总统黎元洪投资入股。钟仰贻亦未完全退出，而是以原有矿权、地契和资产作价入股。有他这位经验与教训兼具的当地人鼎力相助，万事只欠东风的长兴煤矿很快就恢复了生产。

开办之初的新长兴煤矿生产规模并不大，运输仍全部依靠骡马畜力、竹筏等传统方式。1914年7月，第一次世界大战爆发后，海外煤炭输入锐减，北方煤炭又无法运至江南，煤价于是逐年攀升，发展商机千载难逢。刘长荫等资方人员遂决定扩大生产，谋划修建小铁路，并于1916年聘请了德籍工程师库舍尔。库舍尔勘查后认为，长兴煤山盆地的煤田除四亩墩之外，在大煤山、狮子山、广兴、千井湾、访贤、东风岕、葆青、新槐、青东等处都有分布，蕴藏量约在3000万吨，以每日出煤1000吨计，可供百年开采；同年，中国地质事业的奠基人、有着"中国现代地质之父"之称的丁文江教授，则认为储藏量约为2000万吨，为扩大开采提供了依据。经过上海工商界的一番谋划，包括朱葆三、虞洽卿、刘歆生在内的10位商界闻人共同作为发起人，于1918年成功组建"长兴煤矿股份有限公司"，总股本达200万元合计10万股，其中刘长荫、刘万青控股35％。

至1920年，新公司增设4处煤矿，并收购了原为民办、此时已停产的广兴矿，将矿区从3574亩扩大至32264亩，从北方广招数千名有经验的矿工，并聘请国内外知名工程师负责技术。同年，还动工兴建了自矿区到雉城五里桥全长26.5千米的轻轨铁路，于1922年建成通车，由此克服了传统运输方式的束缚，将所产煤炭通过小火轮经长湖申航道转运至沪、杭和苏、锡、常等城市。铁路通车后，煤矿产量剧增，1924年上半年，日采煤量达600—700吨，占其时全国煤炭总产量的9％，呈现出欣欣向荣的局面。是为长兴煤矿的早期发展阶段。

1924年8月，受江浙战争波及，长兴煤矿被迫停办数年。

1928年7月，国民政府中央建设委员会直接接办长兴矿区，成立长兴煤矿局，投入重建资金百万元之巨，于1929年6月恢复了生产，随后任命留学归来的朱星叔为长兴煤矿局局长兼总工程师。其时，日产量平均在400吨左右，最高时达到600吨以上，矿工约5000人，矿区面貌大有改观。1929—1932年，年产量分别为20919吨、128750吨、184641吨和208970吨，是为长兴煤矿的整顿复兴阶段。在当时于民国时期兴办且由中国资本控制的20家煤矿中，除1家官办以外，其余18家均为民办，而长兴煤矿是唯一一家官商合办的煤矿，可见长兴煤矿在当时的地位。是为长兴煤矿发展的第二阶段。

1932年9月，中央建设委员会将煤矿产权交还给以刘万青为主的原投资人，煤矿恢复至民营阶段。鉴于年龄、资金等原因，刘长荫、刘万青等股东委托宁益集团经营，期限至1937年10月结束，是为长兴煤矿发展的第三阶段。这个时期，矿工最多时达6000人左右，但产量仍维持在原先的水平。

长兴煤矿的创办还带动了其他行业的发展。1925年，耗资10万银圆建成了自备发电厂，并兼顾照明用电，后一度成为当年浙江省发电量最大的电厂。煤矿总部所在的四亩墩附近的张家涧小山村，原先地处僻野，一跃成为集聚数千人口的新兴市镇，办有各式工厂和矿区子弟学校、医院等场所。从矿区至五里桥的轻轨铁路，除货运外，还增挂了客运车厢，使得长兴成为除开通沪杭线、京沪线的城市之外，江南地区较早通行火车的县城。就国际地层标准剖面"金钉子"的确立而言，假使没有当年的人来人往，那些带有玄妙符号的鱼化石石片就不会传送到国际著名地质学家葛利普的手中，1932年命名的"长兴灰岩"也就无从谈起，这一重大科学成果很可能会与长兴、与中国无缘。

时运不济，长兴煤矿历经波折后最终走向悲剧

长兴煤矿虽在中国煤炭工业发展史上占有一席之地，但在其26年（1912—1937）的发展史上经历了太多的曲折，特别是经办煤矿的创始人刘长荫、刘万青、钟仰贻等人千方百计、含辛茹苦，始终没有实现其志向目标，反而是历尽艰辛、身心疲惫，最终难逃时代悲剧的厄运。

1914 年，公司主要负责人刘长荫的儿子刘保德从欧洲学习矿业归来，赴长兴煤矿担任工程师，被寄予厚望。但不久井下发生瓦斯爆炸，他亲自下井援救矿工，遭遇意外，年纪轻轻就被夺去了生命。刘长荫痛失爱子，悲伤欲绝，意气消沉，此后的矿务多由董事刘万青主持。

1922 年轻轨铁路通车后，长兴煤矿产销两旺，声誉日隆，进入最为辉煌的辰光，原本还可继续扩大规模，实现计划日产 1000 吨的指标，但是混乱的政局下，北洋军阀混战打断了这一进程。1924 年的江浙战争，长兴成为主战场，纵有朱葆三、虞洽卿这样的"宁波帮"财阀和卢永祥、王占元这样的北洋军阀势力，还有任过浙江省省长的夏超参资入股，可谓政界商界军界都有要人作为靠山，依然逃不过无情的炮火。

1927 年北伐战争后，军阀混战局面结束，但原投资人无力将荒废四年有余的矿区恢复至战前水平，只得任由以张静江为委员长的国民政府中央建设委员会接管矿区。眼见煤矿效益良好，刘万青只能不断写信投诉。在中央建设委员会归还产权后，刘又因无法支付该委员会重建时投入的资金，只得委托与四明银行有密切关联的宁益集团经营。好不容易等到 1937 年 10 月期满收回经营时，已是抗日战争全面爆发之际，不得不停产。虽说这 10 年当中，长兴煤矿盈余充裕，投资人却是十分不幸。

同样悲惨的还有无数的矿工。长兴煤矿的矿工主要来自北方，在本地并无基础，当灾难来临时，他们往往衣食无着、无以为生。1924年惨遭战火摧残、饥寒交迫的矿工无以为食，蜂拥来到军阀周凤岐所在的八都岕周家村乞食，竟然被村民误作行劫而开枪自卫，当场打死打伤 30 余人。在煤矿经营期间，矿难也始终相伴相生，最为惨烈的一次当属 1934 年的四亩墩矿井瓦斯爆炸，一次造成 48 人死亡；著名作家巴金在 1931 年冬来此采风，一周后，写出了小说《雪》，他曾经回忆在他下煤井的半月之前曾有 15 名矿工殉难，说明那个年代矿工的生产、生活条件是难以保障的；曾在抗日战争时期出任过中共长兴县委第二任书记的史之华亦曾统计，自开矿以来死于矿中的工人约有八九百人。

如果说以上只是煤矿发展的曲折过程，那么日军侵略战争的影响就是长兴煤矿和所有参与投资的民族资本家及全体矿工最后的哀歌和时代宿命。

1937年11月25日，长兴沦陷，日军于26日抵达煤山矿区，停顿一日后，经由广德向南京进攻，数千名矿工顿时陷入失业状态。长兴沦陷前，淞沪战争已经持续了三个月，长兴煤矿生产的煤炭无法运到上海一些地方，在五里桥煤场堆积了大量存煤，县城沦陷后煤炭被悉数掳去；为阻止日军进攻，轻轨铁路亦被破坏，刘万青、刘子谷父子欲哭无泪。

日军视煤炭为战略物资，阴谋将长兴煤矿抢掠为己有，因此没有特意将煤矿破坏。战火稍有停歇后，煤山矿区暂无战事，已经接手经营权的刘子谷，勉力恢复小规模的开采并组织艰难的外销，以维持部分矿工的最低生活水平。对于大部分的矿工，已经倾尽心血、无计可施的刘子谷只得任由他们各奔东西、自寻出路了。

1940年，以防止日伪军抢占长兴煤矿为名义，国民党第三战区32集团军总司令上官云相电令第100军独立第33旅旅长黄镇中炸毁长兴煤矿。3月18日这一天，长兴煤矿终于画上了句号。据钟仰贻后人回忆，只有5块肥皂那么大的炸药，就将长兴煤矿的自备发电厂彻底炸毁了。一度是民族工业重要象征之一的长兴煤矿，最终是曲终人散，

民国"中央财政部税务总局浙江省长兴县第0144号验讫"木质印章（长兴县国税局藏）

消失在满天弥漫的尘烟里……

长兴煤矿（1902—1940）大事记：

1902年，长兴绅士钟仰贻，在合溪乡四亩墩创办长兴煤矿。

1912年8月，长兴煤矿由刘长荫、刘万青等接办。

1913年，筹办自备发电厂。

1916年，聘用德籍工程师库舍尔主持矿务。

1918年3月，刘长荫、朱葆三、刘万青等组建长兴煤矿股份有限公司。

1922年，长（兴）煤（山）铁路运煤专线建成通车，全长26.5千米。

同年12月23日，长兴煤矿二道巷北石坑15窿道爆炸，死4人、伤20余人。

1924年上半年，日采煤量达600—700吨。

同年8月开始，江浙战争（又称齐卢战争）造成长兴煤矿停产多年。

1928年7月，国民政府中央建设委员会设立长兴煤矿局，分别委任朱星叔、郭楠为正副局长，拨款恢复长兴煤矿。

1931年9月，长兴煤矿矿区遭匪徒武装袭击，朱星叔殉难。

同年冬，作家巴金来煤矿体验生活，写成小说《萌芽》（后改为《雪》）。

1932年9月，长兴煤矿委托上海宁益集团经办，由四明银行总经理孙衡甫亲任总经理。

1934年7月，四亩墩矿井发生瓦斯爆炸，死亡48人。

1937年10月，长兴煤矿由宁益集团移交给刘万青、刘子谷父子控股的长兴煤矿股份有限公司，由徐韦曼任经理。

1937年11月25日，长兴沦陷，煤矿被迫停产。

1940年3月18日，长兴煤矿被国民党第三战区32集团军总司令下令炸毁。

浙江文史记忆·长兴卷

抗战烽烟：日寇侵略和民间抗日

长兴沦陷与日寇暴行

1937年8月13日淞沪会战爆发后，长兴距上海较近，战争气氛迅速紧张起来。因县城小东门外建有军用预备机场，中国空军某部飞机每天从长兴机场起飞十余架次，轰炸日军在上海的阵地和停泊在吴淞口外的军舰。长兴机场的存在，自然为日军所不容。8月14日下午，日军出动飞机入侵长兴领空，企图轰炸长兴预备机场，并最终于9月29日夜，炸毁机场油库。长兴机场被迫关闭停用，中国飞机只得转场广德。

1937年11月，日军在金山卫登陆后，淞沪战局急转直下。淞沪抗日前线部队沿太湖北岸向西南后撤，南路日军突入平望、震泽，直扑湖州。11月24日，湖州沦陷。同时，日军沿湖长公路进犯长兴。当时，李家巷、青草坞一带驻有国民党第七十六师，国民党士兵占据弁山险峻地形，士气高涨。日军华中派遣军第十军第十八师团避开正面防线，改用橡皮艇由吴江方面偷渡太湖。翌日黎明，日军分别在小梅口、小沉渎、新塘、夹浦等太湖口岸登陆。国民党守军腹背受敌，全军即向煤山、泗安方向撤退，李家巷即被日军占领。25日下午，过境的国民党军队尚未撤尽，日军第十八师团步兵第五十六联队石桥队从大东门、小东门攻入长兴县城。29日，泗安失守，长兴全境沦陷。直至1945年8月抗日战争胜利。

日军占领长兴县城后，大部分沿京杭国道北犯，留下一个大队驻守。日军总部设在西鱼巷钟佩苍家内，节制清明山、李家巷等据点，总兵力700余人，其中城内500人左右，分驻东鱼巷、育婴堂、中山公园、西水关、南门茧行等处。在日军的控制下，汉奸周根宝等人四处游说，拉拢奸商劣绅，拼凑起了以孙允诚为首的维持会。这批民族败类上蹿下跳、粉墨登场，搞得县城内外一片乌烟瘴气。与此同时，日军实行疯狂的"三光"政策，所到之地，烧杀抢掠，妄图在精神上摧垮中国人民的抗日意志。

在长兴城里，日军进城后连烧七天七夜，除清河桥等少数里弄外，其余90%以上房屋被付之一炬。在泗安，从柴湾街至中泗安，全长1千米的店堂民房，连同大量库存稻谷悉数被烧；虹星桥、林城、夹浦、水口、和平、胥仓桥、李家巷、天平桥等大小集镇，均被焚为废墟。此外，日军还大肆残杀无辜群众，其状惨不忍睹。

日军占领县城后，诱使平民百姓进入小东门广生当铺，而后用机枪封锁大门，投入硫磺弹，进行灭绝人性的屠杀。在小东门外，日军抓到缠小脚、穿花鞋的妇女，奸淫之后加以残杀。在中山公园（今人民广场），日军黑泽特务部队关押了许多无辜百姓，白天驱赶他们去做防御工事，晚上则钉上铁链将其收入牢房。到了深夜，由于极度饥饿，关押人员发出呼喊，日军竟拉出两名青年当场砍杀，割下股肘扔到牢房内，狂叫着"你们去吃人肉好了"，其状之惨令人发指。在泗安，许多无辜群众被强行关押，稍有不从者就被刀砍斧劈，尸体还被填入防空洞内。在虹星桥，日军把被俘的10多名中国士兵全部处死，无一幸免。日军还在雉城东鱼巷成立"桃花院"，把一批年轻妇女绑进去充当慰安妇，对不愿受辱的妇女绳捆鞭打，不少妇女不堪凌辱被逼自杀。惨遭杀害的妇女达50余人。1937年农历十月二十五日，长桥乡蒋家村600多间房屋全部被日军烧毁，村民马巧林的母亲被日军砍死，父亲逃到姚家桥后遇上日军，也遭杀害。十月二十八日，城郊陆汇头桥西方家浜村冯毛头25岁的妻子和3岁的女儿，被进村的日军抓住，冯的妻子被奸污后连同3岁的女儿一同被杀。冯毛头回家见此惨状痛不欲生，跳河自尽。1938年春，一小队日军沿公路窜到后漾忻湖塘西村，因四周是河浜和田畈，村民无处可逃，日军强令19名精壮青年排好队，用机枪、刺刀将他们杀害，仅1名生还；25间房屋全部化为灰烬。日军在塘西村制造屠杀惨案后，认为西北山区的水口镇有抗日部队，于是出动3架飞机对水口镇轮番轰炸，炸死炸伤无辜群众70多人。1939年4月9日，一股日军窜到林城大东村，制造了惨绝人寰的大屠杀：全村共72人，被杀的有59人，其中王雨全一家共8人，7人遇害。

除上述烧、杀、奸淫等暴行外，日军侵占长兴期间还大肆掠夺物资、摧残文化、役使劳工等。

掠夺物资方面，日军侵占初期和流窜期间主要是直接抢掠，如1937年11月28日侵占泗安镇时，抢掠粮食87.4万千克；其他时期主要是实行有计划的经济侵略，通过设立物资交换所、伪银行、税务机构等，强迫使用伪币、统制土产品等，对长兴进行经济掠夺。摧残文化方面，除入侵城乡时大肆烧毁各

泗安车站墙壁上的抗日标语（长兴县史志研究室供图）

类文化设施，如学校、寺院等，还大肆抢劫民间文物。仅长兴钱柏一、邱传英两家被抢玉器、古玩、书画等就达316件，古钱币4000枚；同时，还设立伪小学，至1939年底共设立5所，对长兴民众实施奴化教育。役使劳工方面，日军侵长期间，根据需要随时随地在附近村庄抓夫，强迫其运输物资、修筑工事、挖矿伐木等。如1937年11月底，日军从泗安向广德进犯时，在泗安大量抓夫运粮，致多人失踪。

日军占领长兴后，烧杀抢掠，罪行累累。据民国长兴县政府1946年4月的部分统计资料记载：全县被杀平民1008人，被毁房屋34279间，被烧粮食139万担，被杀耕牛4415头、猪羊8.7万多头，被砍树木548万多棵。

2006—2008年，长兴县根据上级部门要求，组织开展全县抗日战争时期人口伤亡和财产损失课题调研工作。据不完全统计，日军侵略期间全县人口伤亡总数2556人，其中，直接死亡2199人，包括男性1754人、女性348人、儿童97人；造成的难民10万人以上，接近当时全县总人口的50%；财产损失总计相当于1937年7月法币价值1.82亿元（1937年7月，长兴中等熟米价格约0.06元/500克）。

民国小浦彭者岭抗日阵亡无名烈士纪念残碑（小浦镇政府供图）

长兴进步青年成立了抗敌后援会

长兴沦陷后，国民党政权机构分崩离析，县长王文贵携县印避居槐坎东风岕。城镇百姓慑于日军的烧杀掳掠，纷纷到西部山区投亲靠友，过着流亡的生活。动乱之际，一批进步的热血青年，如在长潮岕的汪寿彭，在煤山的李炳文，在光耀的姚天雁等，对国民党消极抗战

浙江文史记忆·长兴卷

的投降政策非常不满，他们积极响应中国共产党提出的建立抗日民族统一战线的口号，自发组织起来，进行抗日救亡运动。

1938年初，从泗安转去长潮㳇的汪寿彭，找到徐敬弟、李炳文、姚天雁，商议准备联络进步青年，成立抗日救亡团体。汪寿彭，1917年2月出生于泗安镇。少年时读过私塾，后就读于泗安镇私立宁绍小学，小学毕业后继续在该校初中补习班学习。补习班结束后参加全县小学教员检定考试，被宁绍小学聘为教员。在担任教员期间，汪寿彭追求新知识，接受新思想。抗日战争爆发后，汪寿彭不甘心做亡国奴，积极投入抗日救亡运动。经过一段时间的联系发动，1938年的三四月间，长兴青年抗敌后援会（简称"青抗会"）于长潮㳇太子殿正式成立。参加青抗会的有汪寿彭、徐敬弟、姚天雁、李炳文、萧仁涛、陆润生、刘光华等十几人，会议选举汪寿彭为负责人。青抗会制订了会章，明确了主要任务，即宣传抗日救国、反对伪化、唤起民众、团结广大青年、树立抗日旗帜等。

青抗会这一抗日组织，得到了全县广大民众的拥护和支持，在太子殿召开成立大会那天，数百名群众参加，群情振奋，气氛热烈。青抗会成立后，立即在各地开展宣传活动，尤其是在煤山、泗安、长潮㳇一带，对激发民众的抗日爱国热情起了一定的作用。他们利用贴标语、编歌曲等形式，揭露日军的残暴罪行，激发群众同仇敌忾，对抗日寇。如他们编的"说东洋，道东洋，东洋鬼子真强横，昨天烧了刘家渡，今天又烧李家巷"等小调，在全县各地流传。

长兴人民打响了抗日第一枪

青抗会成立后，广泛开展抗日爱国宣传活动，并劝说地方开明绅士起来抗日。在青抗会成员的宣传鼓动下，泗安商会会长金晋卿、长潮绅士胡长元等，搜集民间枪支，拉起了一支"长兴抗日义勇游击队"的地方武装，并成功地袭击了驻在大云寺的日军据点，打响了长兴人民抗击日本侵略者的第一枪。

胡长元是长潮乡里声望很高的绅士，具有爱国抗日的思想。他以乡保安队为基本力量，又在难民中挑选一部分积极抗日、保卫家乡的爱国青年，组成了一支有60多人的"长兴抗日义勇游击队"，胡长元自任队长。他们收集国民党军队撤退时散落的枪支弹药，自制土炮、土枪等，形成了一定的战斗力。

1938年正月，春节刚过，大云寺据点里的两名日军闯进了附近的新山村。得知日军进村，年轻女子都往茶园地里躲藏。不幸被日军发现，日军竟在光天化日之下强奸一名妇女。目睹日军暴行，新山村保长胡瑞良组织了七八个青壮男子，把作恶的这名日军捆绑起来，押到了抗日义勇游击队，向胡长元诉说了日军在大云寺一带残害百姓的种种暴行，并要求义勇游击队清除掉这个日军据点。胡长元当即下令处死这名日军，同时与胡瑞良商议为防备日军报复，应主动攻打大云寺日军据点的方案。

1938年2月10日，驻防在长兴、孝丰一带的国民党军队陆军第五

1938年春，长兴抗日义勇队夜袭大云寺日军据点，打响长兴人民武装抗日第一枪（中共长兴县委成立大会史迹陈列馆供图）

十九师三四三团，出泗安进攻天平桥、林城，要求长兴抗日义勇游击队配合出击。胡长元接到命令后，决定率先进攻大云寺日军据点，配合国民党军队南北夹击林城之日军。此时，胡长元的义勇游击队已发展到80余人，各种枪支（猎枪、土枪）有60多支，还自制了9门檀铳。晚饭后，胡长元将队伍集中在长潮芥太子庙。时值早春，寒风凛冽，大家精神抖擞。队员们一律脚穿山袜草鞋，有枪的拿枪，没枪的腰插手榴弹、肩扛檀铳，最大的檀铳重八九十斤，可装火药数斤。黄昏时分，游击队高举黑边白底字的"长兴抗日义勇游击队"大旗出发了。队伍前面由新山村保长胡瑞良带路，从太子庙出发，翻过张岭，进入周吴大芥。该地山民和附近横芥、八都芥等抗日民众以及泗安商会会长金晋卿、林城绅士叶国华等也都自发加入到这支抗日队伍，总人数达150多人。队伍到了青狮山门口时，胡长元将其分成三路，每路50人。以胡炳祥率右路，从西侧包抄大云寺。胡伏林率左路，从东侧包抄。胡长元亲自率中路，由北面进击，列阵若环，网开一面。胡长元发枪为号，枪炮齐鸣，尤其是土炮檀铳炮声隆隆，山谷响应，日军不知这是何种新式武器，仓促中不辨虚实，匆忙应战。激战两小时，日军势穷力竭，随即突围南遁。胡长元率众入寺，他估计敌人还会回来，于是马上取走寺内日军留下的武器。撤走的日军南遁数里，不见部队追击，知道遇到的是游击队，于是整饬部队，进行反扑。当回到大云寺时，见所藏军资尽失，据点也无资可守，便将未及时撤走的向导胡瑞定杀害，弃走林城桥。当日半夜，国民党军队五十九师三四三团攻克了林城桥，大云寺、林城之敌被迫退至长兴县城。13日晨，胡长元又率队员至大云寺，纵火烧毁了日军工事。

据亲历者回忆，此次战斗共消灭日军8人，缴获日军步枪10余支、子弹1箱（约1000发）、自行车1辆、警报器1具、棉被毯数十条和大量食品等，击毁日军汽车1辆，游击队员无一伤亡。全县人民拍手称快，此役被后人誉为"长兴人民抗日第一枪"。1940年9月，国民政府授予胡长元"抗日英雄"第82号荣誉证书和荣誉奖章。

隐秘战线：中共长兴水陆秘密交通线

在广袤的浙西大地上，有座粉墙黛瓦的老宅镶嵌在长兴县画溪街道竹元村（原名竹园村）纵横交织的别墅之间，特别吸人眼球。两进三开间外带一厢房，一字墙门楼上砖刻"耕读传家"四个大字。这就是抗战时期长兴境内十多处党的秘密交通联络站中，迄今保存最为完整的一处——中共长兴县委秘密交通联络站旧址（徐宅），目前系长兴县文物保护单位。1940年4月至1943年4月那段令人难忘的峥嵘岁月里，有一群人在这里秘密集聚，构筑了一条无懈可击的红色通道。有一位"姆妈"在这里静静守望，呵护着每一位过往的"儿女"。有一家兄妹从这里悄悄出发，与"同志们"一起永远跟党走。有一个村老乡在这里默默支撑，共同守护着一座无形的堡垒。有一批身影从这里匆匆而过，奔赴苏南抗日第一线。

1940年4月底，莫干山上的红杜鹃与往年一样盛开着，剑池山泉依旧流水潺潺。山间的"东方汇理银行"别墅主人似乎格外繁忙，灯火通宵长明。东方破晓，晨雾弥漫，中共浙西特委书记顾玉良与特委其他同志经过长时间商议作出重要决定：为保持浙西特委与苏皖区党委的密切联系，粉碎国民党顽固派的反共阴谋，建立一条由浙西至苏南太滆游击队陆路秘密交通线：莫干山—泗安—长潮岕—礼贤岕—煤山—白岘—张渚—太滆。

从浙西至苏南山路漫漫，或林木参天、乌云蔽日，或山高岭峻、羊肠坂诘。一群20岁左右的年轻共产党人为了神圣的使命，在深山老宅的窗前默默守候，在崎岖的山路上急速奔波。山中有虎豹，哨卡有"豺狼"；夏日顶酷暑，

1987年6月10日，徐家兄弟在徐家"耕读传家"前合影。前排左起老大徐锡麟、老二徐玉麟，后排左起老六徐德麟、老四徐石麟、老五徐墨麟（长兴县竹元村秘密交通站陈列馆供图）

冬天踏冰霜。他们心中只有一个信念：为了民族的解放，让党的"红色血液"在苏浙大地上流淌。

徐一平，19岁，中共泗安镇党支部书记，泗安秘密交通联络站负责人。为了工作便利，他把联络站设在镇西门头朱家弄自己家中，妈妈成了他最得力的帮手。1940年8月，敌人来搜捕，他独自一人紧急处置，先后掩护县委领导刘旦、妇女部长单洁等安全撤离。

汪寿彭，23岁，中共长兴县委青年部长，以长潮岕小学老师身份为掩护，开展秘密交通联络站工作。他借住的响水岕胡氏石砌老宅，是他的栖身地，更是党的秘密交通线上的中转站。在这里，徐瑾、徐锡麟、胡以朝等一批热血青年加入了中国共产党，成为党秘密交通线工作的骨干。

冯安琪，18岁，中共浙西特委秘密交通员。1940年春，她从县城只身来到煤山，先在被毁矿区内创办了一所为周围群众服务的诊所，秘密发展煤矿技术人员朱荣棠、余静文夫妇加入地下党组织。后以在长兴补习中学担任校医为掩护，与罗志亮等一起在煤山建立了秘密交通联络站。

赵益群，21岁，中共浙西特委政治交通员，经常来往于莫干山至太湖根据地之间。在执行任务期间，她经常乔装打扮变换身份：有时手拿一把雨伞，扮成学生；有时手提篮子，扮成农村妇女；有时还扮成"新娘子"或戴孝的妇女，顺利通过敌占区和顽特哨卡的盘问。在最艰难的日子里，赵益群始终坚持战斗在秘密交通线上。

严昔茵，17岁，中共长兴县委妇女部部长。皖南事变后，长兴县委派她到白岘建立到宜兴张渚的秘密联络交通中转站。15岁就参加地下党的严昔茵以小学老师身份为掩护开展工作，通过不懈努力取得了时任白岘小学校长施信（兼任国民党白岘乡乡长）的信任，她兼任了乡公所助理，掌握乡公所大印。由此，为浙西特委交通的安全往来提供了方便。

······

1940年秋，刚上任的中共长兴县委书记史之华急匆匆来到县委秘密聚集点——西苕溪旁的小溪口钱庄，召开县委会议。他像消防队员面对狂风中的山火一样，紧握双拳，焦急地对大家说："国民党顽固派以长兴为重点的反共活动迅速波及浙西各地，反共事件接二连三。根据中央关于'隐蔽精干、长期埋伏、积蓄力量、等待时机'的方针，中共浙西特委决定及时组织已经暴露身份的党员、干部撤离浙西，在陆路秘密交通线的基础上新开辟一条水上秘密交通线。"

出生于太湖岸边的史之华，熟悉家乡地形地貌，对溇港圩滩如数家珍。经过集思广益，一条水上秘密交通线确定下来了。从浙西延伸至苏南：莫干山—梅溪—小溪口—虹星桥—天平桥—竹园村—杭渎港（或环沉）—太湖—太滆。

竹园村徐家是隐秘战线上的点，同时是中共长兴县委的"中枢"。正如徐家老大徐锡麟自荐所说：徐家作为秘密交通联络站有五大优势。老宅位于村庄的最南端，四周竹林茂密，河港交叉，活动空间大；徐母与六兄妹为人正直，积极参加抗日，老大、三妹为中共党员，徐锡麟还有国民党"长兴县抗日自卫大队一中队指导员"的头衔作掩护，家庭人员身份特殊；竹园村东、南有鸿桥、李家巷和吕山三个日伪据点，北有县城日军驻扎，处于各势力之间的"空隙"地带，属敌人眼皮底下的"灯下黑"；徐家东距太湖约10千米，处于水路交通线的中间，便于联络，地理位置合适；竹园村共有住户19家68口人，均靠佃租为生，民风淳朴，群众基础好。

1940年10月，水上秘密交通线正式启用。为确保转移迅速、安全、有序，中共长兴县委在徐宅召开会议，对各交通联络站进行分工负责。刘旦负责小溪口、虹星桥、竹园村一带；李焕负责天平桥、殷家村一带；王若谷负责夹浦、环沉一带；严昔茵负责煤山、白岘一带。从此，一批批急需转移的地下党员、抗日志士穿过敌人的封锁线，重返抗日前线；一件件党组织的信息、文件、物资，被迅速传送到最急需的地方。

小小竹园村，迅速成为中共长兴县委的"指挥中心"、水上秘密交通线的"中心站"。一批从事隐秘战线工作的地下党员、抗日志士，紧紧依靠人民群众，在这里听党指挥、齐心协力，机智勇敢、坚韧不拔。

做生意的"伪装者"。1940年10月，中共长兴县委组织部部长倪柏年化名王一凡，以卖布做生意的身份到竹园村建立交通站，住在徐家，开展秘密交通联络站筹建工作。1941年6月，中共浙西特委迁至和平莫家村午源渡，特委书记顾玉良经常到竹园村开会、布置检查工作，时常背个大包，以销售布匹、袜子、针线等为掩护，成了大家熟悉的"常州卖布客"。

秘密交通的"堡垒"。倪柏年入住徐家后，白天与徐锡麟、徐石麟、徐墨麟等一起下地劳动，晚上促膝谈心，教他们阅读革命书籍，讲解革命道理。发展徐石麟、徐墨麟、缪雨青、缪九青、缪仲远、缪志明加入中国共产党，使之成为秘密交通联络站的重要骨干。1941年春，成立中共竹园村党支部，一批昔日"面朝黄土背朝天"的"泥腿子"，加入了党的秘密交通线工作行列。

联系群众的"伴工队"。中共长兴县委妇女部部长赵益群、政治交通员陆忠猷组织村里进步青年成立互助伴工组，到村民家中、田里做农活。中共长兴县委书记刘旦和县委宣传部部长李焕在周边村建立伴耕联防互助组织（又称互工队），为贫困群众排忧解难。他们唱《山乡曲》等抗战歌曲、民间小调，向民众讲解"全民抗战""抗战必胜"的革命道理，争取和团结了广大群众，营造了良好的党群关系。"旦哥"（刘旦）、"长子"（李焕）这些共产党员成为群众的贴心人，夯实了秘密交通线上的群众基础。

保护地下交通线的"特务队"。1941年5月，在县委统一领导下，徐锡麟辞去"长兴县抗日自卫大队一中队指导员"职务，动员周边三乡乡长，整顿扩编原三乡特务班，组成有30多人、20多条枪的"金、同、太三乡联合特务队"，特务队中有5名地下党员骨干，明为维持地方秩序，暗为秘密交通站岗、护航，保护地下交通线安全。

群众联防的"自卫队"。村党支部在伴工队基础上，成立联防自卫队，队部设在竹园村，每个自然村建有联防小组。白天在田间劳动时观察陌生人来村行踪，警惕敌特活动，晚上轮流放哨，防匪、防奸、防盗，成为秘密交通站的"千里眼""顺风耳"，强化了秘密交通联络站的安全保护网络。

昔日平静的徐家老宅"闹忙"起来了，"商人""算命先生""帮工""郎中""小夫妻"纷纷在这里"打尖"、聚集。深夜门缝间时常透露出一束烛光，厨房烟囱也常常冒出缕缕青烟。徐家六兄妹成为联络站的"中坚"力量，徐母沈梅贞被同志们尊称为"姆妈"。

老大徐锡麟，1939年9月秘密加入中国共产党，引导五个弟妹先后参加革命。1940年秋，当他得知县委在筹建水上秘密交通线时，冒着家破人亡的风险，主动向党组织举荐自家住宅作为交通联络站。1941年任"金、同、太三乡联合特务队"队长，负责水上秘密交通线的安全保护工作。老二徐玉麟，1940年加入中国共产党。他借助在跨塘桥油坊打杂之便利，协助秘密交通站收集情报、观察敌情。三妹徐爱珠（徐瑾），1939年在长潮芥秘密加入中国共产党。后因掩护身边同志身份有所暴露，转移到章家浜头同学家中，负责秘密交通线上的"观察哨"工作。老四徐石麟，1940年加入中国共产党，1941年任中共竹园村党支部书记，带领竹园村党员、群众协助党组织安全转移干部和保护党的秘密交通线。老五徐墨麟，1941年加入中国共产党，1942年春任竹园村党支部书记。其间，与李焕一起在殷家村租了5亩水田，以种田为掩护，开展保护党的秘密交通线工作。老六徐德麟，读书放假期间经常与哥哥们在一起，接触革命活动，于1943年底参加革命，1944年9月加入中国共产党。

徐母，裹小脚，目不识丁。1940年秋，她的家成为党的秘密联络交通站，她相信儿女们选择的道路是正确的！她是孩子的姆妈，含辛茹苦，克勤克俭，言传身教。她是革命者的姆妈，为"同志"洗衣、做饭、借粮、放哨，用家园筑起神秘的"隐蔽所""中转站"。姆妈经常坐在门口竹园旁，一边纳鞋底，一边放哨，双眼警惕地观察四周，她说"放心，我看着呢"。新同志到了，姆妈总是泡上一碗清茶，她说"到家了，喝口茶，休息一下"。住在家中的同志衣服脏了，姆妈悄悄给洗了，她说"大家忙，我来洗，不辛苦的"。半夜里有同志要出发，姆妈翻身起床，为出发的"儿女"烧水做饭，她说"吃饱了，好赶路"。家里米缸空了，姆妈悄悄地到邻居家借粮、赊米，她说"不能让同志们饿着肚子上前线"。天冷了，姆妈用石臼舂米粉，烧上一碗米汤，对过往的同志说"喝上一口，暖暖身子"。为了省下粮食给过往同志吃用，姆妈私下里经常用南瓜伴野菜充饥，她笑呵呵地说"填饱肚子就行"。姆妈与同志告别时常说："你们与我儿女一样，我们是一家人，盼望你们回家。"

1943年4月，秘密交通站停止活动后，为防备日伪报复，姆妈带着年迈的婆婆先后搬至八都岕、大坝村居住，过着颠沛流离的生活。

1944年冬，驻守在吕山的伪军发现竹园村徐家原来是共产党的秘密交通联络站后，气急败坏，将徐家房子第二进拆除，又将第一进北屋面掀掉，将房前屋后树木连根刨起。姆妈得知信息后说："不怕！房子扒了，我们人还在！"

1945年10月，长兴县党政干部和地方武装随新四军苏浙军区北撤。徐家五兄弟先后到大坝村向姆妈匆匆辞别。姆妈对孩子们说："好，应该跟部队走。我会生活下去的，你们放心吧，你们肯定会胜利回来的。"而后，给每人塞上一双她亲手做的"千层底"布鞋。

新四军北撤后，还乡团反攻倒算。姆妈带着婆婆，护着外甥女（徐瑾遗孤），在乡亲们的暗地帮助下，在白色恐怖中靠借债、乞讨艰难生活着。她坚信共产党、新四军"肯定会胜利回来的"。

"战争的伟大之最深厚的根源，存在于民众之中。"在血雨腥风的日子里，竹园村的乡亲们心里敞亮着："只有共产党，才能救中国。"三年间，竹园村在敌人眼皮下，接来送往数以百计的地下党员、抗日志士，没有发生一起泄密事件，没有耽搁一位同志的转移。全村68人中，10人先后加入中国共产党，7人参加新四军，家家户户都参与过伴工队、自卫队、联防组。有人曾为秘密交通站站过岗、放过哨，有人曾为转移人员带过路、背过行李，有人曾给交通站人员撑过船、送过寒衣，有的曾为负伤的同志安排隐蔽场所，昼背出、夜守护、送饭、煎药、疗伤。

在竹园村一直传颂着一个妇孺皆知的故事：新四军北撤后，徐石麟服从组织安排，参加了当地留守处武工队。后来负伤了，在家无法久留，躲进村外一个坟地边。一日，村民易德泉到菜地割菜时发现了他，从此，易德泉与另一位村民许木根冒着被"还乡团"杀头的危险，暗地里给徐石麟提供一日三餐，白天背出，晚上背进，无论刮风下雨，从未间断。在野外一月余的徐石麟头发、胡须过长，为了不引起注意，易德泉等请来剃头师傅阿三。阿三本想要举报徐石麟领赏，在几位村民的劝说下，选择保守秘密。后来徐石麟转移到单身汉熊老九家，熊老九同样为徐石麟治疗伤病，照顾生活，侦察敌情。又过了一个多月，徐石麟的伤有了好转，许木根会同沈和尚秘密动员苏北人朱永兴和一名姓陈的船工，装运一船窑货作掩护，把徐石麟安全送到江北兴化。负伤的"孤雁"在乡亲的呵护下终于重返前线。

徐家门头牌匾上篆刻着"耕读传家"四个大字（长兴县竹元村秘密交通站陈列馆供图）

红色沃土：新四军苏浙军区

作为"鸡鸣三省"之地的苏浙皖边，重峦叠嶂，树茂竹翠，自古是英雄喋血、硝烟四起的地界。70多年前，这里来了粟裕带领的新四军，麾下将星云集，在这块充满野性、胆气的土地上，弯弓射日，闹得日军魂飞魄散，顽固派丢盔弃甲。那时，新四军苏浙军区司令部所在地——长兴县煤山槐花墈成了根据地军民和日伪顽关注的焦点，成了"江南小延安"。在这片红色沃土上，留下了许许多多可歌可泣的动人故事。2001年，新四军苏浙军区旧址群（15个点）被列为全国重点文物保护单位。

杭村大捷

1943年的秋天，日军为了稳定东南占领区，实施了大规模进犯和掠夺苏浙皖边的战役行动，国民党军队不战而退，使苏浙皖边成为新的沦陷区。为了牵制敌人、收复失地，新四军六师十六旅主动出击，由江宁、句容一带越过溧武公路挺进郎溪、广德、长兴地区，旅部进驻长兴县煤山槐花墈的仰峰岕，在这里统一指挥苏浙皖边抗日斗争。

1944年3月29日，春雨滋润后的大地没有因为战争而放慢春天的脚步，仰峰岕沈家大院门口的银杏树早早吐出嫩芽。王必成站在沈家大院窗口前，远望万物复苏的山峦静静地思索着。突然，通信员来报：驻广德门口塘流洞桥据点的日军小林中队和伪军300多人，带着由几匹战马牵引的日式九二步兵炮，正在浙皖边境的杭村一带进行"扫荡"。王必成闻讯后，眼前一亮，迅速作出战斗部署，电令四十八团打它一个伏击战。

杭村地处浙皖交界的丘陵地带，周围竹林遍布，枯草盖膝，是理想的伏击地区。四十八团团长刘别生亲自指挥战斗，他首先率三营沿山脚直插杭村正南方，在广宜公路旁的祠谷山山坡竹林中埋伏，堵住敌人退路；命令一营迂回到杭村东南，抢占牛头山山头阵地，从侧翼配合；二营阻击宜兴来援之敌。当日伪军枪上挂满掳来的鸡鸭财物，哼着小曲，耀武扬威进入伏击圈后，三营长一声"打"，机枪、步枪、手榴弹一齐"说了话"，雨点般的子弹打得小鬼子惊慌失措，"哇哇"直叫，像掐断头的苍蝇到处乱撞。一阵混乱以后，日军似乎清醒过来了，他们重新组织兵力，抢占杭村西南的小山包和一些坟墩，妄图负隅顽抗，战斗打得很激烈。王必成带着小炮排从十里开外的仰峰岕赶到前线，当他从望远镜中发现公路上的日式九二步兵炮时，当即命令小炮排迫击炮对准日式九二步兵炮炮位定点轰击。小炮打大炮，"轰、轰"两声炮响后，牵引大炮的几匹战马被打倒在地，其余的受惊后狂蹦乱跳，竟把九二步兵炮拖进路边水沟里，进不能进，退不能退，日伪军又是乱作一团。机不可失！新四军即时吹起了响亮的冲锋号。一、三营的勇士们如猛虎下山般从密林中冲杀出来，扑向敌群。三营九连二排在营教导员郑大芳的带领下，从油菜田中间直插敌人阵地。"哒哒哒"一阵扫射，六七个日军应声倒下，敌人阵脚大乱。接着，新四军与敌人短兵相接，展开肉搏格斗，敌我扭成一团，把山上的茅草，田里的麦地、油菜都压平了。在一、三营勇士的拼杀下，敌人尸横遍野，最后丢下一百多具尸体和一门日式九二步兵炮，如丧家之犬，慌忙向门口塘方向逃窜。

杭村大捷，新四军杀敌夺炮，威震东南。日军为挽回所谓"皇军荣誉"，又派出1000多名日军、3000多名伪军对郎、广、长地区大肆扫荡，妄图寻找新四军主力，幻想找回丢失的九二步兵炮。然而新四军早有准备，运用敌进我退的游击战术，大部队跳出包围圈，留下游击队与敌人巧妙周旋。缴获的日式九二步兵炮，也被拆散后装入棺，由地下党和地方武装埋藏在山沟里。由于军民合作，敌人非但一无所获，反而被拖得筋疲力尽，处处被动挨打。最后只有将丢了炮的小林队长枪毙了事。

新四军在槐坎与缴获的九二步兵炮合影（新四军苏浙军区纪念馆供图）

杭村缴大炮后，十六旅主力返回煤山地区整训，准备更大规模的对日反击战。8月23日，新四军发动了长兴战役。用杭村缴获的日式九二步兵炮炸毁合溪碉堡，震慑白阜据点伪军，半个月内先后拔除长兴境内25处敌伪据点，解放长兴土地四分之三、民众10万多人。

长兴战役后，苏浙皖边军民把杭村大捷与长兴战役连在一起，编了一句顺口溜。于是"杭村缴大炮，合溪炸碉堡"就在长兴、广德一带传开了，一直传到今天。

建制仰峰

1945年1月6日，下过一场大雪的浙北山区朔风凛冽、天寒地冻。这一天，仰峰岕的乡亲们格外喜悦，人们奔走相告，"新四军又一支大部队要来长兴了"。

经过1944年杭村大捷、长兴战役、泗安战役和反"清乡"、反"扫荡"、反"蚕食"、反"伪化"、反抢粮斗争的老百姓，心中向着新四军。人们成群结队，或登上山岗，或攀上树干，翘首仰望金鸡岭，期盼着。

冬天山里的黄昏，夜幕降得特别快。突然，从远处传来一阵骚动，"来了，大部队来了"。于是，等候在山路两旁的新四军十六旅指战员与当地老乡沸腾了，他们点燃了事先准备好的竹篾，高举火把，为踏雪急行的大部队照明。黑黝黝的夜空中蜿蜒着一条长长的火龙，那火龙蠕动着，伴随着亲切的问候和激动的泪水，把崎岖的山道照得一片赤红。

走在队伍中的粟裕将军，穿一件黑色短皮夹克，头戴棉军帽，不时向迎接的战友和父老乡亲挥手致意。夜色下，粟裕的神情激动而沉稳，这时他刚满37岁。

沈家大院位于仰峰岕西南面，坐西朝东，背面紧挨仰峰岭，是一幢清光绪年间的徽派建筑。前后三进五开间二层楼，左右两侧房，为沈家三兄弟所建。这里地处三省交界，旧时称"三管三不管"地界。1944年冬天，虎将王必成曾在这里住宿、办公。粟裕到达长兴后，王必成将这一群众基础好、回旋余地大的"司令部"安排给粟裕将军居住，自己和旅部搬到了仰峰岕东南方4000米处的温塘。于是，一代名将粟裕开始了在这里运筹帷幄、决胜千里的十个月难忘岁月。

粟裕住在大院第三进二楼西侧，里间为卧室，外间为办公室。睡的、用的是从房东家借用的雕花木床、三屉桌、竹靠椅、油盏灯，连取暖用的火盆也是当地村民就地取材的破铁锅。

1月13日，中共中央电令成立苏浙军区，任命粟裕为司令员，并以华中局党代表名义统一指挥苏南、浙西、浙东、皖南党政军工作。21日，粟裕向《苏南报》记者发表关于目前时局的谈话，提出："法西斯已临末日，我们的任务是加强团结，组织广大民众及人民武装，扩大解放区，争取战略反攻的胜利。"

2月5日，天空疏云，山野残雪。新四军在槐坎乡温塘村演兵场上召开了万人参加的苏浙军区成立大会。粟裕、刘先胜等军区领导在军乐声中检阅部队，并作重要讲话。粟裕说："我们将竭尽一切力量，完成准备反攻、驱除敌寇、争取抗战胜利的重任。"慷慨激昂的声音，划破天空，鼓舞着饱经磨难的苏浙人民。这一天，当地的乡亲开始认识粟裕，认识了这位令日军丧魂落魄的常胜将军。

激战天目山

江南早春，雨雪绵绵。粟裕经常站在仰峰岕沈家大院的窗前，静静地注视着屋檐前的雨滴和远处笼罩在云雾之中的山冈。他在思考，在等待。

新四军苏浙军区司令部旧址（梁奕建摄）

新四军挺进苏浙皖边敌后的任务是：深入苏南工作，打开浙西局面，打通与浙东的联系，其中首要任务是打开浙西局面。然而浙西处于国民党第三战区，扼长江三角洲门户。长期以来，第三战区执行消极抗日、积极反共政策，在制造"皖南事变"后，仍把主要矛头对准新四军。粟裕深知，要完成中央任务，任重而道远。

2月10日，农历新年前夕。夜深了，刺骨寒风卷着雨雪，漫天飞舞，天空云层很厚。细心的仰峰岕老乡发现沈家大院第三进的楼上还透出一缕淡淡的灯光。这天，粟裕抓住春节来临、天寒地冻的战机，擂响了向敌后进军的战鼓。

王必成带领第一纵队从长兴出发向莫干山挺进，沿途先后粉碎了安吉、梅溪等地日伪和土豪的多次出扰，占领了杭州以北的递铺、三桥埠一线，控制了武康、德清两城，顺利进入莫干山地区。同时，第三纵队七支队也进至广德以南、柏垫以东地区。

当新四军向莫干山敌后纵深推进时，国民党顽固派认为新四军"企图进入莫干山建立根据地后，可能进入杭嘉湖与海北地区，准备尔后协同盟军登陆作战，以争夺国际信誉"，即命令部队"迅将该匪歼灭，毋使坐大"，声称"再打一个茂林，完成皖南剿共未尽之功"。新四军苏浙军区被迫奋起反击，由此发生了著名的天目山三次反顽战役。

天目山，自古有"天目三千丈，东南第一峰"美誉，山高林深，沟壑纵横。而盘踞在天目山的第三战区顽军兵强马壮，敌我兵力、装备悬殊。为坚决贯彻党中央向东南发展的战略步骤，彻底粉碎顽军聚歼新四军苏浙军区主力、驱逐新四军出江南的狂妄企图，粟裕在仰峰岕运筹帷幄、决胜千里，首次提出集中优势兵力、打山地运动战这一全新的战略战术，率领苏浙军区军民不怕牺牲、英勇作战，攻克了一个又一个敌人的堡垒。

2月12日至18日，新四军苏浙军区一纵队与三纵队在小白店、上堡、凤凰山、大瓜岭、景坞、丁岭、孝丰、塔山岭、太阳山、报福、九松岭、大杭坑、小杭坑、西圩市、渔溪口等地密切配合，在运动中寻找战机，取得天目山第一次反顽战役胜利。八天时间，新四军共歼顽军1700余人，缴获迫击炮3门、重机枪12挺、轻机枪30挺、步枪600余支。首战告捷，新四军占领了天目山以北的孝丰地区。

3月1日至27日，新四军突破了由苏浙皖挺进军总司令陶广纠集的12个团对其占领地孝丰的三面合围，并乘胜跟踪追击，再歼顽军1700余人，缴获迫击炮4门、轻机枪80余挺，取得天目山第二次反顽战役胜利。经此一役，新四军完全占领了天目山，解放了临安。由此，浙西纵横各100余千米的广大地区，包括长兴、广南、孝丰、安吉、武康、德清、吴兴、余杭、临安、於潜、富阳11个县的大部分或一部分均为苏浙军区控制，解放人口100余万。

第二次反顽战役后，根据中央要静观变化、暂缓大举入浙，同时要深入发动群众、巩固现有地区、发展敌后新区的指示，4月4日，苏浙军区领导机关离开长兴仰峰岕，搬至孝丰，与先前到达水口井村"乔家大院"的前线指挥部会合，17日移至井村吴家塘。4月26日，叶飞率部到达孝丰与粟裕会师，所属部队改编为四纵队。5月19日夜，新四军苏浙军区四纵队十一支队在富阳横渡富春江后，与二纵队一部会师，进入金萧地区，打通了与浙东四明山游击纵队（新四军苏浙军区二纵队）的联系。

1945年，顽军调集14个师，准备向天目山地区大举进攻，企图占领临安、天目山、孝丰，聚歼新四军苏浙军区主力后，再进攻莫干山、郎广地区，进而迫使新四军全部退出江南。对此，新四军苏浙军区于5月29日发动新登战役，6月2日攻占了新登城。随后粉碎顽军10个团的反扑，摧毁碉堡300多座，歼敌2200多人。是役，一纵队一支队队长刘别生与300多位指战员壮烈牺牲。

新登战役后，为与顽军作有节、有利的斗争，保持主动，新四军苏浙军区一让新登，二让临安，三让天目山。然而，国民党顽固派误判新四军的忍让为溃败，分左右两个"进剿兵团"向孝丰急进，大有"黑云压城城欲摧"之势。

六月中旬的江南进入了"黄梅季"，吴家塘的老宅显得格外潮湿、闷热。粟裕打着蒲扇，眼睛一直盯着墙上悬挂的地图。三天了，没有合过眼，炊事员送来的饭菜冷了热，热了冷。6月19日，前方突然传来消息：顽军左兵团进至孝丰以西之西圩市、百步山区，已突出新四军外围阵地附近；右兵团还在孝丰东南的港口地区，两兵团东西相距20千米。战机出现！粟裕迅速下达命令：集中六个团向顽军左兵团突击，迅速迂回，勇猛穿插，分割包围。经一昼夜激战，歼敌大部。而后挥师围歼右兵团，粟裕要求部队采用"黄鼠狼吃蛇"的办法，将敌人拦腰截成几段，实施多路突击，一部分一部分地歼灭溃逃的敌人。23日，在"为皖南烈士们报仇"的口号声中，共歼顽军五十二师在内及突击纵队司令胡旭旰、第五十二师副师长韩德考、第79师参谋长罗先觉等以下官兵6800余人，缴获各种炮17门、轻重机枪130余挺、长短枪千余支，取得天目山地区第三次反顽战役胜利。

天目山地区三次反顽战役的巨大胜利，促成浙西抗日根据地的建立，使浙西和苏南连成一片，成为对日寇大反攻的坚强基地、我党领导的大解放区之一。

"江南小延安"

1945年2月，随着新四军苏浙军区成立，苏南区党委、苏南区行政公署也先后搬至仰峰岕和白岘的尚阳村办公，着手开始根据地政治、经济、文化及后勤保障建设。一时间，在方圆近百平方千米的浙北崇山峻岭中出现了十多处军区所属机关和后勤保障场所。有仰峰岕的新四军苏浙军区司令部、政治部、供给部，温塘村的新四军苏浙军区一纵队司令部，尚阳村的苏南区行政公署，桥下村的中共长兴县委、县抗日民主政府等部队和政府机关，还有台基村的苏浙公学、梓坊村的江南银行、温塘村的银行兑换所、茅山村的后方医院和疗养所、石臼村的兵工厂、水曲岕的修枪所、东风岕的民生煤矿、丁岕的鞋厂、横岭岕的被服厂、缠岭的苏南报社和庄头的报社编辑部等教育、宣传和后勤保障场所。这些场所或人来人往，熙熙攘攘；或机械声、金属敲击声，叮叮当当。根据地军民自豪地说：我们这儿是"江南小延安"。

槐花坞台基村张宅是一幢清末徽派建筑，坐北朝南，粉墙黛瓦，为五开间两梢外加一字墙的砖木结构楼房。内院四面高墙，斜八字门楼。一字墙上写有铁红色墙头标语："革命熔炉""这里没有黄埔军官，只有身经百战的老战士；这里没有学士博士，只有宝贵经验的革命者"。外围墙写有"遵守纪律、自动自治、团结互助的学风；学用一致、实事求是、埋头苦干的精神"。

1945年2月22日，为了培养人才，军区在这里创办了"抗大"式学校苏浙公学，粟裕兼任校长，江渭清、骆耕漠任副校长，苏南各军政首长亲自讲课。公学主要授课内容为新民主主义之军事、政治、文化各课程。校内设军事、经济、文化三个系。内部组织适合敌后游击战争环境，学生生活则一律军事化。

苏浙公学共举办了两期培训班，来自部队、根据地、沦陷区的学员1400余名，编为7个中队，包括1个女生队。学生的生活、学习条件十分艰苦。睡的是竹榻，坐的是竹椅，烧的是竹梢，用的是竹碗，喝的是竹水壶，吃的是竹笋，穿的是竹纽扣衣服，点的是竹片灯，写的是竹枝笔。学员戏称"我们是竹子世界打天下"。

苏浙皖三省交界的三洲山，半山腰上有个叫茅山的古村落，古树参天，十多幢施姓民宅坐西面东，依山而建，拾级而上。在村的东头有幢前后两进外加一字墙的施氏祠堂。1945年2月，苏浙军区在十六旅后方医院的基础上，以施氏祠堂为中心正式成立军区后方医院（疗养所）。借用民宅、祠堂大小房屋12间，其中包括手术室、内科室、外科室等，医务人员有50人，是名震一时的"红色医院"。

医院建立时，医疗设备十分简陋。军区卫生部的同志看到当地满山都是竹子，便学习苏浙公学学员，发动大家就地取材，利用"竹子世界"办医院，制作竹担架、竹药碗、竹镊子、竹探针、竹药箱、竹便壶等。

2022年5月，修缮后的新四军苏浙军区无名烈士纪念碑（长兴县退役军人事务局供图）

　　由于医疗条件简陋的原因，许多伤员得不到及时有效的救治，最后不得不做截肢手术，有些在手术台上再也没有醒过来，长眠在医院后面的山坡上。当时，为了当地村民不遭日伪的报复，烈士的墓前没有立碑。时过境迁，这些墓丘成了一座座无名的烈士墓。2021年3月至今，长兴县检察院、长兴县退役军人事务局组织专项行动，组织开展对无名烈士墓群抢救性修缮和保护工作，以坚决捍卫烈士尊严，不让烈士的鲜血白流，不让烈士的忠魂寒心。

　　粟裕司令员对军区干部要求说："我们的战士必须有饭吃，还要有衣服、鞋子穿，这样才有战斗力，才能打胜仗。所以，我们一定要想办法保证战士们能吃饱穿暖。"于是，在战斗间隙，根据地出现了与陕北南泥湾一样的"军民大生产"场景，新四军指战员亲自垦荒种地渡粮荒。在老百姓的支持下，根据地还办起了兵工厂、修枪所、被服厂、鞋子厂等。

　　军区供给部在原十六旅被服厂的基础上，在横岭岕扩建了军区被

新四军兵工厂用来鼓风炼制兵器的大风箱（新四军苏浙军区纪念馆藏）

服厂。在服装制作过程中遇到了一个难题，因为敌人的封锁，采购不到纽扣，所以发到战士手上的不少军服没有钉上纽扣。没有纽扣的服装给战士生活、战斗带来许多困难，有位机灵的战士对此想出了一个解决办法。槐花坞山区毛竹多，他用竹片制作成精巧的纽扣钉在衣服上，漂亮且耐用，战士们见了纷纷效仿。一段时间后，战士的军衣都用上了竹片做的纽扣，成为苏浙军区生产的军衣的一大特色。

金鸡岭前的石臼里银杏华盖，仅住两户人家。新四军借用杨宅第一进和门厅建立兵工厂，有翻砂和铸造车间。兵工厂从外地请来枪械师，不但修理马克沁、捷克式重机枪，还生产迫击炮炮弹、地雷、手榴弹等，有效缓解了部队枪械和弹药的供应问题。为保证兵工厂正常运行，兵工厂在东风岕开煤矿，办起了民生煤行，从槐花坞老街找来大风箱，以提高冶炼温度。大风箱是由一棵大树掏空制作而成，长2.18米，直径0.5米。拉风箱特别消耗体力，忙的时候，每天要12位战士轮流上岗。

为了稳定根据地经济，苏南行政公署还启动了江南印钞厂和江南银行的筹建工作。1945年6月，江南银行在梓坊村小寺庙正式成立，行长范醒之，副行长管寒涛。发行"壹元、伍元、拾元"三种面额的抗币，各区政府印制"伍角、壹角、伍分"等辅助券。抗币一经发行，便受到根据地群众的欢迎。老百姓纷纷拿着贬值的国民党"法币"和"储备票"到位于温塘村的江南银行兑换所换成抗币。

新四军六师十六旅挺进长兴后，为进一步宣传抗日，在根据地继续印发《火线报》。1944年10月，中共苏南区党委在《火线报》的基础上创办了《苏南报》，并在白岘乡的缠岭、庄头村分别开设了报社和报社编辑部。1945年8月，《苏南报》改名为《苏浙日报》，粟裕兼任社长。同月，新华社苏浙分社成立，加强了苏浙皖地区的新闻事业。通过这些报纸刊物，不少进步人士了解到苏浙军区的情况，纷纷向军区捐钱捐物，或是参加新四军，投身到抗日事业中来。

泪别江南

1945年8月15日，日本宣布无条件投降，消息传到浙西抗日根据地，军民欢天喜地，舞龙、舞狮、玩旱船，敲锣打鼓，欢庆这一伟大的日子。

为了督促日军就地向中国军队投降，新四军苏浙军区立即对日本驻军发出了《新四军苏浙军区对日本驻军通牒》，对不投降的坚决予以消灭，所有部队兵分四路向各地拒降的日伪军展开猛烈反攻。于是，新四军捷报像雪花一样传到槐花墩，传遍浙西大地。

8月18日，收复长兴县城；

8月19日，收复溧阳、金坛、溧水县城；

8月23日，收复句容、安吉；

8月24日，收复郎溪、广德；

8月28日，收复高淳、宜兴；

……

整个战略反攻任务可谓新四军苏浙军区的"百团大战"。在两个月反攻作战中，苏浙军区第一、第三、第四纵队和地方武装及民兵歼灭

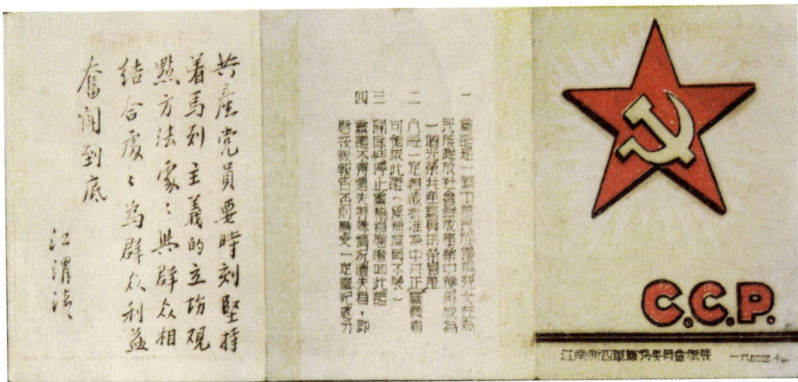

中共临时党员证（新四军苏浙军区纪念馆藏）

日伪军7000多人，使苏浙皖解放区广大地区连成一片，新四军与地方武装发展至5万余人。

正当新四军摧枯拉朽扩大战果之时，中共中央向苏浙军区下达了全面"向北发展，向南防御"的战略方针。9月20日，党中央指示华中局："浙东、苏南、皖南部队北撤，越快越好，此事已在重庆谈判中，当作一个让步条件向对方提出。"根据中央部署，苏浙军区要北撤至长江以北。

要离开长期浴血奋战的根据地了，指战员们依依不舍，根据地人民也是依依不舍。从抗日战争初期进军江南敌后，到1943年秋挺进浙西开辟抗日根据地，直至夺取抗日战争的最后胜利，有成千上万的英烈牺牲在这块红色沃土上。

粟裕亲临各纵队进行宣传和动员，分析当前形势，讲解上级政策。苏浙军区政治部也发出了《告别民众书》，向苏浙皖边人民群众进行了告别：

> 中共中央与本军军部，为避免内战，力求全国和平建国的新时期早日到来，乃毅然作出最大的忍耐和让步，令我江南新四军与抗日民主政府即日起全部退出江南。
>
> 我们巴望我们的退让能够换得全国的和平，能够减少人民当

前的损害，我们将能在独立、民主、富强的新中国的自由新空气中，再回来与各位畅谈衷情。

1945年10月初至下旬，新四军苏浙军区各纵队陆续忍痛撤出江南，渡江北上。

文教光华：新学革新与抗战办学

　　教育是每个时代亘古不变的文化传播手段，是民族振兴和社会进步的基石。

　　长兴县办学历史悠久，宋庆历四年（1044），始建县学于县城东，明嘉靖九年（1530）迁址于县城西（今人民广场处），光绪三十一年（1905）废县学。长兴书院始设于元代，盛于明清。至元二十四年（1287），县人蒋必胜创东湖书院于夹浦皋塘寺，时为全国40所著名书院之一。元朝时，长兴县城边也设有书院。明朝开国以后，书院从磨盘山迁至城区，由于箬溪穿城而过，碧水泱泱，垂柳夹岸，颇有诗情画意，遂取名为"箬溪书院"。万历三十一年（1603），知县熊明遇于县城东北隅金莲塔西建松水社堂，至万历三十四年（1606）建成，内特辟书院，即为箬溪书院。明末，清军南下，因战乱，箬溪书院被毁，乾隆五十五年（1790）重建。咸丰十年（1860），因太平军攻打长兴，箬溪书院再次毁于战火。同治四年（1865），重建箬溪书院于承恩门讲德书院旧址。光绪十一年（1885），兵部主事、大书画家张度复筹资扩建。清末，箬溪书院已成为县内文人学士论文习典之地。光绪三十一年（1905），废科举、兴学堂，自此，书院体制结束。清代，长兴的县学、书院均有专建房屋，而私塾没有，较多借祠堂庙宇或民房。康熙二十五年（1686），办义学、塾学。清末，长兴城乡各地遍设私塾。1912年，私塾与学校并存。其后，公学渐兴，私塾渐衰，直到1952年，私塾全部停办。

清末学宫图（长兴县档案馆供图）

长兴在清朝末期开始废科举、创新学的教育变革，书院改为学堂。光绪三十一年（1905），箬溪书院改为箬溪高等小学堂，首任校长皇甫松采纳西方办学方法，初设国文、英语、算术、体育各门课程，其后又陆续增设音乐、美术、自然、史地等课程，并改以班级授课形式施教。光绪三十四年（1908）改安溪书院为安溪两等小学堂。宣统年间（1909—1911），全县有小学堂11所。箬溪高等小学堂学制为7年，因那时长兴尚无中学，故小学堂毕业后要升学的必须去湖州或杭州。中华民国建立后，箬溪高等小学堂学制改为6年，此前长兴尊孔祭孔极为隆重的仪式，也从此偃旗息鼓。民国以后，长兴教育有了较为明显的发展，建立了较为齐全的近代中小学、幼儿、职业教育体系。虽历经曲折，但也顺应了时代潮流，培养了大批优秀人才。

1912年，南京临时政府教育部颁发《小学校令》《普通教育暂行办法》。长兴县据此拟定了《对于小学教育的办法》，学堂改称学校，实行男女同校。小学分为高等小学、初等小学两级。高等小学由县设立，初等小学由城乡设立，并执行"凡私塾设在学校附近一里半以内者定期关闭"的省教育司通令；小学学制按《壬子学制》实施，初小为4年，高小为3年。是年，和平、虹星桥、合溪、鼎嘉桥、白阜等地创办了小学。1913年，丁凤元夫妇创办了长兴第一所女子小学。这一时期，城镇小学有所发展，雉城镇相继办起6所私立初等小学校，乡村初等小学仍无法普及。1916年，遵照教育部推行四年义务教育的决定，改初等小学为国民学校，并一再运用法令、法律的手段，强制推行四年义务教育，但收效甚微。是年又将各初等小学改为国民学校，草创伊始，这些区立小学与原来的私塾并无多大区别。为了辅导这些学校逐步趋向正规化，长兴教育主管部门就把箬溪高等小学更名为县立箬溪中心小学，为全县小学教育的辅导中心。箬溪中心小学曾经开展多种形式的辅导活动，如举办各科示范教学，出版《箬溪学刊》报道情况、介绍经验，举办教具等各种类型的展览会，以及开展科学讲座、时事讲座等，对提高全县教学质量起了积极的推动作用。

1922年11月，执行《壬戌学制》，小学教育年限为6年，其中初小4年、高小2年。1924年，全县小学增至104所，在校学生4763人，教师180人。1929年，将小学分为低年级（1—2年级）、中年级（3—4年级）、高年级（5—6年级）。全县有小学87所，其中高小10所、初小77所；学生4997人，教职工197人。据浙江省教育厅编《教育概况》记载，其时长兴县有学龄儿童23615人，入学儿童占学龄儿童总数的21%。1929年11月，长兴县教育局在雉城镇的朱家白场（今八佰伴地块）举办了长兴县第一届小学生运动会。

1932年，省教育厅要求每个乡镇至少应设立1所国民学校，乡镇小学经费由各乡镇公所按田亩或按户摊捐；全县按7个行政区（城东、泗安、和平、鼎新、合溪、虹溪、城区）设立区中心小学校。1936年，县规定区中心小学负责辅导所属乡镇之初级小学。抗日战争之前的几年，学校教育发展较快，私立小学先后有4所，学校数增至159所，但入学儿童数仍未超过全县学龄儿童总数的30％。

在这一时期，诸多爱乡人士也为长兴小学教育的发展做出了重要贡献。全面抗战前，全县创办的有影响的小学有：1912年，徐伯纯在虹溪龙从浜关帝庙创建正谊初级小学；1913年，丁凤元、戴毓儒夫妇在雉城创办了县立女子两等小学校；1914年，包桥柏家村柏云泉在木竹弄创办了私立广智初级小学校；1925年，包桥邱惟清、邱闾如在南石桥邱家村祠堂创办东吴22小学（教会办学统一命名，1930年改名为县立南筈初级小学）；1927年，唐鼎和在泗安创办私立宁绍小学；1929年，雉城镇明德、尚公求是校合并为三才小学；1934年，雷震捐资在小溪口创办私立长安完全学校。

新式学校的创立与发展并不意味着旧时教育体制的彻底结束，清亡之后，私塾仍延续了近半个世纪。清末民初，县内存在四种私塾类型：一为家塾，富户请塾师在家设馆教育子弟，供塾师膳宿修金（工资）；二为村塾，一村合聘塾师在村设馆，家长轮流供塾师膳宿，分担修金；三为门馆，塾师在家招生开馆，投学生年纳修金3—5元不等；四为族馆，宗族祠堂出资聘塾师开馆，供族内儿童免费入学。民国建立后，政府几经取缔，但城乡私塾屡禁不绝。1932年，长兴县政府整顿、改良私塾，补小学教育之不足，该年全县私塾120所，塾师120人，男女学生合计1320人。1935年，县政府进行塾师登记，仅79名塾师参与登记。其后，私塾又有增减，长兴县最后一所私塾直至1952年才被学校取代。

除小学、私塾教育外，幼稚园、职业教育、民众教育等也在这一时期兴起。1933年，由三才小学校长叶竹修和绅士钟佩苍发起，在雉城三才小学内始设幼稚班，有幼儿40名，教养员3名，日军入侵后停办。

1914年，县劝学所所长丁凤元动员社会各界人士捐资，在雉城仓前街的仓城内创办长兴县贫民习艺所，采取民办公助的形式，分设棉织、针织、藤器、木器、竹器、油漆6个科，招收家庭贫寒、志愿学艺的青少年，延师授艺兼教文化（主要是识字、珠算），半工半读，期限3年。满师后，可自行外出开业或留所做工。这是长兴县最早的一所具有职业技术教育性质的学校，1925年秋，因经费困难而停办。

民国时期，工农教育称民众教育，由县政府教育科（局）统一管理，负责制订实施民众教育计划、经费预算。民国初年，各地相继成立通俗讲演机关，内容包括国民修身卫生新论、地方自治、经济概要、科学知识等。1929年，县成立识字运动委员会，开始实施扫盲教育；7月，成立民众教育馆，直接开展民众教育工作；是年开设民众学校8所。1931—1934年，全县民众学校分别为13所、26所、21所、24所，以1932年为例：全县26所民众学校，其中县立10所、区立9所、乡立7所，学生1450人，毕业生821人，经费总额2076元；另有民众教育馆1所、县立图书馆1所、民众问字处35所、民众代笔处35处、民众壁报处33所、民众茶园2处、中山公园1处。

1937年11月25日，长兴城区沦陷，焦土一片，居民四散，日军占领县城长达八年之久，源远流长的长兴教育事业遂遭彻底破坏。全面抗战期间，长兴出现了由国民党控制的国统区、共产党领导的抗日根据地和日伪占领的沦陷区，以及以上三种势力的交错地带。在这特定的环境中，三方进行了革命与反革命、奴化与反奴化教育的斗争。日伪政府在沦陷区设立日伪小学，国民党政府则推行国民教育制度，实行政教合一，并规定在接近敌伪据点的每个乡镇设流动小学一所，成立流动施教团，深入敌后进行抗日宣传工作。

1937年11月，日本侵略军占领长兴，城镇学校均毁，箬溪中心小学从此停办，其他学校也相继停办。至1938年9月后，国统区学校渐次复课，并设置了部分学制一年或两年的流动小学；1939年，恢复中心小学4所、完全小学2所、镇立初小22所、流动小学43所。1940年以后，民国政府推行国民教育制度，开展义务教育和民众补习教育，小学改称"国民学校"或"中心国民学校"。保国民学校依初级小学编制，施以或4年、或2年、或1年的小学教育，乡镇中心国民学校分别施以或6年、或4年、或1年的小学教育。1941年，中心国民学校18所，国民学校94所，另有未按国民教育法令改设的普通小学10所、流动小学4所。1942年，民国政府办的小学有18所，学生7985人，入学儿童占学龄儿童的26％。1943年秋，全县国统区大部分沦陷，民国政府所办小学锐减。1942年，日伪政府在沦陷区开设日伪小学3所，学生521人；1943年后，日伪所辖学校增多。其间，私塾、民众教育也有所发展，但避免不了被时局冲击。

全面抗战期间，于长兴教育而言，最为重要的莫过于长兴县战时初中学生补习学校的创办。1940年夏，为"抢救沦陷区失学青年"，避居于山区八都岕的长兴县政府奉浙西行署之令，委派潘凤韶筹办战时补习中学1所，为长兴县有中等学校之始。这所创立于抗战烽火之中的学校，在建校之初即经艰难跋涉、五迁校址，于抗战中成长壮大。1940年8月，学校择址于煤山原长兴煤矿矿警队队部20余间平房，定名"长兴县战时初中学生补习学校"（简称"补中"）。9月初，学校如期开学，在开学典礼上，县长严北溟亲临讲话，并为学校大礼堂写了如下楹联：岭嶂丛中建立苏浙皖边区教育堡垒，弦歌声里惓怀杭嘉湖铁蹄苦难同胞。第一次招初一新生124人，编为3个班级，学制3年。同年冬，学校教职员工8人，分别为校长潘凤韶，教导主任孙默岑，事务主任杨志青，教员皇甫钧、赵勇、唐文祥，职员冯安琪、曹桂翔。1941年9月，迁址到八都岕大岕口，其间曾受敌寇骚扰。1942年春，学校迁至泗安三天门，该年为"补中"极盛时期，设5个班，学生200人，教职工达20人。1943年春，教育厅来文，正名为长兴县立中学（简称"县中"）。1943年9月，日伪侵占泗安镇，学校一度疏散至横岕山中。1944年3月，县中南迁孝丰县桐杭继续复课，此后又流亡至桐庐县分水。1945年2月，学校停办。抗战胜利后，才在长兴县城内中山公园复校。

1941年9月，在长兴"补中"附设一年制简易师范科1个班，招生50人，为长兴县开办中等师范教育之始；次年8月，简师班学生毕业34人，均由县政府派充各中心学校或保国民学校校长或教员。其后所招简师班学生，由于受到战乱影响，均未学满毕业。

在全面抗战期间，长兴作为新四军苏浙军区所在地，革命教育自然为长兴教育事业的发展带来了新气息。1943年，新四军六师十六旅挺进长兴建立抗日民主根据地，在苏南行政公署的领导下，开展了革命根据地教育。1943年底开始在白岘乡办起小学，随着抗日民主根据地的日益扩大，学校越办越多。至1945年，除日伪军所占雉城、鸿桥、李家巷、泗安几个据点之外，全县各乡镇的学校都属于民主政府管辖。与此同时，根据地普遍开展了冬学运动，以提高农民群众的文化水平和政治觉悟。苏浙公学的建立，培训了千余名军队和地方干部。革命根据地贯彻新民主主义教育方针，实行抗战与民主的普及教育，时间虽短，但对长兴教育事业的发展产生了深远的影响。

1945年9月，抗日战争胜利，长兴城区的居民相率回归故土，教育再次兴起。此时，长兴教育界前辈皇甫钧出任战后国民党县政府首任教育科长，他积极组织各地学校重新开学。当时学校既无校舍又无

合溪二等学堂（长兴县教育局供图）

合溪镇第七保国民学校（长兴县教育局供图）

经费、无设备，但那时大家有一股热诚办学的决心，校长、教师积极动手、自力更生，因陋就简地加以解决。10月，雉城中心学校正式开学。翌年初，长兴县立初级中学（简称"长中"）招生开学。早先流亡在外的长兴县中的部分学生，此时也转来长中就读。除初中、简师外，长中另有短期师训一班，学制一年。至1948年秋，长中达到新中国成立前的最高学额，有初中6班、简师3班，学生300多人。

20世纪50年代，长兴中学第一幢苏式工字教室（长兴县教育局供图）

第八章

征程万里阔

现代

浙江文史记忆

·

长兴卷

钟山风雨起苍黄，百万雄师过大江。1949年4月26日，中国人民解放军解放了长兴。5月16日，中共长兴县委、长兴县人民政府正式宣告成立。从此，全县人民以一往无前的进取精神和波澜壮阔的创新实践，"虎踞龙盘今胜昔，天翻地覆慨而慷"。话剧《烈火红心》，以20多位复员军人白手起家、艰苦创业的故事为素材，表现了新中国成立初期筚路蓝缕、勇于创新的长兴建设者群像。民间艺术百叶龙舞，碧荷相拥，花舞成龙，动与静、刚与柔相得益彰，九赴北京城，二进中南海，出访过十多个国家和地区。党的十一届三中全会的春风吹遍大江南北，西苕溪畔的古老村落狄家𡎚村，拉开了浙江省农村改革的大幕。1992年，征途上扬起浩浩风帆，长兴县在全县范围开展"更新观念、解放思想"大讨论，于是，长兴人坐不住了、动起来了、赶上来了。1995年，长兴首次跻身百强县，位列第81位。此后，长兴人民"实"字当头、一干到底，全面推进高质量赶超发展迈入新境界，在新的历史起点上，为奋力夺取新时代中国特色社会主义伟大胜利继续乘风破浪。

烈火红心：长兴耐火器材厂

1958年5月8日，首都北京，中南海怀仁堂内春意融融，灯火灿烂。党的八大二次会议正在热烈地举行。特邀代表、浙江长兴耐火器材厂厂长李兴发，面对会场上1000多位代表，用浓重的长兴口音，讲述着他和他的战友们艰苦创业的故事……

1954年，长兴县李兴发等22位复员军人创办耐火器材厂。他们在落后的生产条件下，经过刻苦钻研，生产出了国家急需的热电偶管，之后又相继烧制成功耐高温钼丝炉炉管、氧化铝坩埚及其他高级耐火器材，有力地支援了国家工业建设，其事迹被各种媒体广泛报道，受到毛泽东、周恩来等党和国家领导人的关注，成为艰苦创业的典型。

李兴发，浙江长兴人，1944年8月，16岁的他参加了新四军的地方部队，12月加入中国共产党。1945年随新四军北撤，后转战东北，历任警卫员、副排长、排长、副连长、连长等职，1954年4月转业回乡。

1954年9月，李兴发等人带着战场上的一身硝烟，从朝鲜、中国西藏等地先后复员回到家乡——长兴县。多年不见，故乡的山山水水使他们感到格外亲切，可是，故乡的现状现貌又很快使他们转喜为忧。负责接待的县民政科和兵役局的领导告诉他们，由于春末夏初连降暴雨，全县近30万亩粮田严重内涝，减产近3000万斤，许多农民口粮不足，地方财政非常困难。严峻的现实，迫使他们面临一个选择：是给县里"增添麻烦"享受政策照顾呢，还是为县里分忧解难？汪光华、李兴发、向光才等几位老战士想到一个办法：集资办厂，为国家分担困难。

1954年底，想到国家正在大力发展钢铁工业，急需耐火材料，李兴发、汪光华等22名长兴复员军人经过商议，决定创办一个耐火材料厂，他们共同凑起仅有的3700元复员费，在合溪（今长兴县小浦镇境内）办起了长兴县荣军化工窑业厂，厂长由李兴发担任。

1954年12月20日，他们在合溪光耀一个破庙里举行开工典礼，县兵役局送来一面锦旗、一口大铁锅和两盏汽油灯以示祝贺。厂长李兴发公布了全厂家底：金刚砂300斤，耐火泥1000斤，木榔头3把，铲刀6把。开工了，正是严冬腊月天，他们做的是泥水的活，手一下子就冷得发麻，脚也冻僵，他们跺一跺脚，把手指放在嘴边呵口热气，继续工作。就这样，20多人凭着这些简陋到不能再简陋的设备，迈出了艰苦创业的第一步。

为渡难关，厂党支部提出"节省每一分钱，为积累工厂资金而奋斗"的口号。大伙儿节衣缩食，只吃饭（两稀一干）不拿工钱。厂里还组织一部分职工家属上山砍柴挖野菜，既搞副业收入，又能以菜充饥。没有资金买原料，就自己开矿挖泥；付不起搬运费，就自己肩挑背驮。当时从江苏宜兴运来的材料砖，只能运到光耀的普桥港，从普桥港到厂里，来回还有两三千米山路要走。1954年除夕，运货的船到了，但过年时有走亲戚的老传统，一耽搁就得好几天。怎么办？大伙儿一致表示：立即动手！他们肩挑背驮，迎着刺骨的寒风，行进在崎岖的山路上，就这样度过了一个难忘的除夕之夜。困难还不在于冷，更在于生产技术水平的落后。第一次成品出来，检验结果是百分之百

耐火器材厂资料图（长兴县史志研究室供图）

的废品，之后，接二连三又出了四窑废品。困难面前，他们想着自己是革命军人，在战场上能打胜仗，在工业建设上也绝不能吃败仗，于是，他们虚心向技工学习。

汗水没有白流，春节后不久，首批产品——碳化矽炉膛终于烧制成功了。该产品受到上海新华仪器公司等用户的好评，并继续批量订货。从此，工厂摆脱了困境，开始迈上新的台阶。

1955年4月，为了扩大生产，工厂迁至县城小东门新厂址，有了28间厂房和两座倒焰式小窑，有一个高达数丈的烟囱，并在上海设立了业务接洽处。1956年2月25日，工厂成功转为地方国营企业并更名为"浙江长兴耐火器材厂"。1957年，该厂在缺少专家、没有资料、没有专门设备的情况下，经过7个月的试验，成功试制出热电偶管，不仅性能高于同类进口产品，而且成本只有进口产品的七分之一，为国家节省了大量外汇。

这之后，各级报刊先后对该厂艰苦创业、勇攀科技高峰的事迹进行了报道，引起了党和国家领导人的注意。周恩来认为这是一个艰苦创业的好典型，随后向毛泽东进行了汇报。1958年春，长兴耐火器材厂厂长李兴发作为特邀代表赴京，参加了5月5日至23日召开的党的八大二次会议，并作为大会发言代表汇报了22名复员军人自筹资金艰苦创业办厂的历程。在讲到克服各种困难研制出替代进口产品耐高温钼丝炉炉管时，李兴发说："外国人能做的，我们也能做"，毛泽东这时站了起来，挥手示意停一下，并插话说："外国有的，我们要有；外国没有的，我们也要有！"全场爆发出雷鸣般的掌声。会场上有一位军人，听后特别激动，很想找人把这段事迹写成戏剧搬上舞台，他就是沈阳军区前政委周桓上将。他找到前线歌舞团团长张泽易，要求派一名作者在他的指导下写这部戏，张泽易派出了著名军旅剧作家刘川担纲。周桓与刘川见面三天后，写信给当时的浙江省委书记江华，请省委办公厅安排刘川直接去长兴耐火器材厂深入生活、搜集资料。1958年七八月，北京人艺导演梅阡得到了话剧《烈火红心》剧本的消息后，向刘川要了一份剧本，开始排演这部话剧，由北京人艺的台柱、著名戏剧表演艺术家童超饰演剧中主人公。那一年，童超还在扮演话剧《智取威虎山》里的杨子荣。北京人艺当时一共只有四个导演，第一轮演出派出导演梅阡，第二轮演出派出导演欧阳山尊。如此强大的导演与演员阵容，使话剧《烈火红心》在全国公演时获得了巨大的成功，各地话剧团也派出了强大阵容争相排演。1958年10月，《烈火红心》发表在《剧本》上，11月，由中国戏剧出版社出版。1958年12月25日，北京首都剧场，周恩来总理约来了文化部副部长钱俊瑞、北京市

北京人艺演出的《烈火红心》剧照（谢工供图）

委文化部部长陈克寒同看《烈火红心》，由北京人艺四队演出。看完演出后，周总理要求派一个队到长兴去，到厂里找到关键人物学习、研究，再改剧本，要求着重研究修改五大问题："两条腿走路"问题、科学根据问题、对待知识分子问题、关心群众生活问题和民主管理问题。北京人艺派出了梅阡、欧阳山尊、童超三人，先去上海与刘川见面，再从上海到长兴耐火器材厂体验生活，对剧本进行修改。1960年4月，中国人民艺术出版社再次印刷发行改定本。

　　1959年10月26日至11月8日，李兴发出席全国群英会（工业、交通运输、基本建设、商业、财政、金融等部门先进集体和先进生产者代表），受到周恩来、朱德、李富春等领导同志的接见。1959年和1960年，长兴耐火器材厂先后被评为"全国钢铁生产红旗单位""全国工建交财贸先进集体""全国先进基层单位"。

　　1978年3月18日至31日，全国科技大会召开，邓小平讲话并提出"科学技术是第一生产力"的著名论断。长兴耐火器材厂总工程师高德芝参会并作书面交流。3月27日，中央广播电台播报该厂艰苦奋斗、勇攀科技高峰的先进事迹。

百叶龙舞：首批国家级"非遗"项目

"百叶龙，由男女农民20多人扮成荷花、祥云、蝴蝶，随着悠扬的歌声在静谧的荷花池内翩翩起舞，刹那间，江南丝竹戛然而止，灯光转暗，即刻狂风大作，惊雷阵阵，一条十多米长的蛟龙从池中跃起，翻腾飞舞，九曲十回。那倒海翻江、气贯长虹之势一下子把观众吸引住了……"这是1980年6月初，新华社用英、法、俄、阿拉伯等5种文字向东南亚一些国家介绍、赞誉由我国农民创作的民间艺术奇葩——长兴百叶龙时的一段话。

长兴百叶龙源于长兴县林城镇天平村一个美丽动人的民间传说，至今已有200多年历史。传说中，天平村有个七亩塘，水面上铺满了荷叶，蜻蜓、蝴蝶在其间飞来飞去，非常美丽。当时荷塘边住了两户人家，一家有个儿子叫百叶，一家有个女儿叫荷花。百叶和荷花青梅竹马、两小无猜，长大后结为夫妻。不久，荷花生下一个男孩，腋下有龙鳞，人们都说他是龙种。村里族长以为是不祥之物，要将孩子杀死，谁知孩子居然化作小龙腾空而去。从此以后，每逢干旱，小龙就会赶来耕云播雨。天平村因此风调雨顺，五谷丰登。村民感激小龙，就从池塘中采来荷花荷叶，精心制作成一条龙，取其父名，称为"百叶龙"。每逢新春佳节，村民便舞龙赛灯以期"国泰民安、风调雨顺"。后来，民间舞蹈百叶龙在旧中国失传了几十年。

1950年冬天，为了庆祝土地改革，天平村农民王长根、王如秋、姚生福等人在老人们的口头描绘中，先后花了近两个月的时间，用纸和竹片扎出了新中国成立后的第一条百叶龙。1955年，时年34岁的王长根，又组织一班青年农民上门向百叶龙第二代传人赵顺风求艺，并重新进行创作，获得成功。每次演出，田畈里都挤得水泄不通。农民们从乡里舞到县里，从县里舞到地区。浙江省群艺馆闻悉赶到天平村，协助加工整理，使百叶龙制作工艺更加精湛，舞蹈艺术也有了新的提高。

1957年1月，王长根带领百叶龙舞队到杭州参加浙江省第二届民间音乐舞蹈会演，荣获一等奖，后又被推选出席第二届全国民间音乐舞蹈会演。浙江省文艺辅导大队的余伯忠对百叶龙的造型作了一系列改进，在制作上采用了棉纱、铁丝和人造珠宝等材料，百叶龙身体发光部分也将传统的点蜡烛改为干电池加电珠泡，从而使百叶龙的艺术形象更加饱满。11日，浙江与云南的表演合为一场，在天坛剧场演出，百叶龙为压轴戏。百叶龙舞在京共演出7场，慰问了工人、解放军，声势很大，赞扬声热烈。为了能够将百叶龙的魅力展现给中央领导和全国人民，王长根、谈春根等农民艺人每一场演出都舞得非常卖力。王长根舞龙头，18斤重的龙头外加龙体的牵拉力，手上吃的劲少说也在30斤以上；谈春根舞龙尾，这也是一件技术加力气活，从第一点锣鼓响起，谈春根就开始不停地奔跑，龙头动一分，龙尾摆十米。

长兴农民创作的百叶龙舞表演精彩、技艺有水平、意境优美等赞语纷纷传入毛主席耳际。不日，负责调演的一位同志向他们传达毛主席的意见："五一"国际劳动节、国庆节时，可多扎几条"百叶龙"在天安门广场联欢演出。当时，王长根等艺人们听后内心非常激动，一连兴奋了好几个晚上。会演结束时，百叶龙舞一举荣获特别奖。同时，被邀请到中南海怀仁堂汇报演出。当时，毛主席不在北京，刘少奇、周恩来、朱德等中央领导接见了王长根和谈春根等农民艺人，与他们亲切交谈、合影留念。王长根和谈春根还获得一支大号金星钢笔，钢笔杆上刻着"周恩来赠"的字样。

第二年国庆节，天安门广场上的10条百叶龙翻腾起舞，盛况空前。这是著名舞蹈专家戴爱莲根据毛泽东意见，在周恩来关心下，组织排练演出的。"文化大革命"期间，百叶龙这一传统民间文艺被禁锢，粉碎"四人帮"后才得以重展雄姿。

1980年初夏，党的十一届三中全会后的首都北京显得格外生机盎然。5月24日，国家文化部、农委召开全国部分省、市、自治区农民业余文艺调演领导小组会议。组长贺敬之强调指出："中国革命离不开农村，革命文艺离不开农民，丰富农民的业余文艺活动是一件大事。"从28日起，全国各地的农民艺术家汇聚京城。在毛泽东、周恩来、刘少奇、朱德等老一辈革命家亲切关怀下成长起来的浙江长兴百叶龙舞，再次由中央拨款精心制作。"文化大革命"后的第一条新龙，仍由王长根带班，于30日到达北京。6月1日，由浙江、宁夏、湖南三省节目组合而成的开幕式在北京工人俱乐部举行。百叶龙舞在13个代表队的众多节目中被推为开场戏，精彩的表演博得观众一阵阵雷鸣般的掌声，在9分钟内掌声达6次之多。《人民日报》、《光明日报》、《中国农民报》、新华社以及电视、广播电台等50多家新闻单位和中外记者先后前来采访；新华社、中新社分别用英、法、俄、阿拉伯等文字向外发稿，宣传农民业余艺术调演盛况，并对百叶龙舞的演出作了专题报道。10日晚，万里、王任重、谷牧等中央领导在怀仁堂观看百叶龙舞汇报演出，百叶龙舞再次荣获优秀演出奖。调演结束后，王长根、谈小明他们被邀请留在北京，于6月14日至7月10日，参加彩色纪录片《泥土的芳香》拍摄工作，百叶龙舞这朵农民艺术奇葩被中国农业电影制片厂拍摄加工，搬上银幕。

1983年，第五届全国运动会筹备委员会派出上海文化宫工人业余

1980年，长兴百叶龙赴京参加拍摄电影艺术片《泥土的芳香》，原嘉兴地区有关领导与演员们合影（长兴县文化馆供图）

百叶龙参加长兴县庆祝中华人民共和国成立35周年街头表演（竺志祥摄）

舞蹈队，专程赶到长兴天平村学习百叶龙舞艺，王长根任指导。9月18日，在上海召开的第五届全运会开幕式上，上海工人业余舞蹈队组排的9条百叶龙腾空而起，狂欢起舞，为全运会增添了光彩。1985年，日本富士山代表团来到嘉兴市。晚会上，百叶龙作为压轴戏，赢得日本朋友的赞誉。1987年5月30日，为庆祝湖州市与日本岛田市结为友好城市，百叶龙舞在湖州市影剧院成功演出，增进了中日友谊。1988年3月2日，百叶龙舞在浙江省体育馆参加"华星杯"舞龙大赛并获得特别奖。9月6日，由浙江建材工人舞龙队表演的百叶龙舞再上北京，参加国际旅游舞龙大赛，百叶龙与百龙竞争，荣获银奖。1989年8月，浙江歌舞团排演了民间舞蹈百叶龙，前往马来西亚访问演出。首场在马来西亚首都吉隆坡演出，受到马来西亚观众的热烈欢迎。在马来西亚共演出61场，场场爆满，载誉而归。

1995年，百叶龙舞再度进京参赛获奖；2000年，百叶龙舞代表全国"群星奖"优秀节目进京展演；2002年，在浙江接轨上海的活动中，百叶龙舞在上海街头广场演出，再度轰动上海滩。2003年起，长兴百叶龙舞代表省、市频频出国演出，先后赴新西兰、韩国、法国参加对外文化交流，在演出形式、舞蹈动作、音乐、伴奏、服装设计、道具制作等方面大胆创新，以全新的面貌充分显示中华民间文化的独特艺术魅力。特别是在新西兰奥克兰市参加第四届中国新年灯会演出时，来自中国长兴的百叶龙征服了当地的13万观众。中国浙江百叶龙在新西兰引起很大轰动，《新西兰周报》头版头条刊登关于百叶龙舞的大幅照片。短短几天里，百叶龙舞被多次要求加演，原定演出8场，结果演了14场，获得新西兰亚洲2000基金会执行总裁巴特勒的盛赞。在绚丽的烟花和雷鸣般的掌声中，龙舞演员们打出"中国浙江·湖州长兴"的旗帜谢幕。最后，浙江省民间艺术代表团的长兴代表将百叶龙赠送给巴特勒。于是，这条精心制作的百叶龙永留新西兰，成为缔结中新友谊的"外交使者"。

2004年4月，长兴县出台了《长兴县百叶龙艺术培训基地建设实施方案》，筹措资金100万元，选择了具备百叶龙艺术传承条件的12家单位作为培训基地，并提出举全县之力发展百叶龙舞这项民间艺术。同时还聘请了谈小明、孙红木、邵小眉等为百叶龙艺术培训基地的艺术顾问。

2004年9月，长兴百叶龙在第七届中国艺术节开幕活动《风从东海来》大型文艺晚会上光彩夺目，荣获金奖；2005年，百叶龙获"华夏一绝"民间表演艺术大赛金奖，并在"春满华东2005年春节特别节目"、"中国新闻直播湖州春节特别节目"、韩国"中国长江三角洲投资环境说明会"、第三届澳门妈祖文化旅游节中尽显风采。10月，百叶龙赴法国参加了"感受浙江——法国·中国文化周"演出，由中法双方代表共同点睛的中国百叶龙翻滚跳跃、辗转腾挪。

2005年6月，长兴县文广新局充分利用新建大剧院的有利条件，正式组建了长兴百叶龙艺术团，承担起了长兴百叶龙的传承和弘扬任务。

2006年1月初，百叶龙赴北京参加中央电视台2006春节歌舞晚会的录制工作；后又从全国各地选送的6000件民间艺术精品中脱颖而出，参加了文化部举办的首届中国非物质文化遗产保护成果展。6月2日，长兴百叶龙被列入第一批国家级非物质文化遗产名录。同年，"百叶龙"商标被认定为浙江省著名商标。

随着百叶龙的知名度和影响力不断扩大，对百叶龙品牌的保护也越来越重要。2007年，百叶龙保护单位浙江百叶龙文化发展股份有限公司将百叶龙剩余的37类商标进行了全类注册，并在之后陆续收购了部分在外的商标。

2008年，第二十九届奥运会在北京举办，应中国驻法国大使馆的邀请，百叶龙赴法国巴黎参加奥运火炬境外传递活动，圆满完成了起点（埃菲尔铁塔）和终点（夏莱蒂体育场）的演出任务，充分展示了百叶龙的艺术魅力，成为奥运圣火传递活动中一道亮丽的风景。

2009年10月1日，在首都国庆60周年联欢晚会《腾飞中国》篇章，长兴百叶龙激情演绎，演出结束后，首都国庆活动指挥部向浙江省委发出了《关于表扬长兴百叶龙艺术团参加"首都国庆60周年联欢晚会"演出的函》。2010年6月，百叶龙参加了上海世博会"锦绣钱塘"浙江活动周开幕式及全程16场演出。2012年1月，百叶龙受邀参与了央视2012网络春晚的录制。2012年8月，应俄罗斯国防部的邀请，百叶龙赴俄罗斯参加了在莫斯科红场举行的第五届国际军乐节演出，百叶龙在10天内登台演出8场。同年，长兴"百叶龙"被认定为浙江省知名商号、湖州市十大示范服务商标，百叶龙荣获第二届全国新农村文化艺术展演金土地奖、2012"陆家杯"全国舞龙邀请赛金奖。2013年，长兴百叶龙参加了在广西南宁举办的中国（南宁青秀）舞龙展演暨第十一届中国民间文艺山花奖民间艺术表演奖评奖活动，并技压群芳，荣获了中国民间艺术最高奖"山花奖"金奖。

2014年1月，长兴"百叶龙"被认定为"中国驰名商标"。7月，百叶龙一行67人赴欧洲参加了瑞士第九届巴塞尔军乐节演出。2015年8月，长兴百叶龙应英方邀请、受国家文化部委派，赴英国参加世界第一大军乐节——爱丁堡皇家军乐节演出，为促进中英文化交流、推进中英两国关系进入黄金时代做出了积极的贡献。2016年10月，百叶龙赴卡塔尔参加中卡文化年"中国节"演出；随后参加中央电视台元旦特别节目《飞龙醒狮耀中华》录播，该节目于2017年1月1日在央视三套频道播出。2018年2月，百叶龙受埃及开罗中国文化中心邀请，赴埃及参加"欢乐春节过大年"演出活动。

2019年2月20日至26日，长兴百叶龙作为"诗画浙江"灯彩艺术巡演中的重要内容之一，参加台湾南投灯会巡演；4月参加"大运河文化带"龙舞精英赛，获得龙舞精英奖；6月10日至14日，百叶龙受邀参加在澳门举办的2019年"根与魂——浙江省非物质文化遗产展演"；6月27日参加了由浙江省文化和旅游厅主办的"非遗薪传"——浙江传统舞蹈展演展评活动，荣获薪传奖。2020年6月，参加长三角地区主要领导座谈会文艺演出。2021年5月，参加"迎建党百年 享美好生活"浙江省民间音舞大型广场展演展示活动，获得民间音舞精品奖；2021年6月1日，赴省人民大会堂参加《富春山居图》合璧十周年纪念活动演出。2019—2021连续三年参加了"中国国际进口博览会"人文交流演出。

"非遗"承载着历史记忆，延续着文化血脉。百叶龙品牌所蕴含的独特的"团结拼搏、无私奉献、开拓创新、追求卓越"精神，已经成为所有长兴人的百叶龙精神。"静则荷塘月色流光溢彩，动则蛟龙腾空气势磅礴"，"百叶龙"这朵中国民间艺术奇葩，这张文化名片，在不断创新发展中保持着永恒的艺术魅力和生命力，并向着更高、更美的艺术境界攀登。

联产到劳：狄家㘰揭开全省农村改革序幕

1978年，中国，站在了历史的关口上。

1978年5月11日，《光明日报》发表了题为《实践是检验真理的唯一标准》一文。12月13日，在中共中央工作会议闭幕会上，邓小平发表了题为《解放思想，实事求是，团结一致向前看》的讲话。12月18日至22日，中国共产党第十一届中央委员会第三次全体会议在北京举行，重新确立了实事求是的思想路线和邓小平在全党的领导地位，胜利实现了全党工作重心的转移。

1978年11月的一个冬夜，安徽省凤阳县小岗村的18户庄稼汉，抱着"坐牢掉头也甘心"的决心，签字画押，分田到户，影响深远的中国农村改革，从这里开始起步。

春江水暖鸭先知，近水楼台先得月。长兴县毗邻安徽省，安徽省各地农村联产承包和大包干的改革浪潮很快便在长兴产生了回响。

1979年11月，西苕溪畔一个古老村落，位处长兴县比较偏远地区的长城公社狄家㘰大队（现和平镇狄家㘰村），自发搞承包，率先揭开了浙江农村改革的序幕。

长兴县狄家坞率先实行联产承包责任制，宋忠孝同公社干部参观联产到户责任田（长兴县史志研究室供图）

1979年下半年，长城公社狄家坞大队泥船湾生产队（二队）遇到了难题。由于连续干旱，地里的油菜秧长势不好，原定的"春花"面积难以完成，连明年社员的吃油吃饭也成了一个大问题！队长徐预勤和队里的骨干社员们在生产队的仓库里秘密商量后，悄悄地把36亩零散的油菜田承包到户。他们用抓阄的方式划分田块，用皮卷尺丈量面积。这皮卷尺一拉，便拉开了浙江省农村改革的大幕。他们的实践得到公社党委书记宋忠孝的支持，并于1980年冬在全公社铺开。

第二生产队"包产到户"后，社员们各显神通，不到五天，36亩油菜全部种满。到第二年初夏，平均每亩油菜籽产量高达102公斤，总产量比往年翻了一番。初战告捷后，第二生产队连续作战，又把早稻、晚稻种植连续"包产到户"了。所以，尽管这年闹水灾，全公社普遍歉收，第二生产队却能喜获每亩水稻400公斤的丰收。这个消息震动四方。这一年，当浙江多数农村还风平浪静时，狄家坞第二生产队的"联产到劳"，已在长兴县不少生产队中成了或明或暗的实践。

但实践的成功并非一帆风顺。当公社领导在全县会议上介绍狄家坞大队"联产到劳"的经验时，遭到了批评。关键时刻，1980年5月31日，邓小平发表了《关于农村政策问题》的讲话。他肯定了安徽肥西和凤阳农民的创造，指出对包产到户的担心是不必要的。他强调："总的来说，现在农村工作中的主要问题，还是思想解放不够。"1980年9月，中共中央下发了《关于进一步加强和完善农业生产责任制的几个问题》的75号文件，文件撇开了包产到户姓社姓资的问题不谈，大讲包产到户的好处，并特别强调："在那些边远山区和贫困落后的地方，长期吃粮靠返销，生产靠贷款，生活靠救济的生产队，群众对集体丧失信心，因而要求包产到户的，应当支持群众要求，可以包产到户，也可以包干到户，并在一个较长的时间里保持稳定。"尽管有一个"三靠"的前提，但中央文件中明确提出"可以包产到户""包干到户"，确实鼓舞和振奋了广大农民群众。这期间，鼓励、质疑、观望等情况并存，但总体上确实是在朝好的局面发展。

直到1981年4月，从省委党校学习归来的县委书记丁文荣，带着一系列问题，坐着县里唯一一辆破旧的吉普车，带着铺盖和洗脸盆，赶往了那些实行承包到户的生产队：长城公社狄家坞二队、里塘公社和平生产队、二界岭公社郎村五队、和平公社官庄七队、长潮公社兴隆十四队、泗安公社赵村大队等，开展为期9天的调查研究。丁书记白天看田头，对照"包干"和没有"包干"的生产队的劳作状态，看社员"包干"的那股干劲儿，看田里庄稼长势的差距；晚上召集社员问情况，探访农民的心声。丁书记一共走访了103位社员，记了满满三本笔记，发现"联产到劳"真好！结束9天的调研后，丁文荣写了一篇1万余字的调研报告，列举"联产到劳"的十大好处，在县委常委会上作了汇报。考虑到领导中的不同意见，这篇调研报告以丁文荣个人的名义转发全县，推动了"联产到劳"在全县铺开。

在《浙江日报》刊登的《"联产到劳真灵"》（长兴县史志研究室供图）

1981年5月28日，《浙江日报》头版整版刊登了《"联产到劳真灵"——长兴县委书记丁文荣下乡日记》。第二天，《浙江日报》二版头条又以大篇幅刊登长城公社党委书记宋忠孝答记者问《怎样搞好联产到劳责任制》。两篇报道在全省引起巨大反响。8月18日，《人民日报》发表通讯稿《县委书记带头求教群众端正认识 改变与群众"顶牛"的局面 长兴县干群齐心协力落实生产责任制》，并配发短评《不能和群众"顶牛"》。

1981—1982年，长兴县5001个生产队全面实行家庭联产承包责任制，全县农业生产迎来了有史以来的全面丰产高产年！狄家坽大队的田间地头一下子挤满了慕名而来的各地考察人员。他们看到了长兴县的改革，带回了"联产到劳"的经验，家庭联产承包责任制迅速以燎原之势席卷浙江大地，全省农民生产积极性空前高涨。至1982年底，家庭联产承包责任制全面推行，渔业、经济林、山林等各业承包制开始实行，农村生产力得到极大解放，全县粮食总产量38.54万吨，超历史最高纪录。农民们编出了这样的顺口溜："灵丹妙药，一包就灵"，"包到哪，哪就好"，"治穷致富，承包到户"。

1983年1月，中央印发通知，要求全面推行家庭联产承包责任制，此时的长兴已基本完成该项工作。狄家斗农民勇立潮头、敢为人先，改变了自己，拉开了农村改革的序幕。狄家斗由此成了浙江联产承包第一村。

2008年12月1日，由浙江省委宣传

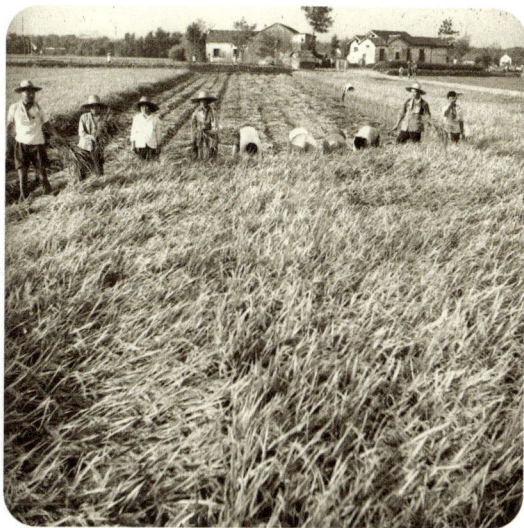

20世纪80年代初，时任县长王家祥与农民一起割稻（竺志祥摄）

部主办的《浙江省改革开放30周年典型事例100例》公布评选结果，《长兴：揭开全省农村改革序幕》作为首例入选。

破旧立新：解放思想大讨论

1992年，又是一个春天，有一位老人在中国的南海边写下诗篇，天地间荡起滚滚春潮，征途上扬起浩浩风帆，春天的故事在东方神州华夏大地上回荡。长兴，也捧出了万紫千红的春天。

1992年，中共长兴县委抓住重要历史契机，通过组织学习邓小平南方谈话、指导机关思想作风教育整顿、在全县范围开展"更新观念、解放思想"大讨论，形成了一股巨大的推动长兴发展的思想洪流。

1992年1月3日至4日，中共长兴县委召开常委扩大会议，总结1991年工业经济发展状况，讨论1992年工作思路。会议着重指出，"经济工作能不能搞上去，不仅是一般的经济问题，而是一个政治问题……从县本身来说，它关系到我县在20世纪90年代能否再翻番、奔小康目标的实现，关系我县与毗邻发达地区的差距扩大还是缩小的问题"。同时认为，"经济建设不仅是经济部门的任务，而且必须是党委、人大、政府、政协以及各个方面的共同任务……"县委要求，"县级机关各部门要在管理职能、管理手段、管理方法上来一个大的转变，树立务实、求实、扎实、落实的工作作风，自觉服务于经济建设的全局"。并决定，在第一季度开展机关作风教育整顿工作，在全县机关干部中进一步确立以经济建设为中心的思想，进一步解放思想更新观念推进改革，更好地推动长兴建设和发展。

为有的放矢地抓好该项工作，1月初，县委组织四个调查组，选择工交、文教、财贸等系统的18个部门，开展机关思想作风现状调查。各区委也召集各乡镇的领导收集各地情况，并向县委提出建议。随后，县委常委会专门听取汇报，进行讨论和研究。2月1日，县委印发《关于县级机关开展思想作风教育整顿的意见》。2月27日，县委召开县级机关思想作风教育整顿动员大会，明确要求紧紧围绕经济建设这个中心，从经受住执政、改革开放和反和平演变三个考验这一战略高度，以提高机关执政水平和干部素质为目标，对县级机关和区委干部普遍进行一次党的基本路线和优良传统作风的教育，着重围绕坚定信念、强化中心、转变作风、严肃纪律、树立形象的要求，进行教育整顿改进工作。

就在全县机关作风教育整顿方兴未艾之时，学习邓小平南方谈话的高潮在全国掀起。县委抓住重要历史机遇，迅速传达、部署，以学习贯彻邓小平南方谈话精神为指导，推进思想作风教育整顿，开展解放思想大讨论。

1992年1月18日至2月21日，邓小平同志视察武昌、深圳、珠海、上海等地，并就一系列重大问题发表了谈话，其思想精髓是对生产力的发展、对党的基本路线、对"姓资"还是"姓社"判断标准、对"计划"和"市场"功能和对社会主义本质的认识。南方谈话成为又一个解放思想、实事求是的宣言书。2月28日，中共中央印发《邓小平同志在武昌、深圳、珠海、上海等地的谈话要点》，要求尽快逐级传达到全体党员干部。3月3日，省委办公厅发出《关于认真学习邓小平同志重要谈话的通知》。

县委深刻认识到学习邓小平南方谈话的重要意义。3月3日，即召开各区、乡、镇领导干部和县级机关全体党员、干部会议，传达贯彻

1992年，四任县委书记奋战太湖大堤（长兴县史志研究室供图）

邓小平南方谈话精神。3月5日，结合长兴的实际，县委有针对性地提出解放思想必须"破与立"的16种观念。3月7日，县委发出《关于认真学习邓小平同志重要谈话的通知》，要求各级党组织把学习邓小平南方谈话作为当前一件大事切实抓好，联系思想和工作实际，结合思想作风教育整顿，推进机关工作和制度改革。3月20日，县委召开第33次常委会议，指出要以邓小平讲话精神指导机关作风教育整顿工作，积极开展解放思想、更新观念大讨论，使全县广大干部群众真正"坐不住、热起来，动起来"。

3月5日，县委提出解放思想大讨论需要"破与立"的16种观念：

破安于现状，立开拓进取；

破求稳怕险，立敢冒风险；

破墨守成规，立勇于创新；

破出头椽子先烂，立敢为人先；

破产品经济观念，立价值规律；

破慢慢来，立时效观念；

破轻科技人才，立重科技人才；

破特权垄断，立公平竞争；

破狭隘利益，立长远全局利益；

破等靠要，立自力更生；

破平均主义，立承认差别；

破形式主义，立效益观念；

破唯书唯上，立实事求是；

破封闭静止，立开放搞活；

破门第等级，立职业平等；

破守土恋乡，立闯荡天下。

长兴在学习邓小平南方谈话精神中的创新做法得到了《浙江日报》的关注。2月中旬，《浙江日报》农村部主任带队连续两次到长兴开展调研，并召开座谈会。经过调研，《浙江日报》负责同志认为，"长兴人民对解放思想、把长兴经济搞上去反应强烈"。于是，《浙江日报》决定将长兴解放思想大讨论作为典型进行报道，并以此带动全省的大讨论。

3月29日下午，县委、县人大、县政府、县政协等几套班子专题研究大讨论期间要统一思想、加强领导的问题。当晚，县委召集县级机关各部门，各区、乡镇负责人召开通报情况统一思想会议，通报《浙江日报》即将大篇幅报道有关长兴举行大讨论的情况，并就本次大讨论期间的注意事项进行部署。4月2日，《浙江日报》头版头条刊载《长兴人坐不住了——长兴县进一步解放思想大讨论纪实》并同时刊发评论员文章，全面报道长兴各界在大讨论中与兄弟县（市）比不足、找差距，面对滞后的经济现状坐不住了，深刻认识到必须更新观念、解放思想，树立竞争和发展的观念、全新的科技与人才观念、低速度等于停步倒退观念和"想当游泳冠军就不怕下水"的观念。5月17日，《浙江日报》第二次以头版头条聚焦长兴，刊文《长兴人动起来了——

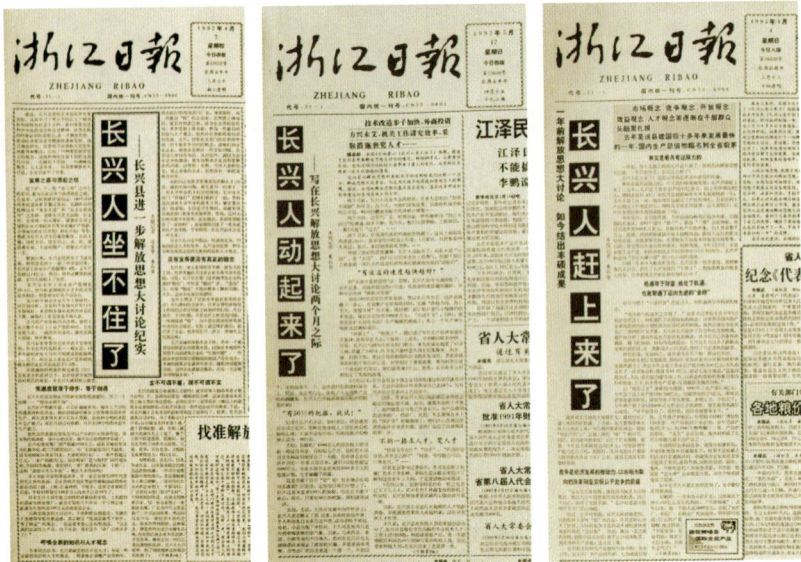

《浙江日报》头版头条聚焦长兴（长兴县史志研究室供图）

写在长兴解放思想大讨论两个月之际》，认为大讨论给长兴带来了喜人的变化，长兴到处呈现出一派生机勃勃的景象。

4月28日，县委、县政府发出《动员起来，抓住机遇，振兴长兴——中共长兴县委、长兴县人民政府致全县人民的公开信》。5月3日，县委发出《关于认真学习和落实〈公开信〉及县政府有关政策的通知》，要求各部门、各乡镇要广为宣传，使之妇孺皆知；要把学习宣传公开信作为把解放思想大讨论在实践中不断引向深入的重要工作来抓。《公开信》发出一个月后，即收到建议书50多份。

长兴县组织的解放思想大讨论不是在空喊口号，而是通过大讨论打破思想上的禁锢，进一步凝聚人心，推动全县上下投入到新一轮的社会主义事业建设中去。5月12日，县委召开中心学习组扩大会议，总结大讨论情况，认为大讨论起到了大发动、总动员的作用，旧观念受到冲击，全县经济发展计划从"保七争八"调整为增长20%，1—4月发展速度已达24.1%。全县原计划投入6490万元，此时已突破1亿元。同外商洽谈项目25个，总投资600万美元。县委决定，大讨论从务虚为主转入以抓实际行动为主，加快推出实的动作，抓好各项工作的落实。在这以后，参与浦东开发、成立县经济开发区、鼓励机关干部向基层和企事业单位流动和人才项目引进等工作都热火朝天地开展了起来。

1992年，全县工农业总产值达32亿多元，比上年净增近8亿元，增幅高达31.9%，为1949年以来发展最快的一年。新成立的县经济开发区，不到一年之内就有63个项目落户。

1993年4月4日，《浙江日报》第三次以头版头条聚焦长兴，刊文认为长兴解放思想大讨论结出丰硕成果，并赞赏地说："长兴人赶上来了！"

一年间，两位年轻记者迟全华和朱仁华以他们的职业敏感和睿智，在《浙江日报》接连发了3篇关于长兴解放思想大讨论的头版头条报道，在长兴县和全省都产生了轰动效应，既使长兴人扬眉吐气，更让长兴人感受到前行的动力和压力。

乘风破浪：百强县的成长

　　时代的巨轮推动着每一个人不断地向前进，改革开放40多年来，长兴发生了天翻地覆的变化，沿袭了几千年的种田缴税的规矩——农业税废除了，乡村与城镇的差别正在不断地缩小。2003年7月，中共浙江省委第十一届四次全体（扩大）会议上，时任浙江省委书记的习近平作出了"发挥八个方面的优势""推进八个方面的举措"的决策部署，简称"八八战略"。长兴人民在"八八战略"的指引下，践行着"创新、协调、绿色、开放、共享"、既要金山银山更要绿水青山的新发展理念，迎来了历史上最美好的一个时代。

　　改革开放以来，在各级党委、政府的领导下，湖州市县域经济实现新跨越，尤其是长兴县抓住机遇，砥砺奋进，推进县域经济快速腾飞，并在20世纪90年代中期闯入"百强县"行列。1995年10月，国家统计局发布第三届全国县域社会经济发展综合指数前100位县（市、区）（简称"全国百强县"），长兴首次跻身百强县，列第81位。

　　长兴地处苏浙皖三省交界处，改革开放前是一个农业大县、国家商品粮基地，盛产水稻、油菜籽，曾被称为浙江的"半个油瓶子"。改革开放的春风吹起后，长兴大地上涌现出一家又一家工厂，从传统的石材、粉体、水泥、煤炭、耐火材料到新兴的铅酸蓄电池、纺织业、电子电容等，乡镇企业和个体户如雨后春笋般成长壮大。1992年，乘着邓小平南方谈话的东风，长兴掀起解放思想大讨论，开始注重工业立县，加快工业化进程，县域经济结构发生根本性转变，从农业大县逐渐转为工业大县，经济社会得到了快速发展，工业经济一跃成为全县经济的顶梁柱。1993年，长兴县工农业总产值达到了50.5亿元，比1992年增长56.1%，财政收入也突破了亿元大关。

但是1995年跨入百强县门槛后，长兴县的发展步伐却慢了下来。面对周边城市崛起和被"边缘化"的危险，县委、县政府提出"跳出长兴看长兴"，打破惯性思维，以全新的视角放眼外部环境、反观自身，不仅剖析了自身思想不活、观念滞后、精神不振的根源，更为重要的是从区域发展的竞争态势中看到了长兴的潜力与机遇所在。2001年开始，根据县委、县政府提出的实施工业立县、开放兴县、科教强县、城市化和可持续发展五大战略，长兴吹响了"比学赶苏南""接轨大上海，融入长三角"的号角，以全新的姿态找准自身定位，重新站到新一轮发展竞争的起跑线上。

2002年，长兴国际投资贸易洽谈会隆重召开（长兴县融媒体中心供图）

此后，长兴通过招商引资与激活民资"两轮驱动"，依靠自身求得发展、借助外力加快发展，迅速破解发展竞争的难题。为搭建经济发展的优势平台，长兴举全县之力"筑巢引凤"，短短几年建成了跻身"全省十强"的长兴经济开发区，成为集聚发展要素的强磁场；为提升自身开放度、知名度，连续几年举办中国·太湖明珠——长兴国际投资贸易洽谈会、浙商长兴论坛、长三角暨环太湖区域经济发展论坛；并先人一步走出国门，将投资环境推介会、专题招商洽谈会办到了欧美、日韩等国家和地区；为加快发展节奏，打出了"万众亲商、千人招商"百日竞赛、"两个年"活动等一系列漂亮的"组合拳"……

与此同时，长兴经济发展的另一只轮子也在高速旋转。2003年底，全县民营企业上升到36225家（户），对全县生产总值的贡献高达80.5％。2004年，县政府出台《加快民营经济发展若干政策意见》，提出"政策推动、上下联动、金融助动、市场带动"，主抓"营造环境、扩大规模、吸纳资金、培育市场"，掀起"激活民资"新高潮。当年，全县新发展个体工商户6481户，民营企业508家。

2004年，长兴地区生产总值同比增长17.2％，是1995年以来增长最快的一年；全县财政总收入同比增长31.05％，增幅列全省第二，地方财政收入同比增长49.26％，增幅列全省第一。是年，长兴县排名全国综合实力百强县第51位。

然而，一味地追求经济发展速度，往往会忽视产业经济结构、经济增长的质量和效益以及对生态环境的保护。进入快车道的长兴很快就面临"成长中的烦恼"，建材、纺织、蓄电池等"当家花旦"频频亮起资源、环境的"红灯"。2004年春节前，长兴县委、县政府召开了一次被外界称为"不要发展"的会议，以壮士断腕的气概，启动了对喷水织机、铅酸蓄电池、矿山、耐火窑炉和包漾河饮用水源的"五大整治"。会后，长兴县投入1.5亿元资金关闭污染企业300多家，为此财政收入减少1亿多元。正是这次"不要发展"的会议，使长兴破解了"成长中的烦恼"，成功实现自我超越，一批新兴产业、高新产业集群迅速崛起。2010年，长兴年产300万台空调、200万台洗衣机、100万台电冰箱，已经成为亚洲最大的白色家电生产基地；长兴年产太阳能散热器100万组，稳居全国第一……长兴经济开发区经国务院批准升级为国家级经济技术开发区。

2015年，长兴引进总投资251亿元的文旅综合体项目太湖"龙之梦"。2018年，长兴引进湖州市最大的整车生产线，总投资326亿元的吉利新能源汽车落户长兴经济开发区。2018年，长兴县地区生产总值为609.78亿元。2019年，由工信部赛迪顾问县域经济研究中心编制的《2019赛迪县域经济百强研究》及"县域经济100强（2019年）榜单"正式发布，长兴县作为湖州市唯一上榜县，排名全国第60位。2019年中国中小城市科学发展指数研究成果发布，长兴荣登"2019年度全国综合实力百强县市""2019年度全国绿色发展百强县市"两大榜单，分别排名全国第63位和全国第29位。中国中小城市科学发展指数研究成果由中小城市发展战略研究院、中城国研智库等机构联合发布，至今已持续15年。该研究的评价对象包括全国共2809个中小城市，评价指标体系包括综合实力、绿色发展、投资潜力、科技创新和新型城镇化质量五个维度。

龙之梦（长兴县文广旅体局供图）

长兴吉利汽车厂区全景图（陈鲜忠摄）

近几年来，我国经济已由高速增长阶段转向高质量发展阶段，正处在转变发展方式、优化经济结构、转换增长动力的攻关期。实现高质量发展，推动区域协调发展，建设现代化经济体系，实施乡村振兴战略，基础在县域，难点在县域，活力也在县域。2021年，长兴县对标"重要窗口"建设，致力打造"环太湖发展高地、长三角经济强县"，大力发扬"大气开放、实干争先"的长兴精神，实字当头、一干到底，全面推进高质量赶超发展迈入新境界、取得新业绩。

当历史的车轮前行到了改革开放的时代，长兴人也能勇做时代弄潮儿，开创出辉煌的业绩，使县域经济长期跻身于全国百强县行列，并且实现经济社会稳定快速持续增长。一个县域，一个地域的人民，就像一个人，有自己的思想、有自己的品格，长兴人的品格就是不服输、不低头、不畏惧困难险阻，敢于直面问题、攻坚克难，并在天时地利人和的时代条件下，创造出光辉的历史。

参考文献

〔清〕张廷玉等：《明史》，中华书局 1974 年版

〔元〕脱脱等：《宋史》，中华书局 1977 年版

〔清〕陆心源：《宋史翼》，中华书局 1991 年版

〔清〕赵定邦修，周学濬、丁宝书纂：《同治长兴县志》，上海古籍出版社 2005 年版

徐朔方：《元曲选家臧懋循》，中国戏剧出版社 1985 年版

张满山主编：《地理·移民·发展——长兴区域特殊性探秘》，浙江人民出版社 2011 年版

长兴县政府志编撰委员会编：《长兴县政府志》，浙江人民出版社 2019 年版

中共长兴县委党史研究室编：《新民主主义革命时期中共长兴党史简编（1921—1949）》，浙江大学出版社 1991 年版

浙江省长兴县委党史研究室：《浙江省长兴县抗日战争时期人口伤亡和财产损失》，中共党史出版社 2017 年版

吕奇伟：《抗战在长兴——长兴县抗日文献类编》，中央文献出版

社 2016 年版

沈洪峰主编：《箬溪风云——长兴人文历史读本》，浙江古籍出版社 2018 年版

浙江省长兴县茶文化研究会编：《紫笋茶的前世今生》，中国农业出版社 2021 年版

长兴县志编纂委员会编：《长兴县志》，上海人民出版社 1992 年版

李朝全：《最好的时代》，浙江人民出版社 2019 年版

胡耀飞：《贡赐之间：茶与唐代的政治》，四川人民出版社 2019 年版

中国人民政治协商会议浙江省长兴县委员会文史资料研究委员会编：《长兴文史资料》第一辑、第二辑、第三辑、第七辑（内部刊物）

后　记

　　自省委宣传部下达了《浙江文史记忆》编纂工作任务后，湖州市委宣传部多次召集县区委宣传部相关负责人一起讨论，请专家指导，力求以文学的方式讲述地方的通史，既要有严谨的历史依据，又要将厚重的历史感与通俗化的表达融为一体，面向社会和大众读者，出品高质量的文史记忆丛书。

　　长兴县委对这项工作十分重视，专门成立了编委会，县委常委、宣传部部长和县政协分管领导担任编委会主任，县委宣传部常务副部长等为编委会副主任，编委会由县委宣传部、县政协文化文史和学习委、县社科联等单位有关领导和地方文史专家组成，从而保证编纂工作积极有序推进。

　　从 2020 年 9 月开始，编委会多次召开会议，就编纂体例、大纲、内容等进行了认真的讨论研究，并征求了县史志研究室、社科联、档案馆、博物馆等部门和有关专家学者的意见、建议。2021 年 1 月，初步确定了编写的大纲和书稿的章节编排，并确定每一节的作者。2021年 7 月，各节的作者完成初稿，编者进行了第一轮统稿。9 月，全书初稿完成，由市委宣传部交由专家审阅。2022年3月，编者按专家指导意见，增加了部分章节的内容，完成了第二轮的统稿，并按相关配图要求，向县档案馆、县博物馆、新四军苏浙军区纪念馆、县摄影家协会、县政协陈鲜忠委员工作室等单位征集图片。4月，浙江人民出版社安排专人对接长兴卷的编辑工作，精心编辑此书。

参与本书写作的有钱伟强、李士杰、梁奕建、周凤平、戴国华、倪满强、陆英、许虔东、刘峰等，图片提供者有梁奕建、周凤平、陈鲜忠等，另有县档案馆、县水利局、县教育局等单位及陕西师范大学胡耀飞老师提供相关专题文字素材，县史志研究室、县文联、县文广旅体局、县自然资源和规划局、县科协、县退役军人事务局等单位提供了相关专题图片。在本书的编纂过程中，县委宣传部文艺科邱恩佩等一直协助编者做好沟通协调联络工作，在此一并表示衷心的感谢。

刘月琴

2022年8月

图书在版编目（CIP）数据

浙江文史记忆. 长兴卷 / 刘月琴等著 ；王永昌主编
. —杭州 ：浙江人民出版社，2022.10
ISBN 978-7-213-10759-7

Ⅰ. ①浙… Ⅱ. ①刘… ②王… Ⅲ. ①文化史-长兴
县 Ⅳ. ①K295.5

中国版本图书馆 CIP 数据核字（2022）第 160879 号

浙江文史记忆·长兴卷
ZHEJIANG WENSHI JIYI CHANGXINGJUAN

刘月琴 等 著 王永昌 主编

出版发行	浙江人民出版社（杭州市体育场路347号 邮编 310006）
	市场部电话：(0571)85061682 85176516
责任编辑	余慧琴
助理编辑	张 伟
责任校对	陈 春
责任印务	陈 峰
封面设计	王 弋 王 芸
电脑制版	杭州兴邦电子印务有限公司
印　　刷	浙江印刷集团有限公司
开　　本	660毫米×960毫米　1/16
印　　张	20.25
字　　数	256千字
版　　次	2022年10月第1版
印　　次	2022年10月第1次印刷
书　　号	ISBN 978-7-213-10759-7
定　　价	78.00元